U0668951

张雪峰·峰阅教研团队◎编著

从就业看专业

电子工业出版社·

Publishing House of Electronics Industry

北京·BEIJING

图书在版编目（CIP）数据

从就业看专业 / 张雪峰·峰阅教研团队编著.

北京 : 电子工业出版社，2025. 5. -- ISBN 978-7-121
-49986-9

Ⅰ. G647.32

中国国家版本馆CIP数据核字第2025U3A956号

责任编辑：王　璐　蔡　葵
印　　刷：北京盛通印刷股份有限公司
装　　订：北京盛通印刷股份有限公司
出版发行：电子工业出版社
　　　　　北京市海淀区万寿路173信箱　　邮编：100036
开　　本：720×1000　1/16　印张：22.5　字数：468千字
版　　次：2025年5月第1版
印　　次：2025年6月第6次印刷
定　　价：55.00元

凡所购买电子工业出版社图书有缺损问题，请向购买书店调换。若书店售缺，请与本社发行部
联系，联系及邮购电话：（010）88254888，88258888。

质量投诉请发邮件至zlts@phei.com.cn，盗版侵权举报请发邮件至 dbqq@phei.com.cn。

本书咨询联系方式：（010）88254174，wanglu@phei.com.cn。

按学科，分专业

工学

数学相关 —————— 计算机类 - 016

物理相关

电学
- 电子信息类 - 038　　电气类 - 057
- 自动化类 - 080　　仪器类 - 101
- 生物医学工程类 - 123

力学 —— 机械类 - 143

热学 —— 能源动力类 - 161

其他
- 航空航天类 - 188　　兵器类 - 189
- 核工程类 - 189

化学相关
- 材料类 - 207　　药学类 - 225
- 中药学类 - 226　化工与制药类 - 226

理学

数学类 - 245　　　　统计学类 - 245

医学

口腔医学类 - 267　　临床医学类 - 267　　中医学类 - 267

农学

动物医学类 - 284

文理兼招

法学类 - 302

财会类 —— 会计学 - 320　　财务管理 - 320　　审计学 - 320

总 编：董自凯

监 制：武 亮

从就业看专业

张雪峰·峰阅教研团队成员

系列策划

董自凯

本书主编

李兆阳

本书编者

张一超　张晓佳　李梓衡

俞永乐　姜永辉　王庆鑫

文字编辑

卓云龙　唐泽曦

数据审核

常　健　崔香书　董　翔　江风顺

刘锡媛　孟钰博　王绍胜　王重阳

徐　芳　张　森　张程锦　周　曾

前 言

在当今时代，教育与就业领域正经历着深刻的变革，考生及家长在面对专业、院校及将来发展方向的选择时，往往因所掌握的信息和数据不足而陷入迷茫。正是在此现实状况下，编者精心编写了本书。基于在高考志愿选择时可能会产生的疑问，编者将就业、企业和专业信息进行收集、整理、分析和讲述，希望能为考生在人生的关键路口提供信息、帮助和指导。

在长期的专业咨询工作中，编者接触了几乎各种类型的考生及家长，他们常遇到以下3种常见问题和1个思维误区。

3种常见问题：

○高考志愿填报知识越听越糊涂，如何建立全面思维？

○对于就业信息的获取非常有限，无从入手怎么办？

○专业院校信息庞杂，如何捋顺报考逻辑？

1个思维误区：

○在志愿填报时，先挑大学，再选专业，然后选职业，最后做人生规划。

这样的思维误区经常导致的结果是，专业知识不愿学或者学不懂，毕业后就业与专业关联甚微，看似符合人生发展顺序，实则步步受限。

而正确的报考逻辑应该是，考生及家长先对就业方向、企业、岗位、薪资等有一定基础认知后，再反推大学学校的类型和专业大类。

为了能回答考生及家长的疑问，并帮助他们建立清晰、正确的报考逻辑，本书选择从就业、企业、专业 这3个板块进行讲解。

第一，解码不同专业的就业信息。

隔行如隔山，行业信息往往难以获取。

即便是名称相似的专业或同一大类下的专业，其不同细分领域的就业环境也可能存在天壤之别。在进行专业选择时，家庭内部积累的社会经验往往捉襟见肘，难以给予考生及时、准确、全面的指导。而通过自媒体渠道获取的信息又多是碎片化的，难以拼凑出完整、清晰、有效的专业拼图，厘清领域状况，看准选择路线。同时，学校老师因职业特性相对封闭等因素，他们所了解的情况也不可避免地存在局限性。甚至在某些情况下，还会出现只注重院校层次高低，而忽视专业选择重要性的现象。

因此，在学生步入高中阶段之初，构建基础的行业信息体系就尤为关键。这有助于学生掌握各专业相关的行业动态、产品类型、企业发展方向，并深刻理解专业学习的难度层次，从而形成全局性的认知视野。

第二，建立不同专业的职业认知。

在考虑就业时，体制外的企业招聘及就业情况看上去毫无规律可循，很多人都会陷入迷茫，不知到底该如何找准方向。为了帮助大家摆脱这种困境，编者将从专业所涉及的多个关键维度进行深入剖析，以此把握不同专业所对应的行业、企业、岗位、薪资等，从而明晰就业之路究竟该怎么走。

把握个人学科兴趣与就业领域的平衡。学生要在学科兴趣和现实考量之间寻找平衡，既要确保所选专业能够激发自身的学习热情，又要具备一定的就业竞争力。在根据学科兴趣选择专业时，考生及家长还须考虑到专业的发展前景和就业形势。毕竟，选择专业的最终目的，除了满足自身的学习兴趣外，还要在未来顺利步入社会后，更好地实现自我价值。从人生和社会的不同角度，就业是成功思维；就业是成长思维；就业是生存思维；甚至可以说，就业是"饭碗思维"。

所以，我们要在"饭碗思维"的基础上，充分考虑个人能力、兴趣，找到那个既能保障生活，又能实现人生价值的平衡点，进而建立成功的职业发展规划。

第三，树立不同专业的发展目标。

在多元化的高等教育体系中，专业选择应以"兴趣＋能力＋趋势"为依据，通过深度自我认知，锚定职业愿景，同时关注交叉学科的创新潜力，如"人工智能＋医疗""金融科技＋法律"等复合型领域。院校选择必须突破"唯排名论"，建立动态评估模型，既要判断学科实力与科研资源，如理工科优先看实验室配置，人文社科优先关注学术社群活跃度等，也要结合地域经济特征，如互联网产业密集区更适合计算机专业实习，金融中心城市更利于商科资源积累等。

三者联动之下，发展目标应是"动态演进的职业生涯图谱"，它既包含了核心竞争力的垂直深耕，也预留了跨界融合的弹性空间，最终形成个人专属的"专业发展生态位"。

目 录

第一章 >> 计算机类
——英雄不问出处

第二章 >> 电子信息类
——信息时代的动脉

第四章 >> 自动化类
——第四次工业革命的重要一环

第五章 >> 仪器类
——认识世界的工具

第六章 >> 生物医学工程类
——超级交叉型学科

第七章 >> 机械类
——把梦想变为可能

第八章 >> 能源动力类
——推动发展的能量引擎

第九章 >> 航空航天类、兵器类、核工程类
——铸就强国之盾

第十章 >> 材料类
——引领未来科技的基石

第十一章 >> 药学类
——白衣天使手中之剑

第十二章 >> 数学类、统计学类
——用数字推演世界规律

第十三章 >> 医学类
——健康之船的守护者

第十四章 >> 动物医学类
——动物健康的守护者

第十五章 >> 法学类
——挥法律之利剑，持正义之天平

第十六章 >> 财会类
——经济秩序守护者

第一章

计算机类

——英雄不问出处

·导言

计算机技术自诞生以来,从内到外地改变了整个世界。

人工智能、云计算、物联网和大数据等新兴领域的快速崛起,为考生提供了更多的就业方向。掌握良好的计算机技术可以帮助考生进入绝大多数行业。

计算机在被人热捧时,它的一些行业特点也受到了不少人的诟病。同时,考生及家长对于计算机的认识可能仅停留在"码农"这一岗位上。为了拓宽他们对计算机行业的认知,本章将从就业与企业、产品、岗位及薪资、职业技能、专业与院校等多个方面,深入探讨计算机行业的情况,以及计算机专业的选择与职业发展,希望可以帮助考生及家长在填报专业志愿时做出正确的选择。

一、了解未来就业形势

在一线城市和科技发达地区，计算机专业毕业生在所有专业中的起薪和薪酬增长潜力都非常靠前。然而，计算机行业更新迭代的速度非常快，这要求从业者必须不断学习。

计算机行业，特别是软件和信息技术服务业发展较为迅速。2023年，我国软件和信息技术服务业收入达到 123,258 亿元，规模以上企业[1]超过 3.8 万家，同比增长 13.4%。这一行业的营利能力也保持稳定，利润总额达到 14,591亿元，同比增长 13.6%。信息技术服务业成为收入增长的主要引擎，同比增长14.7%。[2]

2018 届本科计算机类专业毕业生在毕业 5 年后的平均月收入排名第 1 位，达到 14,463 元，而他们在毕业半年后的平均月收入仅为 6,488 元，二者相比，5 年后的月收入涨幅约为 123%。[3]

正因为各行业对于计算机人才都有需求，且计算机技术能力对相关就业岗位来说最为关键，所以在实际就业时，很多计算机企业及计算机相关岗位在招聘过程中都会设置相应的计算机技术笔试和面试环节。

（一）就业信息一览表

计算机类专业就业信息详见表 1–1。

表 1-1 计算机类专业就业信息

一句话介绍就业	上限很高，下限很低，更依赖个人能力，进可攻，退可守				
就业方向	人工智能、大数据、云计算、网络安全、软件开发				
热门岗位	软件工程师、机器学习工程师、人工智能工程师、网络安全分析师				
工作压力	★★★★☆	前期收入	★★★★☆	政策结合度	★★★★★
加班强度	★★★★☆	出差频率	★☆☆☆☆	建议就业起点	本科 / 硕士
公考优势	★★★★☆	就业壁垒	★☆☆☆☆	优势就业区域	一 / 二线城市

[1] 规模以上企业是一个统计术语，通常以年产量或年主营业务收入作为企业规模的标准。自2011 年至今，该术语的统计范围为年主营业务收入 2,000 万元及以上的工业法人单位。

[2] 信息来源于中华人民共和国工业和信息化部《2023 软件业经济运行情况》。

[3] 信息来源于麦可思研究院公布的《2024 年中国本科生就业报告》。

（二）就业方向及企业

计算机是一个技能型专业，毕业生既可以借此进入互联网行业，也可以进入其他行业。计算机技术加速了各行各业的数字化转型，为各行各业赋能，从工科领域的国防军事、智能制造、健康医疗、智能农业到服务业中的金融服务、教育技术、电子商务、媒体与娱乐、政府服务和非营利组织，计算机技术都发挥着至关重要的作用。

当你想进入某一个行业时，并非只能依靠行业性专业进入，通过行业性大学[1]的其他技能型专业也有机会进入。例如，想进入航空航天领域的学生，大多会把注意力放在航空航天类专业上，很少考虑计算机、电气、能源动力等其他专业。其实，凭借这些技能型专业也可以进入这一领域。比如，南京航空航天大学计算机科学与技术专业培养方案关于毕业要求列明：了解国防及航空航天相关知识，了解计算机专业知识、方法和技术在该领域的应用背景、发展现状和趋势。此外，该校的软件工程专业更是"军用软件"国防特色学科。凭借该校的院校及专业特色，学科背景是计算机专业的毕业生也可以进入航空航天领域。

国内外计算机行业涵盖了多个领域，包括计算机应用、边缘计算、计算机设备和人工智能等，各领域均有领先企业。

在计算机应用领域，金山办公、宝信软件、科大讯飞的市值均超过千亿元，并在 2023 年中国 A 股计算机应用行业市值排行榜中排名前三。[2]

在边缘计算领域，华为被公认为全球边缘计算产业的领军企业，其边缘计算产品和解决方案已广泛应用于多个领域。中国联通也在此领域表现出色，成为规划建设 MEC[3] 平台的电信运营商之一。

在计算机设备领域，浪潮信息、中国长城科技被认为是该领域的龙头企业。浪潮信息专注于对服务器等云计算基础设施产品的研发、生产和销售；中国长城科技不仅在网信整机市场的占有率排名第 1 位，在电脑、服务器区块链电源国内市场的占有率也排名第 1 位。

---

[1] 行业性大学是指以某一行业为办学定位和办学特色的大学。这类大学通常面向特定行业就业，为该行业培养专门人才，具有鲜明的行业特色。

[2] 信息来源于智研咨询。

[3] 移动边缘运算（MEC），全称是 Mobile Edge Computing。它是一个网络架构的概念，在移动网络的边缘提供云端运算的能力和 IT 服务的环境。

在人工智能领域，2024 年中国人工智能企业综合实力 TOP100 榜单显示，作为为数不多将人工智能应用于智慧交通的企业，智慧互通位列前 24 强。其他企业，包括百度、阿里巴巴、华为、腾讯、科大讯飞、小米、商汤、字节跳动、浪潮、京东和美团等知名企业也登上榜单。

除以上板块外，计算机领域还涵盖了云计算、大数据、物联网、网络安全、区块链、软件和信息服务、电子商务、游戏娱乐、半导体、集成电路、通信设备、计算机系统集成等多个重要子领域，且每个领域都涌现出众多领军企业。这些企业共同推动了技术创新和产业升级，形成了一个庞大且复杂的生态系统。

为了帮助考生及家长更好地了解计算机类专业，编者整理了部分计算机类专业相关就业方向及企业举例，详见表 1-2。

表 1-2 计算机类专业相关就业方向及企业举例

行业分类	就业方向	具体介绍	相关企业
软件开发与编程	软件开发	负责软件的设计、编码、测试和维护，包括桌面应用、移动应用、游戏开发和网站开发	腾讯、百度、网易、京东、小米、任天堂、暴雪、索尼互动娱乐、艺电、育碧、游戏科学
	系统分析	分析用户需求，设计系统解决方案，确保系统满足业务需求	埃森哲、凯捷、惠普、思科
	人工智能	设计、开发智能系统和应用程序，模拟人类智能行为	谷歌、微软、亚马逊、百度、智慧互通
数据管理与分析	数据库管理	负责数据库的设计、优化、维护和安全，确保数据的准确性和安全性	甲骨文、微软、Teradata（天睿）、亚马逊、SAP（思爱普）
	大数据分析	处理和分析大量数据，从中提取有价值的信息，支持决策制定	谷歌、亚马逊、微软、Teradata、SAS（赛仕）
网络与信息安全	网络架构	设计、实施和维护网络系统，确保网络的稳定性和安全性	思科、瞻博网络、华为、新华三、亚马逊
	信息安全	保护组织的信息系统免受攻击，进行风险评估和安全策略制定	赛门铁克、迈克菲、360 安全中心

行业分类	就业方向	具体介绍	相关企业
系统运维与管理	系统管理	维护和管理计算机系统和网络，确保系统稳定运行	VMware、惠普、戴尔、思科、微软
	云计算	专注于云服务的设计、部署和管理，提供弹性的计算资源	亚马逊云服务、微软Azure、谷歌云、阿里云
IT咨询与服务	IT咨询	为企业提供信息技术咨询服务，帮助企业优化IT战略和运营	埃森哲、德勤、凯捷
硬件开发与制造	硬件开发	涉及计算机硬件的设计、开发和测试，包括电路板、调制解调器和打印机等	英特尔、英伟达、超威半导体、谷歌、微软
	嵌入式硬件开发	负责嵌入式系统的硬件设计和开发，包括芯片选型、电路设计、PCB（印制电路板）布局和硬件调试	海思、中兴微电子、联发科、紫光系列、兆易创新、长江存储、芯原微电子、哲库、汇顶、地平线机器人
用户体验设计	用户体验设计	专注于提升产品的用户界面和体验，确保产品的易用性和吸引力	苹果、谷歌、微软、腾讯、阿里巴巴
质量保证与测试	质量保证与测试	负责软件和系统的质量控制，进行测试，以确保产品符合预定标准	微软、谷歌、亚马逊、腾讯、百度
技术支持与服务	技术支持与服务	提供技术支持，解决客户在使用技术产品时遇到的问题	惠普、戴尔、思科、联想
研究与开发	研究与开发	进行新技术的研究和开发，推动技术进步和创新	微软研究院、谷歌研究院

在整个计算机行业，网络与信息安全可以作为一个值得关注的专业与就业方向。

麦克思研究院公布的《2024年中国本科生就业报告》显示：信息安全、微电子科学与工程、软件工程成为2023届本科生毕业半年后月均收入水平最高的3个本科专业，其月收入分别为7,756元、7,151元和7,061元。

全球信息安全市场的规模在近几年显著增长，其市场内部展现出多样化的信息安全产品格局。随着供应商数量的激增，其市场规模及其占整体IT投入的比例均实现了持续性扩张。根据权威市场研究机构IDC的报告，截至2020

年年底，全球信息安全相关支出分别达到了 1,338 亿美元和 1,320 亿美元，这一数据凸显了市场对于安全解决方案的迫切需求。

预计到 2028 年年底，全球 IT 安全相关投资将达到 3,732.9 亿美元，这标志着全球信息安全市场迈入了一个全新的阶段。[1]

在了解计算机专业毕业生的就业方向和相关企业之后，接下来编者将聚焦计算机产品，举例说明该行业的重要产品和发展趋势。

（三）相关产品类型

考生及家长对于以上行业和企业平时接触可能不多，但对于一些常见的计算机类产品应该会有所了解。因此，大家可以通过常见的产品来了解计算机行业及专业的特点。

从巨型计算机到微型个人电脑，从智能驾驶系统到嵌入式设备，计算机技术的应用领域日益广泛，产品类型也日趋多样化，社会分工及岗位招聘也因此变得越发细致。

计算机类产品的多个主要层面包括硬件产品、软件产品、智能驾驶与自动驾驶产品，以及消费电子产品等特定领域的创新产品，其举例及介绍详见表1-3。

表 1-3 计算机类产品举例及介绍

产品分类	产品举例	介绍
硬件产品	芯片类半成品	硬件的核心组成部分包括 CPU（中央处理器）、内存、硬盘、GPU（图形处理器）、ASIC（定制芯片）、NP（网络处理器）等
	终端设备	个人电脑、服务器、平板电脑等
	网络与通信设备	路由器、交换机、网络适配器等网络基础设施硬件
	数据中心与服务器产品	服务器硬件、存储系统、数据中心管理软件等

---

[1] 信息来源于国际数据公司 IDC 发布的《全球网络安全支出指南》2024 年 V2 版。

产品分类	产品举例	介绍
软件产品	操作系统	计算机系统的基础软件，包括 Windows、Linux、macOS 等
	应用软件	办公软件、图形处理软件、音视频编辑软件等，如 WPS
	数据库管理系统	用于数据存储和管理，如 Oracle、MySQL、SQL Server 等
	企业级软件与应用	包括但不限于生产管理系统、自动化控制软件、产品设计软件（如 CAD/CAM/CAE）、企业资源规划系统（ERP）、供应链管理系统（SCM）
智能驾驶与自动驾驶产品	芯片与传感器	自动驾驶芯片、激光雷达、摄像头等，用于智能驾驶系统
	控制系统	自动驾驶决策算法、车辆控制单元等，实现车辆精确控制
消费电子产品	个人电脑	面向个人用户，注重性能、设计和便携性
	移动设备与配件	智能手机、平板电脑、可穿戴设备及其配件
	游戏与娱乐设备	游戏机、VR（虚拟现实）设备、游戏软件等，专为娱乐和游戏设计

游戏是相对不错的就业方向，游戏市场也在不断扩张。

游戏在这里不是让学生沉迷的"祸害"，而是发展前景十分广阔的就业方向。例如，2024 年 8 月 8 日，《黑神话：悟空》预告片正式上线，预售销售额已经突破亿元。8 月 20 日该游戏上线，三天内的全平台销量超过 1,000 万套。[1]按照最低定价 268 元计算，总销售额至少超过 26.8 亿元。《黑神话：悟空》是国内单机游戏中相当出色的产品，而在我国，仅为游戏行业一部分的单机游戏行业的市场空间还远没有被充分开发。《2024 年 1—6 月中国游戏产业报告》显示，国内游戏市场实际销售收入为 1,472.67 亿元，其中移动游戏的占比高达73.01%。

计算机软件更新也可以带动其他产业发展。游戏行业除了可以直接拉动游

---

[1]　信息来源于游戏科学，数据统计时间截至 2024 年 8 月 23 日 21 时。

戏销售，还能带动中央处理器、显卡、内存等电脑配件的销量。计算机游戏软件行业的发展也可以带动计算机硬件的进步与更新，游戏同样可以衍生出游戏周边产品、游戏直播、比赛等经济效益。

结合《2023 游戏行业中高端人才洞察》的数据来看，游戏人才主要集中在本科和硕士学历群体；在月薪 5 万元以上的从业者中，年龄在 35~40 岁的人员比例最高，达 36.89%。虽然竞争激烈，但报告显示，游戏行业的技术人才依旧短缺，而计算机专业仍是游戏行业的重要支撑。

2024 年的就业热门人工智能方向的薪资待遇同样不错，但在选择院校及专业时，所报考的院校需尽可能有人工智能相关专业硕士点，或者有明确的培养方案。需要注意的是，虽然人工智能专业归属在本科目录的电子信息大类中，但人工智能专业最核心的基础是算法，如机器学习算法、深度学习算法等，所以计算机专业的学生也可以进入人工智能方向就业。

（四）相关岗位及薪资

❶ 岗位情况

在各大招聘平台发布的招聘信息中可以发现，很多计算机相关岗位的招聘门槛只要求本科学历，更重要的是要求应聘者具备计算机语言、相关项目经验等个人计算机能力，学历文凭则处于次要地位。

国家大学生就业服务平台及各大招聘平台数据显示，在计算机行业中，岗位种类大致分为后端开发、前端开发、移动开发、人工智能、游戏、数据和测试等。在不同岗位种类中，本科、硕士及博士就业比例各不相同。

在后端开发岗位中，本科生占比六成左右，硕士、博士生占比两成左右。具体岗位包括 Java 开发师、C/C++ 开发师、Python 开发师、PHP 开发师等，他们主要负责用户看不到的界面中的后端编程系统和代码等。

在前端开发岗位中，本科生占比八成左右，硕士、博士生占比一成左右。具体岗位包括 VUE 开发工程师、React 开发工程师、Uniapp 开发工程师等，他们主要负责网页、App 或软件内置网页中消费者能看到的图片、图标、结构等前端页面。

在移动开发岗位中，本科生占比八成左右，硕士、博士生占比一成左右。具体岗位包括 Android 开发工程师、iOS 开发工程师、小程序开发工程师等，他们主要负责不同系统手机等便携设备中的 App 或者小程序等。

在人工智能岗位中，部分本科生占比三成半左右，硕士生占比五成左右，博士生占比不到半成。具体岗位包括机器学习工程师、深度学习工程师、图像识别工程师、语音识别工程师等，他们主要负责人工智能各维度的训练与学习。

在游戏岗位中，部分本科生占比七成左右，硕士、博士生占比半成左右。具体岗位包括游戏策划、游戏设计、游戏开发、游戏测试、游戏运营等，他们主要负责游戏各部分、各阶段的工作内容。

在数据岗位中，本科生占比六成左右，硕士、博士生占比两成左右。具体岗位包括数据分析工程师、数据仓库工程师、数据采集工程师、数据建模工程师等，他们主要负责数据的提取和整理汇总，以满足业务方和产品运营提出的数据需求。

在测试岗位中，本科生占比八成左右，硕士、博士生占比一成左右。具体岗位包括软件测试、系统测试、网站测试、性能测试、安全测试等，他们主要负责设计和执行测试用例，以验证软件产品的功能、性能、安全性和稳定性，确保产品质量符合预期标准。

在各大计算机企业发布招聘信息时，还有一部分岗位招聘计算机高相关专业，如通信类、自动化类、人工智能类等。这类计算机高相关专业在大学阶段的课程中都会包含计算机类课程，这使学生"转码"[1] 相对简单，也可以进入计算机行业就业。

❷ 薪资情况

从计算机专业的起薪来看，《2024 年中国本科生就业报告》数据显示，2023 届本科生计算机类专业平均起薪为 6,771 元 / 月，在所有专业中排名第 2 位；2020 届计算机本科生毕业 3 年后平均月收入为 11,167 元，相较于毕业半年的平均月收入，涨幅达 64%，同样在所有专业中排名第 2 位；2018 届计算机本科生毕业 5 年后平均月收入为 14,463 元，相较于毕业半年后的平均月收入，涨幅达 123%，在所有专业中排名第 1 位。

从计算机的细分方向来看，2023 届本科生毕业半年后平均月收入排名前 50 位的专业中，信息安全专业的薪资为 7,756 元，排名第 1 位；软件工程专业

---

[1] "转码"是指本科不是计算机科学或者信息系统相关专业，但学生毕业后或者考研时转入了计算机行业或专业。

的薪资为 7,061 元，排名第 3 位；数据科学与大数据技术专业的薪资为 7,014 元，排名第 4 位；物联网工程和智能科学与技术分别排名第 6 位和第 7 位。

从计算机高相关的行业来看，2023 届本科生毕业半年后月收入较高的行业有软件开发业、通信设备制造业、互联网信息服务业、计算机系统设计服务业，以及数据处理、存储、计算、加工等相关服务业。

（五）就业前景

我国目前计算机行业的发展空间依然十分广阔，但在几种技术含量较高的软件领域，仍缺少我国互联网公司的身影，如操作系统、浏览器内核、游戏引擎、编译器 IDE，以及各种专业开发工具和工业软件（CAD、PS、3DMax 等）。

现阶段，我国政府正持续加大对计算机行业的支持力度，并出台了一系列促进该行业发展的有力政策。

2024 年 1 月，中华人民共和国工业和信息化部等七部门印发《关于推动未来产业创新发展的实施意见》提出，要"面向国家重大战略需求和人民美好生活需要，加快实施重大技术装备攻关工程，突破人形机器人、量子计算机、超高速列车、下一代大飞机、绿色智能船舶、无人船艇等高端装备产品，以整机带动新技术产业化落地，打造全球领先的高端装备体系"。

工业和信息化部发布的《"十四五"软件和信息技术服务业发展规划》中对我国软件业发展进行了系统性规划，指出到 2025 年，规模以上企业软件业务收入突破 14 万亿元，年均增长 12% 以上；工业 App 突破 100 万个；建设 2~3 个有国际影响力的开源社区；高水平建成 20 家中国软件名园。

各省市也相继推出了相关制度及方案，为当地企业发展和社会就业提供了更为具体的支持。其中，明确发布相关制度及方案的省份和城市有北京市、上海市、天津市、浙江省、安徽省、江西省、广东省、江苏省、四川省、山东省等。

以上海市为例，上海市发布了《立足数字经济新赛道推动数据要素产业创新发展行动方案（2023—2025 年）》，旨在通过构建国家级数据交易所，加速数据要素市场的成熟，以数据为驱动力，促进数字经济[1]的快速增长，为上海市的经济转型和产业升级注入强劲动力。

---

[1] 数字经济是一个内涵比较宽泛的概念，凡是直接或间接利用数据来引导资源发挥作用、推动生产力发展的经济形态都可以纳入其范畴。在技术层面，它包括大数据、云计算、物联网、区块链、人工智能、5G 通信等新兴技术；在应用层面，"新零售""新制造"等都是其典型代表。

地方城市也出台了人才紧缺目录。在《2024 年度南京市"4266"产业体系紧缺人才需求目录》中，软件与信息服务业的 43 个岗位中，有 27 个计算机人才岗位需求，且紧缺程度为 4~5 的有 13 个。同时，面向本科毕业生的该类岗位有 42 个，薪酬范围为 12 万 ~48 万 / 年；而面向硕士毕业生的该类岗位有 1 个，薪酬范围为 24 万 ~60 万 / 年。

二、抓取当下典型企业

（一）科大讯飞企业介绍

科大讯飞的全称为科大讯飞股份有限公司，它是一家专业从事智能语音及语音技术研究、软件及芯片产品开发、语音信息服务的软件企业。该企业专注于智能语音、自然语言理解、计算机视觉等核心技术研究，并保持了国际前沿技术水平。它积极推动人工智能产品和行业应用落地，致力让机器"能听会说，能理解会思考"，用人工智能建设美好世界。

2023 年中国 A 股计算机应用行业市值排行榜显示，科大讯飞位列前三，企业市值超千亿元。

科大讯飞旗下的多家分公司遍布全国，专注于智能语音与人工智能技术的研发、应用、解决方案提供及推广。它在北京市、上海市、深圳市、杭州市、苏州市、成都市、南京市、天津市、广州市、昆明市、郑州市、西安市、武汉市、长沙市、福州市、长春市、大连市、哈尔滨市等地均建有分公司，这些分公司致力于在当地或特定区域内推动人工智能与智能语音技术的发展与应用。

科大讯飞的主营业务收入来自多个部分，分别是智慧教育、智慧城市、开放平台及消费者业务、智慧医疗、运营商服务、汽车领域、智能服务和工业智能。科大讯飞业务板块及产品或服务详见表 1-4。

表 1-4 科大讯飞业务板块及产品或服务

业务板块	对应产品或服务	详细介绍	实际应用举例
智慧教育	教育产品和服务、教学业务、AI学习机、翻译机、个性化学习手册、易听说等	提供个性化教育解决方案，包括智能学习设备和教育服务	AI学习机用于辅助学生学习，翻译机帮助学生进行语言学习，个性化学习手册用于个性化教学
智慧城市	数字政府行业应用、智慧政法行业应用、信息工程、移动互联网产品及服务	覆盖城市管理的多个方面，提供智能化解决方案	智慧政务系统提高政府工作效率，智慧交通系统优化交通流量
开放平台及消费者业务	讯飞开放平台、智能硬件（如办公本、录音笔）、智慧汽车、智慧金融	提供AI能力及场景方案，面向消费者和企业用户的智能硬件产品	办公本用于语音转文字记录，录音笔用于会议记录，智慧金融用于风险控制
智慧医疗	医疗业务、诊后服务管理平台	提供医疗服务和健康管理解决方案	诊后服务管理平台用于患者出院后的健康跟踪
运营商服务	运营商服务	为电信运营商提供相关服务	为电信运营商提供智能客服系统
汽车领域	智慧汽车业务	与汽车企业合作，提供智慧汽车解决方案	智能车载系统用于语音控制和导航
智能服务	智能服务业务	提供多样化的智能服务解决方案	智能客服机器人用于企业客户服务
工业智能	升学成像仪、工业内窥镜、工业听诊器、调度语控平台等	提供软、硬、算一体的"工业六感"智能传感仪器产品，解决设备管理、安全检测、生产调度等问题，助力行业安全高效生产	在电力行业聚焦无人智能巡检和运维、设备健康管理、智能语音调度管控等应用场景，实现"人"的效率提高和"设备"的安全高效运维，助力电力企业降本增效

《科大讯飞：2022年年度报告》显示，教育领域是其营业收入最高的业务板块，为64亿元。此外，开放平台及消费者业务、智慧城市业务的营业收入分别为46亿元和44亿元；运营商业务、汽车领域、智能服务和其他业务的营业收入分别为21亿元、4.6亿元、2.3亿元和4.8亿元。

（二）科大讯飞招聘信息

科大讯飞官网招聘分为校园招聘和社会招聘。其中，校园招聘主要包括**飞星计划、飞凡计划和校园招聘**；社会招聘主要分为研究算法序列、硬件开发序列、软件开发序列、软件测试学列等 32 个序列。

表 1–5 为科大讯飞 2024 年计算机类专业岗位招聘信息。

表 1–5 科大讯飞 2024 年计算机类专业岗位招聘信息

招聘种类		岗位	岗位要求
校园招聘	飞星计划	AI 算法计算机视觉	1. 重点院校硕士及以上学历，计算机、信号处理、自动化、应用数学等相关专业； 2. 在人工智能会议或者期刊上发表过文章、在国内外知名评测任务或比赛中获得过优异成绩； 3. 在智能语音、计算机视觉、自然语言处理等相关方向有较丰富的实际系统研究和开发经验
		AI 算法自然语言处理方向	
		AI 算法智能语音方向	
		AI 算法深度学习框架和平台方向	
	飞凡计划	研发方向	专业不限，工科专业背景优先，掌握至少一门计算机语言
		产品方向	专业不限，工科类相关专业背景优先，有商业敏感度
	校园招聘（90 多种岗位）	C++ 开发工程师 [1]	重点院校本科及以上学历，计算机、通信、信息工程等相关专业，或对计算机有浓厚兴趣及特长的其他专业
社会招聘		中级研究算法工程师	硕士研究生及以上学历，熟悉计算机语言，有需求分析和技术攻关能力
		高级 BT&IT 架构师	本科及以上学历，理工科或管理专业，不低于 5 年信息化领域相关工作经验
		大数据工程师	本科及以上学历，精通大数据相关技术和计算机语言

科大讯飞的飞星计划和飞凡计划与多所院校进行合作。2024 年 3 月，科大讯飞和中南民族大学签署校企合作协议，打造具有中南民族大学特色的"AI+智慧教育生态"。[2] 同年 4 月，科大讯飞和华中师范大学正式签署了战略合作

---

[1] 此处仅为举例。

[2] 信息来源于科大讯飞官网。

协议，围绕大模型赋能教育教学、科研创新等方面进行合作，共同打造人工智能赋能教育的新场景。[1]

除了以上院校，科大讯飞还与北京邮电大学、西南政法大学、河南农业大学、河南工业大学等多所院校在各领域展开了深度合作。

考生及家长可以通过校企合作的角度来判断院校各专业的发展空间。在校企合作中，院校通常致力于培养不同岗位和就业方向的人才，而企业则通常会与多类型、多层次的院校进行合作。

三、认清各类专业差异

（一）专业一览表

计算机类专业信息详见表 1-6。

表 1-6 计算机类专业信息

一句话介绍专业	计算机专业主要研究计算机系统结构、软件开发、算法设计、信息安全、人工智能等领域，旨在培养具备计算思维、软件开发及系统维护等能力的专业人才
基础课程	高等数学、线性代数、离散数学、计算机组成原理、操作系统、计算机网络
专业课程	编程语言（C++、Java、Python）、数据结构算法、编译原理、汇编语言
推荐书目	《互联网+：从 IT 到 DT》阿里研究院 著 《通灵芯片：计算机运作的简单原理》[美] 丹尼尔·希利斯 著
适合哪些学生	有逻辑思维、喜欢持续学习
选科建议	物理 + 化学
考研建议	信息安全、数据科学、人工智能等方向

---

[1] 信息来源于科大讯飞官网。

（二）专业怎么选

计算机专业的设立源于人类对计算工具的需求，旨在延伸人脑智力，推动生产力发展。经济社会的发展和国家政策的支持也推动了计算机学科的多样化发展，以满足不同领域对专业人才的需求，从而形成了众多的二级学科。

计算机专业的选科要求为"物理＋化学"，但也有例外。例如，云南大学[1]、淮北师范大学[2]的计算机类专业的选科要求为"物理＋化学＋生物"；山西工程科技职业大学、山东外事职业大学、广西农业职业技术大学、广西城市职业大学、西安信息职业大学的计算机类专业的选科要求为"物理＋不限"。

表1-7是《普通高等学校本科专业目录（2024年）》中计算机类专业目录。

表1-7 《普通高等学校本科专业目录（2024年）》中计算机类专业目录

专业代码	专业名称	专业介绍
080901	计算机科学与技术	学习计算机软硬件知识，用于开发软件、维护系统、管理网络等
080902	软件工程	开发高质量软件，确保软件满足需求并稳定运行
080903	网络工程	设计、搭建、维护计算机网络，保障网络畅通无阻
080904K[3]	信息安全	保护计算机系统和数据安全，防范网络攻击
080905	物联网工程	连接万物，开发智能家居、智慧城市等物联网应用
080906	数字媒体技术	处理和传播多媒体信息，如音频、视频、动画等
080907T	智能科学与技术	研究智能系统，如机器人、智能控制等，推动 AI 应用
080908T	空间信息与数字技术	处理地理空间数据，支持城市规划、环境监测等
080909T	电子与计算机工程	设计制造计算机硬件及嵌入式系统，应用于电子设备
080910T	数据科学与大数据技术	分析大数据，提取有价值信息，支持决策制定

---

[1]　信息来源于云南大学本科招生网。

[2]　信息来源于淮北师范大学招生信息网。

[3]　特设专业是为了满足经济社会发展特殊需求所设置的专业，这类专业在专业代码后加"T"以示区分；在专业目录中，涉及国家安全、特殊行业等由国家控制布点的专业，被称为国家控制布点专业，这类专业在专业代码后加"K"以示区分。

专业代码	专业名称	专业介绍
080911TK	网络空间安全	维护网络空间安全，防范网络犯罪
080912T	新媒体技术	创作和传播新媒体内容，推动新媒体产业发展
080913T	电影制作	制作电影、电视剧等影视作品，提供视觉享受
080914TK	保密技术	保护敏感信息不被非法获取或泄露
080915T	服务科学与工程	设计和管理服务系统，提高服务质量和效率
080916T	虚拟现实技术	开发虚拟现实应用，提供沉浸式交互体验
080917T	区块链工程	研究区块链技术，保障数据安全，推动技术应用
080918TK	密码科学与技术	设计安全密码算法，保护数据传输和存储安全

在所有院校开设的专业中，计算机科学与技术、软件工程是极为常见的两个专业。它们的招生人数足够多，社会需求量也比较大。同时，信息安全、网络空间安全这两个专业的人才需求量随着信息化的普及，也在直线上升，且在本科所有专业的应届生起薪排名中名列前茅。数据科学与大数据技术在有财经属性的院校里一般都是不错的专业，该专业的毕业生通常在经济、金融商业方面做数据分析及决策工作。新媒体技术、数字媒体技术这两个专业针对动漫和游戏等就业方向，就业前景也比较不错。对于高分段的考生来说，智能科学与技术在工业智能方面的就业属性较强。

除以上专业外，其他计算机大类专业也可以作为报考计算机专业的跳板和起点。需要注意的是，不同院校在课程开设上有所不同，学生需要明确将来发展方向后，有针对性地锻炼计算机语言及能力。

计算机类专业的学生需要尽早明确自己的职业目标。因为对于学生来说，考研、就业、保研或留学等方向的主要努力方向并不完全重合，所以学生需要根据这些目标制订相应的学习计划。

计算机类专业的学生需要持续学习。在编程语言方面，学生需要掌握至少一种主流编程语言（如 C++、Java、Python 等）。在实践项目方面，学生需要至少完成过一个软件开发或系统集成的实际项目。在竞赛和证书方面，它们在一定程度上可以增加社会对学生能力的认可程度。

（三）院校怎么报

在本科阶段，大部分院校所授课程主要为基础理论，因此在就业时，大学生所学专业和职业关联性通常不会太强，更多需要依靠学生的自学能力和自身职业发展能力。由此，考生可以从以下几个维度来选择院校（院校选择逻辑权重不分先后）。

从城市产业选择院校。计算机专业对应的就业机会可以根据某个城市的产业分布来进行选择，如城市中有无互联网经济、数字经济等；城市中的企业对于计算机岗位的招聘比例是否较高等，以此来判断该院校所在城市能给学生带来的就业机会。在北京、上海、深圳等一线城市，互联网企业众多，如字节跳动、百度、拼多多、哔哩哔哩、腾讯等。在这些企业中，计算机专业类岗位的招聘比例较高，能为该专业的学生提供丰富的就业机会。以深圳为例，腾讯作为全球知名的互联网企业，每年都会在本地高校招聘大量计算机专业毕业生，招聘岗位涉及软件开发、算法研究、数据分析等多个方向，为深圳本地院校，如深圳大学的计算机专业学生提供了广阔的就业空间。

从校企合作选择院校。校企合作可以为学生提供更多的就业实操机会，提升个人竞争力，使人才培养目标与社会需求接轨，达到学生、院校、企业多赢的局面。同时，企业也会举办相关主题的竞赛来选拔特需人才。例如，华为每年都会举办"华为ICT大赛"，该竞赛吸引了众多院校的计算机专业学生参加。通过竞赛，华为能够选拔出具有创新能力和实践技能的优秀人才，并为其提供实习岗位和就业机会。

从学科实力选择院校。从学科评估、硕博点设置等可以较为直观地看出院校学科实力。这可以作为选择院校的一个依据。需要注意的是，学科评估只是结果，其背后是学科评分。虽然部分院校的学科评估是A–，而有些院校的学科评估是B+，从等级上来看存在区别，但实际上的学科评分可能并无太大差距。例如，虽然北京交通大学的计算机专业学科评估为A–，杭州电子科技大学的计算机专业学科评估为B+，但从学科评分来看，两者并无太大差距。杭州电子科技大学的计算机应用技术、网络工程等专业实力强劲，在浙江省内乃至全国都有较高的知名度和影响力。该专业的毕业生就业情况良好，很多毕业生进入了华为、海康威视等知名企业。

从政策发布选择院校。计算机专业发展较快，行业政策也会随着行业发展不断出台。在学科建立或成长的过程中，可能会承担相应的任务和成长目标。因此，考生和家长可以关注各院校学科相关学院发布的政策文件，了解相关专业的成长及发展趋势。例如，为支持江西省打造"世界 VR 产业高地"，江西财经大学获批江西省首批重点现代产业学院、江西省虚拟现实实验教学示范中心；其数字媒体艺术和计算机科学与技术专业入选江西省五星专业及江西省"十四五"期间一流专业（优势专业）；且其虚拟现实技术专业获软科 2022年 A+ 专业（全国排名第二）称号。

四、热门问答

Q1 只有高分考生才能进入计算机行业发展吗？

无具体分数要求。

学习能力强的考生更适合深入学习计算机专业。如果考生的高考分数不高，但计算机能力较强或者对此非常感兴趣，也可以将计算机专业作为自己的主要专业选择。

由于计算机行业最为看重的是学习能力，因此仅通过高考分数不足以判断考生未来在行业中的发展情况。

Q2 计算机专业还能报考吗？

可以！

计算机专业已成为各行各业不可或缺的一部分，尤其是在当今网络化办公、智能化生产的社会背景下，企业对于计算机人才的需求日益增大。虽然计算机领域可能颇具挑战性，但掌握相关技能，尤其是人工智能、数据科学和网络安全等方面，将会为个人带来更广阔的就业机会和发展空间。

Q3 35 岁以后会面临裁员的风险吗？

每个行业的从业人员基本上都会面临这一风险，只是计算机行业的这一情况最容易受到关注。避免这个问题的主要措施在于保持个人竞争力，让自己无法被轻易取代；同时保持学习能力，紧跟行业发展；并且具备良好的身体素质，以满足企业的加班需求。

Q4 计算机行业需要较强的自学能力吗？

需要。

这个行业不属于依赖经验的行业，而是注重能力的行业。计算机更新换代速度非常快，涉及广泛的知识领域，包括编程语言、数据结构、算法、网络技术等，需要从业者不断学习和深入理解。如果跟不上行业发展，就有可能被 AI 智能替代，或者被学历更高的应届生替代。

Q5 常说的"转码"容易实现吗？

因人而异。

"转码"指的是非计算机专业的学生在就业时进入计算机行业。部分其他专业在本科阶段会学到计算机相关的专业课，因此，"转码"对这些专业的学生来说相对容易。对于没有任何计算机基础的学生而言，以目前市面上"转码"成功的案例来说，他们大多用一年时间完成相关计算机语言能力的提升，进而完成"转码"。

Q6 学习计算机专业的注意事项有哪些？

高校教学内容依赖教材、缺乏实践，导致学生的实际项目经验和成果积累不足。大多数学生在大学期间仅跟随院校课程学习，掌握基础编程知识，而不关注新技术动态，导致个人职业技能单一化，未来可能面临被自动化工具取代的风险。同时，计算机行业的项目节点十分紧凑，经常要熬夜加班，对身体素质的要求也较高。

相较于硕士或博士，部分本科生的学术基础可能较为薄弱，知识面也相对狭窄，这限制了他们所能胜任的岗位范围，往往导致就业起点较低，发展速度和晋升空间也相对受限。对于个人而言，这样的环境不利于快速成长。

尤其是对于来自普通院校的本科生，由于他们在校期间往往缺乏直接参与IT 项目的机会，因此其动手能力和实践经验不足。为了提升自己在就业市场的竞争力，考研成了他们一个重要的选择。

第二章

电子信息类

——信息时代的动脉

·导言

突破技术封锁，打造国之"芯"脏！

过去十余年，得益于人口增长红利、政策改革红利和全球化分工带来的历史性机遇，我国电子信息制造业实现了飞速发展。同时，伴随着全球电子信息产业的发展，一大批极具竞争力的本土高新企业应运而生，如华为、中芯国际等。这些龙头企业的持续扩张显著加大了对电子信息类专业人才的需求。

本章将深入探讨电子信息类专业相关行业的现状、电子信息类专业的选择与职业发展，覆盖就业、企业、产品、薪资、岗位、职业技能、专业、院校等多个方面，希望这些信息能有效帮助考生及家长做出抉择。

一、了解未来就业形势

电子信息制造业逐渐成为我国经济发展的重要支柱性行业。依靠 5G 通信、物联网、云计算等技术的持续发展和赋能，中国逻辑芯片[1]的国产化进程拥有了巨大的提升空间，市场需求也将持续增长。根据工业和信息化部的统计数据，2023 年，我国规模以上电子信息制造业实现营业收入 15.1 万亿元、利润总额 6,411 亿元，对工业生产拉动作用明显。[2]预计 2027 年中国逻辑芯片市场规模将达到 5,757.5 亿元。[3]"十四五"规划期间是我国电子信息产业发展的关键时期，电子信息产业仍将以超出经济增速两倍左右的速度快速推进，产业前景十分广阔。

电子信息类专业的毕业生在毕业 5 年后的平均月收入排名是所有专业中的第 2 名，达到 13,393 元，主要集中在一线或者新一线城市。[4]

从整体就业地域来看，中国电子信息产业主要集中在沿海、沿江及中西部一些经济基础较好的城市，如深圳、上海、北京、重庆、西安、成都、武汉和长沙。这些城市由于拥有优越的工作环境，本身就能吸引大量人才，进而形成了一个良性循环。

（一）就业信息一览表

电子信息类专业就业信息详见表 2-1。

表 2-1 电子信息类专业就业信息

一句话介绍就业	就业情况整体良好，行业需求持续增长，如今，电子信息产业已是支撑社会经济发展和保障国家安全的战略性、基础性和先导性的产业
就业方向	涉及微电子领域的芯片设计与制造、通信领域的信号处理与网络优化、光电领域的光电子器件研发与光通信技术应用
热门岗位	集成电路工程技术人员、嵌入式工程师、硬件工程师、通信工程师等

[1] 逻辑芯片是一种集成电路，用于实现数字电路的逻辑功能，其广泛应用于计算机、通信设备、消费电子产品等领域。

[2] 信息来源于中华人民共和国工业和信息化部《2023 年电子信息制造业运行情况》。

[3] 信息来源于《2023 年半导体芯片行业系列研究报告——中国逻辑芯片行业概览》。

[4] 信息来源于麦可思研究院发布的《2024 年中国本科生就业报告》。

工作压力	★★★★☆	前期收入	★★★★☆	政策结合度	★★★★★
加班强度	★★★★☆	出差频率	★☆☆☆☆	建议就业起点	本科 / 硕士
公考优势	★★☆☆☆	就业壁垒	★★★★★	优势就业区域	一 / 二线城市

（二）就业方向及企业

智能化和万物互联的普及使得全球对芯片的需求激增，特别是人工智能、新兴消费电子、汽车电子等领域。这些技术的发展不仅推动了经济增长，也带来了生产效率的提高。然而，中国在消费电子产品的核心技术研发上仍较为依赖外国，这在一定程度上限制了其发展。

电子信息类专业因其广泛的应用性和技术的前沿性，涵盖了多个高收益的行业。毕业生可以考虑进入通信、信息技术、医疗电子、自动化控制、消费电子、汽车电子、航空航天等高科技行业，或者探索物联网、人工智能、大数据、网络安全等新兴领域。

电子信息类专业相关就业方向及企业举例详见表 2-2。

表 2-2 电子信息类专业相关就业方向及企业举例

行业分类	就业方向	具体介绍	相关企业
芯片设计与制造	芯片集成电路设计	从事集成电路的设计，包括模拟、数字电路的设计等	华为、联发科、中兴微、德州仪器、亚德诺半导体、高通、英飞凌、英伟达
	芯片封装与测试	从事芯片产品的封装和测试	华天科技、长电科技、日月光、通富微电子
	芯片工艺制造	半导体制造过程中进行工艺优化和改进	台积电、中芯国际、华虹半导体、三星、联华电子
射频天线设计与制造	射频芯片和板级设计	负责射频电路设计、性能调试、测试工作	卓胜微、恩智浦、紫光展锐
	天线设计	负责天线设计仿真和调试优化	华为、中兴通讯、立讯精密、京信通信

行业分类	就业方向	具体介绍	相关企业
嵌入式开发	嵌入式硬件系统开发	开发嵌入式硬件系统，包括 FPGA（现场可编程门阵列）、单片机等	德州仪器、海思、联发科、高通、瑞昱半导体
	嵌入式软件开发	负责应用程序、操作系统等开发	英伟达、恩智浦、地平线、平头哥、英特尔
人工智能与互联网	人工智能	研究和开发智能算法与模型	科大讯飞、商汤科技、百度 AI、谷歌 DeepMind
	互联网软件	从事网站和应用程序的开发、网络安全等	阿里云、腾讯云、百度、字节跳动
通信网络技术	通信网络设计	规划、设计、建设和维护通信网络系统	中国移动、中国联通、中国电信
	网络运维与管理	网络系统网络层和设备的运行维护	华为、中兴通讯、烽火通信、爱立信
	网络传输与通信	负责网络传输与通信管理	思科、新华三、华为、中国联通
技术支持	质量控制	确保产品质量符合标准	特变电工、阳光电源
	技术支持与服务	提供客户技术支持和解决方案	思科、华为、IBM
	项目管理	管理技术项目，确保按时按预算完成	施耐德电气、索迪斯（中国）

在对应企业方面，推荐关注行业内的领军企业。例如，华为和中兴在通信设备制造方面处于领先地位；台积电是全球领先的芯片制造厂商，其核心客户包括苹果、英伟达、超威半导体等；"三大运营商"（中国移动、中国电信和中国联通）在推动国家信息化进程、普及通信技术和支持社会经济发展方面发挥着重要作用；特斯拉、比亚迪在新能源汽车电子领域不断创新；科大讯飞、商汤科技则在人工智能领域具有强大的研发实力。选择这些技术驱动型企业，不仅能够为毕业生提供丰富的学习和发展机会，还能让毕业生在快速变化的技术环境中保持竞争力。

电子信息产品的快速迭代是当今科技发展的显著特点之一，持续学习和适应新技能将是保持竞争力的关键。摩尔定律[1]预测，集成电路（IC）上可容纳的晶体管数量每18~24个月会翻一番，这意味着处理器的性能大约每两年翻一倍。这种指数级的增长速度使得电子设备的性能不断提升，同时成本不断下降，推动了整个电子信息行业的发展。技术的迅猛发展也意味着电子信息领域的专业知识和技能要求也在不断更新，毕业生应该积极跟踪行业动态，并参与继续教育和专业培训，以掌握最新的技术。

在了解电子信息类专业毕业生的就业方向和相关企业之后，接下来编者将聚焦电子信息产品类型，通过举例来说明这一专业的重要产品和发展趋势。

（三）相关产品类型

电子信息的产品类型包括但不限于计算机与周边设备、通信设备、消费电子、汽车电子、医疗电子、半导体与集成电路等。

在《中国制造2025》战略规划中，集成电路产业被列为首要发展行业。其中，首要发展重点领域为新一代信息技术产业，包括集成电路及专用设备、信息通信设备、操作系统与工业软件、智能制造核心信息设备4个板块。集成电路是电子信息产业的核心，被誉为电子产品的"心脏"，其发展对中国制造业的转型升级具有重要的战略意义。表2-3是电子信息产品及举例介绍。

表2-3 电子信息产品及举例介绍

产品分类	产品举例	介绍
计算机与周边设备	笔记本电脑、台式电脑、打印机、键盘、鼠标	包括个人和企业使用的计算设备及相关输入输出设备
通信设备	智能手机、路由器、交换机、基站	用于数据传输和通信的设备，包括移动和固定网络设备
消费电子	平板电脑、数码相机、智能手表、电子阅读器	日常生活中使用的电子产品，强调便携性和用户体验
汽车电子	车载信息娱乐系统、高级驾驶辅助系统（ADAS）	汽车中使用的电子系统，提升驾驶安全和乘坐舒适度

---

[1] 摩尔定律是由英特尔公司的创始人之一戈登·摩尔于1965年提出的，他指出，集成电路上可容纳的晶体管数量每18~24个月会翻一番，其性能也将提升一倍。

产品分类	产品举例	介绍
医疗电子	医疗成像设备（如 CT 设备、核磁共振设备）、监护仪、诊断设备	用于医疗诊断、治疗和监护的电子设备
工业控制与自动化	可编程逻辑控制器（PLC）、工业机器人	用于工业生产过程控制和自动化的电子设备
安防电子	监控摄像头、门禁系统、报警系统	用于安全监控和防护的电子设备
航空航天电子	航空电子设备、卫星通信设备	航空航天领域专用的高级电子设备
物联网设备	智能家居设备、智能传感器、智能仪表	能够联网并进行数据交换的设备，实现智能化控制和管理
半导体与集成电路	微处理器、存储器、传感器	电子信息产品的核心部件，用于数据处理和控制
电源与电池	充电器、电池、不间断电源（UPS）	为电子设备提供稳定电源的设备

电子信息技术应用广泛，技术迭代不断推动产品性能持续提升。这些产品类型体现了电子信息技术在不同领域的应用，从个人娱乐到专业应用，都有电子信息产品的身影。

集成电路芯片应用最广泛的领域包括通信、计算机、消费电子、汽车电子、工业控制与自动化等。在通信领域，集成电路芯片被用于移动通信设备、基站、光纤通信等方面，以实现无线通信和数据传输等功能。在计算机领域，中央处理器、内存、显卡等关键部件都依赖于集成电路芯片。消费电子产品，如智能手机、平板电脑、数码相机等，也广泛应用集成电路芯片，这些芯片在数据处理、存储和显示等关键功能中发挥着重要作用。在汽车电子领域，集成电路芯片被用于车载娱乐系统、导航系统、发动机控制等方面。在工业控制与自动化领域，集成电路芯片则应用于机器人、自动化生产线、传感器网络等方面，以实现控制和数据采集等功能。这些领域的发展都离不开集成电路芯片的支持。

（四）相关岗位及薪资

电子信息人才需求旺盛，且这一趋势将长期持续。此外，不同地区、不同规模的企业和不同职位的职责差异，也会影响薪资的高低。考生及家长可以具体了解一下电子信息行业中一些关键岗位的薪资情况，以及哪些因素可能影响这些岗位的薪资。

❶ 岗位情况

国家大学生就业服务平台及各大招聘平台的数据显示，电子信息行业大致分为半导体 / 芯片、电子 / 电器 / 仪器仪表和通信技术开发及应用等岗位种类。在不同岗位种类中，本科、硕士及博士就业比例各不相同。

在半导体 / 芯片岗位中，本科生占比两成左右，硕士、博士占比六成左右。具体岗位包括集成电路设计工程师、芯片架构工程师、模拟芯片工程师、模拟版图工程师、数字前端工程师等。这些岗位主要负责集成电路的设计、架构规划、模拟电路开发、版图布局及数字电路的前端开发，它们的共同点在于都是集成电路领域的专业工程师，专注于芯片从概念到实现的各个技术环节。

在电子 / 电器 / 仪器仪表岗位中，本科生占比五成左右，硕士、博士占比两成左右。具体岗位包括嵌入式硬件开发、电子工程师、电子技术研发工程师、电子设备工程师、仪器 / 仪表计量工程师、电路工程师（模拟 / 数字）、安防系统工程师等。这些岗位主要负责电子产品的设计、研发、测试和维护，以及智能系统和设备的集成与优化。

在通信技术开发及应用岗位中，本科生占比五成左右，硕士、博士占比三成左右。具体岗位包括通信网络工程师、射频工程师、通信测试工程师、光通信工程师等。这些岗位主要负责通信系统的设计、开发、测试和维护，确保通信设备和网络的性能、可靠性和优化。

❷ 薪资情况

从电子信息类专业的起薪来看，《2024 年中国本科生就业报告》数据显示，电子信息类专业在 2023 届本科毕业生中表现突出，该专业毕业生平均起薪为 6,802 元 / 月，位列所有专业之首。这一薪资水平反映了电子信息类专业毕业生在当前就业市场中的高需求和专业价值。2020 届电子信息类专业本科生毕业 3 年后的平均月收入为 11,175 元，相较于毕业半年后的平均月收入 6,091 元来说，月收入涨幅达 83%，排名第 1 位。2018 届电子信息类专业本科生毕业 5 年后的平均月收入为 13,393 元，相较于毕业半年后的平均月收入 5,875 元来说，月收入涨幅为 128%，毕业 5 年后的平均月收入仅次于计算机专业，排名第 2 位。

从电子信息细分方向来看，在 2023 届本科生毕业半年后的平均月收入排名前 50 位的专业中，微电子科学与工程专业的平均月收入为 7,151 元，排名第 2 位；电子科学与技术专业的平均月收入为 7,011 元，排名第 5 位；光电信息科学与工程、电子信息科学与技术专业的平均月收入分别排名第 8 位和第 9 位。[1]

（五）就业前景

面对国际竞争和技术封锁，我国芯片产业正经历从"跟随"到"并跑"的艰难转型，与国际领先企业仍存在技术差距，亟须突破核心技术"瓶颈"、人才培养和供应链自主可控等关键问题。

电子制造服务行业在国家政策及地方性政策层面得到了多方面的支持。近年来，我国出台的相关产业政策和法规对促进电子制造服务行业的发展提供了强有力的政策支持和良好的发展环境，对行业持续发展具有积极的影响。

《产业结构调整指导目录（2024 年本）》中鼓励发展新型电子元器件制造，如片式元器件、敏感元器件及传感器、频率控制与选择元件、混合集成电路、电力电子器件、光电子器件、新型机电元件、高分子固体电容器、超级电容器、无源集成元件、高密度互连积层板、单层与双层及多层挠性板、刚挠印刷电路板及封装载板、高密度高细线路（线宽 / 线距 ≤ 0.05mm）柔性电路板、太阳能电池、锂离子电池、钠离子电池、燃料电池等化学与物理电池等。

2022 年 10 月，由国家发展改革委和商务部联合发布的《鼓励外商投资产业目录（2022 年版）》明确将"高密度互连积层板、单层与双层及多层挠性板、刚挠印刷电路板及封装载板、高密度高细线路（线宽 / 线距 ≤ 0.05mm）柔性电路板等"列入鼓励外商投资产业目录。

2021 年 3 月，第十三届全国人民代表大会第四次会议审议并通过了《中华人民共和国国民经济和社会发展第十四个五年规划和2035 年远景目标纲要》（以下简称《纲要》）。该《纲要》强调了加快集成电路产业的关键技术研发，包括设计工具、重点装备和高纯靶材等关键材料的研发。同时，《纲要》提出

---

[1] 信息来源于麦可思研究院发布的《2024 年中国本科生就业报告》。

了集成电路先进工艺、绝缘栅双极型晶体管（IGBT）、微机电系统（MEMS）等特色工艺的突破，以及先进存储技术的升级。此外，《纲要》还强调了推动碳化硅、氮化镓等宽禁带半导体材料的发展。

综上所述，这些政策支持体现了国家对电子制造服务行业作为国民经济战略性、基础性、先导性产业的重视，以及国家推动该行业高质量发展的决心，旨在提升中国在全球电子信息产业中的竞争力，减少对外依赖，并实现技术自主和产业升级。

在具体城市方面，北京、上海、深圳、杭州等一线和新一线城市通常拥有众多的高科技企业和研发机构，提供了丰富的就业机会和较高的薪资水平。同时，这些城市具备完善的产业链和创新氛围，有利于个人技能的提升和职业发展。此外，一些新一线城市，如成都、武汉、苏州、西安等，也在积极发展电子信息产业，为专业人才提供了广阔的发展空间。

以苏州电子信息产业集群为例，大家可以深度了解该专业对人才的需求及发展概况。

在《苏州工业园区 2024 年度重点产业紧缺人才需求目录》中，新一代信息技术部分的 51 个岗位中，电子信息类专业的岗位占据了 23 个，紧缺指数（1~5）为 5 的岗位有 8 个，岗位年薪区间为 16 万 ~60 万元。

二、抓取当下典型企业

（一）华为企业介绍

以大家熟悉的华为为例。华为是一家全球领先的信息与通信技术（ICT）[1]解决方案提供商，专注于 ICT 领域，坚持稳健经营、持续创新、开放合作，在电信运营商、企业、终端和云计算等领域构筑了端到端的解决方案优势，为运营商客户、企业客户和消费者提供有竞争力的 ICT 解决方案、产品和服务，并致力于实现未来信息社会，构建更美好的全联结世界。

华为的产品和解决方案已经应用于全球 170 多个国家和地区，在电信基础

---

[1] ICT 是信息与通信技术的英文缩写，其全称是 Information and Communications Technology，它涵盖了所有通信设备或应用软件，以及与之相关的各种信息服务和软件应用。

设施建设上领跑全球，为全球 30 多亿人口提供服务。[1]

华为在全球多个地区的研究所主要研究方向包括 5G 通信技术、人工智能、云计算、大数据、物联网、智能终端设备研发、网络安全、光通信、数据通信技术、软件与服务、存储技术和无线通信解决方案等。

华为的业务板块主要包括运营商业务、企业业务、消费者业务、华为云服务、芯片业务、数字能源业务和智能汽车解决方案等。

其中，运营商业务提供全面的网络设备和解决方案；企业业务助力行业数字化转型；消费者业务涵盖智能手机、个人计算和智能家居等产品；华为云服务提供云计算和人工智能服务；芯片业务提供强大的性能支持和技术创新，以满足其在智能手机、平板电脑、智能穿戴设备等消费电子产品及智能汽车解决方案等领域的高性能计算需求；数字能源业务致力于提供绿色高效的能源解决方案；而智能汽车解决方案业务则推动汽车行业的智能化和网联化发展。

华为业务板块及产品或服务详见表 2-4。

表 2-4 华为业务板块及产品或服务

业务板块	对应产品或服务	实际应用举例
运营商业务	5G 基站设备、路由器、交换机、物联网解决方案、全云化网络（NFV/SDN）解决方案	支持全球 70 多家运营商发布 5G 固定无线接入（FWA）业务，助力全球运营商部署 60 多张全融合核心网
企业业务	服务器、存储设备、企业网络设备、企业无线解决方案、云计算服务、大数据服务、物联网企业解决方案	江苏财政建设全省预算管理一体化系统
消费者业务	智能手机（Mate 系列、P 系列、Nova 系列、畅享系列等）、平板电脑、笔记本电脑、智能穿戴设备、智能家居产品	华为全屋智能解决方案
华为云服务	云服务器、云数据库、云安全服务、大数据服务、人工智能（AI）服务、物联网云服务	华为云 Stack 大模型混合云、华为云 Stack 现代化应用生产线，例如，华为与山东能源集团共同成立联合创新中心，推进人工智能大规模"下井"

---

[1] 信息来源于华为官网公司简介。

业务板块	对应产品或服务	实际应用举例
芯片业务	SoC 芯片（麒麟系列）、AI 异构芯片（昇腾系列）、服务器芯片	麒麟 9100 处理器、昇腾 910B AI 芯片
数字能源业务	智能光伏解决方案、数据中心能源管理系统、智能电动解决方案	推出"1+4+X"家庭绿电解决方案，包括智能光伏控制器、智能组件控制器、智能组串式储能系统、户用充电桩、智能光伏管理系统等
智能汽车解决方案	车载计算平台、智能驾驶系统、智能座舱、智能电动技术、智能网联技术、智能车云服务	车载充电、电池管理、电机控制系统等技术储备

在华为各业务板块中，ICT 基础设施业务是其主要收入来源，且涉及的技术领域广泛，包括 5G、云计算、大数据等前沿技术，因此对人才的需求量也是最大的。华为在全球范围内与 1,000 多家生态合作伙伴共建生态，开启物联网黄金时代，全云化战略持续推进，这都需要大量的技术人才和行业专家来支撑。

接下来，以华为的招聘信息为例，学生可以根据自己的兴趣和职业目标，选择与职业规划相匹配的岗位进行申请。

（二）华为招聘信息

华为的研发投入和业务增长及整个电子信息行业的发展趋势，都表明了电子信息类专业的毕业生将拥有广阔的职业前景和重要的社会需求。

华为官网的招聘分为校园招聘和社会招聘，校园招聘又分为应届生招聘和实习生招聘。

在华为的校园招聘中，有一项华为勇敢星实习生招聘计划，这是面向海内外在校优秀大学生开放的实习项目，为学生提供了解华为、到企业实践的机会，这也是学生进入知名企业丰富履历的绝佳机会。

华为 2024 年电子信息类专业岗位招聘信息详见表 2–5。

表 2-5 华为 2024 年电子信息类专业岗位招聘信息

招聘种类	岗位	岗位职责	岗位要求
校园招聘	模拟芯片设计工程师	负责数模混合芯片中模拟电路的详细设计、实现、验证等工作，包括解串器（Serdes）、数模／模数转换器、射频功放电源、PLL、PMU、PHY、IoT、CMOS 高频电路及频域转换电路等	1. 学历与专业要求：国内本硕，微电子与固体电子学、电子科学与技术、电路与系统、通信工程、电磁场等相关专业； 2. 符合如下任一条件： （1）熟悉模拟／混合信号／射频开发流程，掌握相关设计工具； （2）从事过模拟或射频功能电路设计及版图实现； （3）有半导体器件模型设计实践经验； （4）有芯片内 ESD 技术及保护电路设计实践经验； （5）模拟／数模混合信号系统建模及数模混合电路算法设计
	数字芯片设计工程师	1. 负责数字芯片的详细设计、实现和维护，以及综合、形式验证、时序分析（STA）、时钟复位（CRG）设计等工作； 2. 负责编写各种设计文档和标准化资料，理解并认同公司的开发流程、规范和制度，实现资源、经验共享	1. 学历与专业要求：国内本硕，微电子、计算机、通信工程、自动化、电磁场等相关专业； 2. 符合如下任一条件： （1）熟悉 VHDL/Verilog、SV 等数字芯片设计及验证语言，参与过现场可编程门阵列设计或验证； （2）具备数字芯片综合（SYN）／时序分析经验； （3）了解芯片设计基本知识，如代码规范、工作环境和工具、典型电路（异步、状态机、FIFO(先进先出)、时钟复位、memory、缓存管理等）； （4）接触过多种验证工具，了解一种或多种验证方法，并根据项目的特点制定不同的验证策略、方案，搭建验证环境，完成验证执行和调试

招聘种类	岗位	岗位职责	岗位要求
校园招聘	射频芯片设计工程师	1. 负责全频谱泛 ICT 射频芯片系统设计，以及射频芯片电路开发（TRX、PA、LNA、Mixer、PLL/VCO、VGA、phase shifter、TIA、Driver、CDR、AD/DA、Filter 等主要模块）、射频芯片验证、射频芯片物理设计、射频芯片工艺、建模、可靠性等相关工作； 2. 通过射频芯片及电路设计、建模、开发、测试等，实现业界竞争力领先	1. 学历与专业要求：国内本硕，微电子与固体电子学、电子科学与技术、电路与系统、通信工程、电磁场等相关专业； 2. 符合如下任一条件： （1）具有射频芯片电路设计相关知识，熟悉模拟 / 混合信号 / 射频开发流程，掌握相关设计工具； （2）能独立完成模块电路设计，包括但不限于 TRX、PA、LNA 等，且对电路有较为深入的理解； （3）从事过射频或模拟功能电路设计及版图实现； （4）有半导体器件设计、工艺制造、器件建模、PDK(工艺设计套件)、测量表征等实践
实习生招聘	技术研究工程师	1. 负责硬件子系统设计、单板硬件 / 模组全流程开发，主导从单板硬件器件选型、原理图设计到测试验证的完整研发过程，满足功能、性能、成本、质量等维度的设计需求； 2. 承担硬件生产和维护过程中的优化、器件选型和问题处理	1. 学历与专业要求：国内本硕，电子、通信、自动化、电气工程、机械电子、光电等相关专业； 2. 岗位要求：具备扎实的硬件基础知识，精通模拟 / 数字电路分析及设计，具有基于 ARM/DSP/FPGA 硬件系统单板开发和调试经验、数字 / 模拟传感器检测和模拟小信号处理分析能力等成功实践经验，在各类电子相关竞赛中获奖者优先

华为的招聘岗位特征通常包括对技术背景和专业技能的高要求，尤其是在 AI 算法、软件开发、大数据和云计算等领域。

在共性方面，很多岗位都要求硕士研究生及以上学历，特别是在研发和算法研究领域，同时强调对实际项目经验和专业领域的深入研究。

对学生来说，这意味着在学术成绩之外，积累相关的实践经验、参与科研项目、发表论文或参加技术竞赛等，都是提升个人竞争力的重要途径。此外，掌握至少一门编程语言，保持对新技术的学习和探索精神，以及具备良好的问题解决能力，都是求职华为时的加分项。

三、认清各类专业差异

（一）专业一览表

电子信息类专业信息详见表2-6。

表 2-6 电子信息类专业信息

一句话介绍专业	电子信息类专业是一门研究电子技术和信息系统，包括信号处理、通信技术、集成电路设计等领域的学科
基础课程	高等数学、线性代数、概率论与数理统计、大学物理、电磁学、电路分析、模拟电子技术、数字电子技术、信号与系统等
专业课程	通信原理、数字信号处理、微机原理与接口技术、电磁场与电磁波、自动控制原理、传感器与检测技术、集成电路设计、嵌入式系统等
推荐书目	《浪潮之巅》吴军 著 《硅谷之谜》吴军 著
适合哪些学生	对电子技术、通信原理、计算机编程等领域有浓厚兴趣，且具备较强的逻辑思维能力、数学基础和动手实践能力
选科建议	物理＋化学
考研建议	通信与网络技术、电子器件与集成电路、微电子与光电子技术等方向

（二）专业怎么选

电子信息类专业的设立源于人类对信息处理和传输技术的需求，旨在提升信息处理能力，促进社会信息化进程。随着经济社会的发展和国家政策的扶持，电子信息学科不断扩展和深化。为满足各行各业对电子信息技术专业人才的迫切需求，该学科衍生出众多的二级学科，如通信工程、电子科学与技术、微电子科学与工程等，这些二级学科共同构成了电子信息学科的丰富内涵和广泛应用。

电子信息类专业的选科要求为"物理＋化学"，但也有例外。例如，云南大学电子信息类、昆明理工大学电子信息类中的人工智能专业的选科要求为"物理＋化学＋生物"[1]。

---

[1] 信息来源于云南大学本科招生网。

目前，高考志愿填报已经进入"专业优先"的时代，其本质是"就业优先"，以下将从专业介绍及专业推荐两个方面展开介绍电子信息类专业。

表2-7是《普通高等学校本科专业目录（2024年）》中电子信息类专业目录。

表 2-7 《普通高等学校本科专业目录（2024 年）》中电子信息类专业目录

专业代码	专业名称	专业介绍
080701	电子信息工程	主要培养电子技术和信息技术的相关能力，是一门电子科学与技术、信息与通信工程及计算机科学的交叉型学科
080702	电子科学与技术	培养能够从事各种电子材料、元器件、集成电路的研究和开发的高级工程技术人才
080703	通信工程	研究信息传输与技术处理，培养设计和维护通信系统的技术人才
080704	微电子科学与工程	着力于微电子的理论研究和集成电路芯片的设计与制造，在目前的国际竞争格局中，该领域无疑处于风口浪尖之上
080705	光电信息科学与工程	研究光与电的相互作用及其在信息获取、传输、处理和显示中的应用技术
080706	信息工程	研究信息获取、处理、传输和应用的技术
080707T	广播电视工程	媒体设备传播的处理技术，如有线电视等
080708T	水声工程	培养兼顾声学、振动和信号处理的高层次水声研究人才
080709T	电子封装技术	将电子设计与制造的裸芯片组装成电子器件、电路模块和电子整机的制造过程
080710T	集成电路设计与集成系统	一门高度综合性的专业，涵盖电子、通信、计算机等多个领域，该专业主要培养具备集成电路设计、制造、测试等技能的高级工程技术人才
080711T	医学信息工程	培养能从事医药领域信息系统的开发、维护、测评的软件工程技术人才
080712T	电磁场与无线技术	研究电磁波的产生、传播、辐射、接收及在无线通信和相关技术领域中的应用
080713T	电波传播与天线	培养能运用计算机等现代工具对无线电系统及信息获取进行分析、设计和综合应用的高级专门人才
080714T	电子信息科学与技术	研究电子设备及信息系统的设计、开发、应用和集成等

专业代码	专业名称	专业介绍
080715T	电信工程及管理	培养既具有通信技术、通信系统和信息网方面的基础知识，又具备管理理论基础知识，能在通信领域中从事运营、管理的复合型人才
080716T	应用电子技术教育	培养能在电子信息科学与技术相关领域和行政部门从事科技开发、产品设计、生产技术或管理工作的电子信息科学与技术高级专门人才
080717T	人工智能	涵盖机器学习、自然语言处理、计算机视觉、智能机器人等多个领域
080718T	海洋信息工程	利用声、光、电、磁等信息载体，实现对海洋的观测、探测和监测
080719T	柔性电子学	融合电子科学与技术、物理学、化学、材料科学、光学和生物工程等多个学科领域，其应用包括但不限于柔性显示技术、可穿戴设备、生物医学传感器、能源存储和转换设备等
080720T	智能测控工程	一门融合了电子学、信息论、系统工程、计算机科学与技术、自动控制及人工智能等多个学科的新兴交叉型学科
080721T	智能视觉工程	研究如何利用计算机视觉技术来模拟人类视觉系统，实现图像和视频的分析、理解和处理，应用于自动驾驶、智能监控、医疗影像分析等领域

电子信息类专业是弱电[1]方向的代表性专业，学习内容包括电子、电路、集成电路、芯片、信号的传递与应用。电子信息大类（0807）属于工科范畴，其下包含21个二级学科，常见的报考专业有电子信息工程、电子科学与技术、通信工程、微电子科学与工程、集成电路设计与集成系统、光电信息科学与工程、人工智能专业。[2]

这21个二级学科可大致归纳为三个方向：电子、通信、光电。

在本科生阶段，电子信息类专业内部的专业区分度没有那么高，以通识教育为主。在本专业的学习过程中，学生会接触到从基础电路设计到高级系统开发的各种技术和理论。这会为他们在毕业后进入多样化的行业和职业领域打下

---

[1] 弱电通常是指直流电路或音频、视频线路、网络线路、电话线路等，其直流电压一般在36V以内。主要涉及的是低电压、低电流的电力系统或设备，与高电压、高电流的强电相对应。

[2] 信息来源于《普通高等学校本科专业目录（2024年）》。

坚实的基础。学生不用过度纠结各个专业之间的相似与差异。因为在同一院校的培养方案下，这些专业之间的学习课程重合度非常高。在考研时，学生可以在电子信息类专业大类内交叉跨考，在电子、通信及光电三个方向中选择自己喜欢的。

芯片半导体行业是电子信息产业的核心，对集成电路方向的专业人才需求极高。电子信息类专业的各方向都可以在芯片半导体行业中得到体现，与之最相关的本科热门专业包括微电子科学与工程、电子科学与技术、集成电路设计与集成系统、电子信息工程。

电子信息类专业毕业生应关注政策导向，加强专业技能和跨学科学习，如在本科和研究生期间多参加专业实践项目，积累经验。能够掌握更多技能，包括电路设计、信号处理、编程语言（如 C/C++、Python），以及微处理器和微控制器的应用。同时，毕业生需提前准备专业且真实的简历，突出个人优势和项目经验，以便在竞争激烈的就业市场中脱颖而出。

（三）院校怎么报

从院校历史渊源出发。寻找原相关中央部属院校，如原电子工业部、邮电部直属院校或 28 所示范性微电子学院[1]（电子科技大学、西安电子科技大学、合肥工业大学、福州大学等）。这些院校在电子信息领域具有深厚的行业背景和专业优势，为学生提供了理论与实践相结合的优质教育平台。

从学科评估排名出发。考生及家长可以选择同分段学科评估更高的院校。

从就业优势区域出发。可以选择产业发达地区的院校，如电子信息产业集群发达地区。其中，珠三角地区以深圳为研发中心，以东莞、惠州等市为生产基地，形成了珠江东岸电子信息产业集聚区。深圳作为全球重要的电子信息产业基地，聚集了华为、中兴等国际知名企业，形成了以通信、新型显示和集成电路为核心的产业集群。长三角地区，以上海为龙头，在制造领域（包括芯片制造和设计）具有显著优势。同时，整个江苏地区的封装测试和芯片制造是其最大优势。京津冀地区，以北京为代表，在设计领域最为突出，全国排名前 10 的 IC 设计公司中，超过一半位于北京。此外，中西部地区，包括重庆、成都、

---

[1]　具体院校请见《教育部、国家发展改革委、科技部、工业和信息化部、财政部、国家外专局关于支持有关高校建设示范性微电子学院的通知》。

西安等城市，也是电子信息产业的重要基地，拥有万亿级市场，这些地区工作机会多，个人发展上限高。

四、热门问答

Q1 电子信息类专业与计算机类专业的区别主要是什么？

首先，计算机类专业主要侧重于"软件"，而电子信息类专业则是"硬件＋软件"的结合。虽然从硬件可以实现向软件的转向，但从软件转向硬件则难度较大。因为计算机类专业在本科阶段不涉及电子信息相关的电学板块专业课，如电路基础、模拟电子技术和数字电子技术等。"软硬兼通"的"大牛"几乎都是硬件方向出身的。另外，如果学生将来有考公务员的计划，那么请注意，面向计算机类专业的岗位多于面向电子信息类专业的岗位。

Q2 半导体行业的人才短缺主要体现在哪些方面？

我国半导体产业起步较晚，需要从研、产、销各环节完善人才储备。行业的人才缺口不仅表现为数量上的不足，还包括人才结构的不合理、高端人才的匮乏，以及产教融合体系的不完善。为解决这些问题，需要政府、院校和企业共同努力，通过优化人才培养体系、提高行业薪酬竞争力等措施，以满足行业发展的人才需求。

Q3 电子信息类专业学习难度大吗？

难度较大。该专业对于数学、物理、英语的要求都很高，还需要学生具备较强的动手能力、编程能力，以及逻辑思考能力。

Q4 学习电子信息类专业需要学生具备什么基础能力？

电子信息类专业要求学生具备扎实的数学和物理基础，包括微积分、线性代数、概率论、电磁学和电路分析等，同时需要具备良好的英语能力，以方便阅读和理解国际技术文档和专业论文。此外，由于该专业领域技术迭代迅速，学生还需具备持续学习和自我更新的能力。

Q5 考研对于电子信息类专业的学生来说有哪些帮助？

首先，读研能够提高学历，为毕业生提供更好的就业机会和更高的起薪点。其次，研究生教育使学生能够深入探索专业知识，提升技术能力和科研水平，这对于从事技术密集型工作尤为重要。最后，读研还有助于个人职业发展，为自己提供了更多的职业选择权和广阔的发展空间。对于研发岗位而言，虽然不是所有岗位都强制要求研究生学历，但许多技术性和研发类职位通常以硕士研究生学历为招聘起点，因此，读研对有志于从事研发工作的电子信息类专业学生来说是一个明智的选择。

第三章

电气类

——国民经济的命脉

·导言

电是现代社会的命脉，它为工业、商业、家庭和基础设施提供动力，是现代文明不可或缺的能源。

电气行业的蓬勃发展推动了电气类专业的进步，作为一门涉及电力、电子、计算机等多个领域的综合性专业，该专业所学的知识与技能被广泛用于工业生产、通信交通、信息技术、能源环保等多个领域。电气类专业也在国家电网建设、智能民生服务、推动能源清洁化、低碳化转型中发挥着关键作用，持续助力实现我国能源技术强国目标和"双碳"目标。

本章内容将深入探讨电气相关行业的现状，覆盖行业、企业、就业、产品、薪资、岗位、技能证书、专业、考研等多个方面，希望可以有效帮助考生及家长进行抉择。

一、了解未来就业形势

我国可持续能源和智能化电力技术的需求不断增长，对于电气行业工作者的需求量也呈上升态势。

电力是电气领域中的核心组成部分，而电气为电力行业提供了技术支撑和广泛的应用场景。二者相辅相成，共同推动社会电气化进程。随着电力应用的不断深化和发展，工业和信息化部等六部门在《关于推动能源电子产业发展的指导意见》中指出，到 2030 年，能源电力产业综合实力将持续提升，形成与国内外新能源需求相适应的产业规模。根据麦可思研究院发布的《2024 年中国本科生就业报告》，2018 届电气类专业本科生毕业 5 年后的月收入平均薪资为 11,811 元。

对于学生来说，电气类专业就业前景广阔，尤其在电力系统、自动化、新能源、智能制造等领域。以下，编者将从就业的角度带大家深入了解电气类专业。

（一）就业信息一览表

电气类专业就业信息详见表 3-1。

表 3-1 电气类专业就业信息

一句话介绍就业	电气类专业就业前景广阔，毕业生可在电力、水利、自动化等多个行业中工作，尤其是电力和能源领域人才需求较大				
就业方向	电力公司、各类发电厂、电力系统供电等部门				
热门岗位	电气设计工程师、电力电子工程师、电芯研发工程师、光伏系统电气工程师等				
工作压力	★★★★☆	前期收入	★★★★☆	政策结合度	★★★★★
加班强度	★★★☆☆	出差频率	★☆☆☆☆	建议就业起点	本科 / 硕士
公考优势	★★★☆☆	就业壁垒	★★★★☆	优势就业区域	一 / 二 / 三线城市

（二）就业方向及企业

电气类专业的毕业生主要有以下三类就业方向。

第一类是国家电网公司、南方电网公司和"五大发电集团"[1]。这些企业是毕业生的就业首选，但这些企业对人才的要求也很高，竞争相当激烈。省、地市一级的供电公司或供电局也是电气类专业毕业生不错的选择，待遇优厚。

第二类是工程局。工程局主要负责电厂建设和变电站建设的相关工作，相较于其他单位，工程局的工作比较艰苦，工作地点会随着电厂建设的地址转移，但待遇还是非常可观的。

第三类是电气设备公司和电力制造行业。这包括一些大型和中型的电气设备公司、自动化公司等，它们服务于用电设备、汽车、铁道、照明、通信、化工等行业，这些行业都需要电气人才。

其他的就业方向，如新能源、电子技术、交通运输、通信、自动控制及环保等行业对电气技术的应用同样非常广泛。

表 3-2 为电气类专业相关就业方向及企业举例。

表 3-2 电气类专业相关就业方向及企业举例

行业分类	就业方向	具体介绍	相关企业
发电设备	发电设备设计、制造与维护	负责发电机和风力发电机等设备的设计、制造、维护、升级，确保能源转换效率和设备运行安全	哈尔滨电气集团佳木斯电机股份有限公司
输配电设备	输配电系统设计与管理	从事变压器、高压输电线路等设备的设计与管理，保障电能高效、安全传输	施耐德（北京）中低压电器有限公司
电力系统设备	电力系统运行与维护	负责智能电表、配电自动化系统的运行、监控和维护，提高电网智能化和可靠性	国电南京自动化股份有限公司
电机与驱动	电机设计与应用	涉及工业电机、伺服电机等的设计与应用，驱动机械设备运转，是工业自动化的关键	西门子电机（中国）有限公司

---

[1] "五大发电集团"分别是华能集团、中国电力投资集团、大唐集团、国电集团和华电集团。

行业分类	就业方向	具体介绍	相关企业
开关设备	电气控制与保护	负责断路器、接触器等开关设备的设计与应用，确保电路安全，防止过载和短路	厦门 ABB 开关有限公司
电线电缆	线缆制造与施工	从事电力电缆、光纤电缆等的制造与施工，连接电气设备和系统	江苏亨通光电股份有限公司
工业控制系统	工业自动化与过程控制	设计和维护 PLC（可编程逻辑控制器）、DCS（分布式控制系统)等工业控制系统，提高生产效率和过程控制的精确性	深圳汇川技术股份有限公司
自动化设备	自动化生产线设计与维护	涉及工业机器人、传感器等自动化设备的设计与维护，提升生产线的自动化水平	埃斯顿自动化集团
电子元器件	电子元件设计与制造	负责集成电路、半导体等电子元器件的设计与制造，构成电子设备的基本组成部分	风华高新科技股份有限公司
电子产品	电子产品设计与开发	从事电视、音响、手机、电脑等电子产品的设计与开发，实现信号处理和信息传输	小米科技有限责任公司
通信设备	通信网络建设与维护	负责基站、路由器等通信设备的建设与维护，构成现代通信网络的基础	中兴通讯股份有限公司
智能电网设备	智能电网技术研究与应用	从事储能系统、智能变电站等智能电网设备的技术研究与应用，提高电网效率和可靠性	国网电力科学研究院、武汉南瑞有限责任公司
可再生能源设备	可再生能源设备开发与维护	负责太阳能光伏板、风力涡轮机等可再生能源设备的开发与维护，推动清洁能源利用	阳光电源股份有限公司
电气安全设备	电气安全系统设计与维护	从事防雷器、电气火灾监控系统等电气安全设备的设计与维护，提高系统安全性	上海良信电器股份有限公司

电气类

电气类专业毕业生的就业方向包括但不限于国家电网、电力设计院、电力设备制造企业、新能源发电企业等，他们主要从事电力系统的设计、研发、运行管理、设备维护、技术开发等多方面的工作。一线或者新一线城市的电网系统，从目前趋势来看，比较看重学历。然而，进入电网系统不是唯一的就业路径，电气类专业毕业生的就业方向相对广泛，如果学生对于自己的职业规划和个人成长有更高的要求，最好先提升学历再就业。

电气工程及其自动化专业人才在工业自动化、可再生能源、电动汽车等领域的需求量较大，专业人才的平均薪资较高，显示出良好的就业前景和发展潜力。

总的来说，电气类专业毕业生凭借其专业技能的广度和深度，可以在多个行业找到有竞争力的工作岗位，其主要就业方向是电网系统、发电集团、电力和电气设备相关企业。

（三）相关产品类型

电气产品的重点在于对电能的处理、分配，以及电气系统的构建与维护。

电气产品的使用范围广泛，从工业设备到家用电器，再从电力供应到电气控制系统。这些产品通常是与电能的生成、传输、分配和使用相关的部件，包括从基础元件到复杂系统的各个方面。

表3-3是电气产品举例及介绍，这些产品体现了电气行业发展的趋势和方向。

表3-3 电气产品举例及介绍

产品分类	产品举例	介绍
发电设备	发电机、风力发电机	用于将机械能、风能等转换为电能的设备，是电力供应的基础
输配电设备	变压器、高压输电线路	用于电能的传输和分配，确保电能从发电站安全、高效地输送到用户端
电力系统设备	智能电表、配电自动化系统	用于电网的运行、调度、监控和维护，提高电网的智能化水平和可靠性
电机与驱动	工业电机、伺服电机	用于将电能转换为机械能，驱动各种机械设备运转，是工业自动化的核心组件

产品分类	产品举例	介绍
开关设备	断路器、接触器	用于电路的控制和保护，防止过载和短路，保障电气系统的安全
电线电缆	电力电缆、光纤电缆	用于电能和信号的传输，是连接各个电气设备和系统的纽带
工业控制系统	PLC、DCS[1]	用于实现工业自动化和过程控制，提高生产效率和过程控制的精确性
自动化设备	工业机器人、传感器	用于自动化生产线，提高生产效率和质量，减少人工成本
电子元器件	集成电路、半导体	构成电子设备的基本组成部分，用于信号处理和信息传输
电子产品	电视、音响、手机、电脑	通过电路设计和电子元件应用实现信号处理和信息传输
通信设备	基站、路由器	用于数据和信息的传输，是现代通信网络的基础
智能电网设备	储能系统、智能变电站	用于提高电网的效率和可靠性，支持可再生能源的接入
可再生能源设备	太阳能光伏板、风力涡轮机	用于开发和利用太阳能、风能等清洁能源，减少对化石能源的依赖
电气安全设备	防雷器、电气火灾监控系统	用于保护电气系统免受雷电和火灾的损害，提高系统的安全性

电气类

　　这些产品不仅体现了电气行业的技术进步，也反映了行业向智能化、自动化和清洁能源转型的趋势，以满足日益增长的能源需求和环境保护要求。

　　电气产品的类型涵盖了发电、输配电、电力系统管理、工业自动化、通信技术等多个领域。这些产品不仅构成了现代电力供应和分配的基础，还是工业自动化和现代通信技术中不可或缺的组成部分。随着工业自动化技术的发展，电气设备的种类越来越多，每种类型都有其功能和应用场景。电气产品的发展和创新对于提高能源利用效率、保障电力供应的稳定性和安全性、推动工业自动化和通信技术的进步具有重要意义。

[1]　PLC（可编程逻辑控制器）是一种用于自动化控制的数字运算操作电子系统，而 DCS（分布式控制系统）是一种用于高度分散、集中管理和控制的计算机控制系统，广泛应用于工业过程控制。

对于学生来说，了解电气专业产品类型及其应用领域，可以帮助他们认识到电气工程是一个涉及广泛技术领域和行业的学科，它不仅关系到电力的产生和分配，还涉及工业自动化、智能制造、通信技术等多个高技术领域。这种认识有助于学生评估自己对这些领域的感兴趣程度和职业倾向，同时意识到电气类专业毕业生的就业前景广阔。大学想报考电气类专业的学生可以重点参考这些信息。

（四）相关岗位及薪资

❶ 岗位情况

国家大学生就业服务平台及各大招聘平台数据显示，在电气行业中，岗位种类大致分为电子、电器、仪器仪表、工程、机械、能源、汽车研发设计、建筑工程与装潢等。在不同岗位种类中，本科、硕士及博士的就业比例各不相同。

其中，在电子、电器、仪器仪表岗位中，本科生占比六成左右，硕士、博士占比一成左右。具体岗位包括电气工程师、电池/电源开发工程师、仪器/仪表/计量工程师、变压器与磁电工程师、自动控制工程师、机器人应用工程师等。这些岗位主要负责电气系统的设计、开发、测试、维护和优化，以确保电力供应的稳定和电气设备的高效运行。

在工程、机械、能源岗位中，本科生占比四到五成，硕士、博士占比一成左右。具体岗位包括机电工程师、储能电站运维管理员、电能质量管理员、电力工程师、光源与照明工程、光伏系统工程师、空调热能工程师等。这些岗位主要负责电力系统的规划、设计、施工、运维管理，以及能源效率和质量的监控与优化。

在汽车研发设计岗位中，本科生占比四成左右，硕士、博士生占比两成以上。具体岗位包括电气/电器工程师、新能源电控工程师、新能源电机工程师、汽车标定工程师等。这些岗位主要负责电气系统的设计维护、新能源汽车电控系统和电机的开发优化，以及汽车性能的标定测试，它们的共同目标是提升电气设备和汽车系统的效率与可靠性。

在建筑工程与装潢岗位中，本科生占比五成左右，硕士、博士生占比两成以上。具体岗位包括建筑机电工程师等。该岗位主要负责建筑项目中的水暖系统与空调通风系统的设计、施工、维护和优化，以确保建筑环境的舒适度并提高能源效率。

综合以上信息，不难看出电气类专业毕业生的就业岗位情况整体较为乐观，他们可以在电力系统、新能源技术、智能制造等多个领域找到工作，具有广泛的就业前景和较高的就业率。

❷ 薪资情况

从国家统计数据来看，在 2023 年城镇非私营单位就业人员中，电力、热力、燃气及水生产和供应业的年平均工资为 143,594 元，同比增长 8.0%；在 2023 年城镇私营单位就业人员中，电力、热力、燃气及水生产和供应业的年平均工资为 64,826 元，同比增长 4.8%；在 2023 年全国规模以上企业就业人员中，电力、热力、燃气及水生产和供应业的年平均工资为 147,215 元。[1] 此外，电气工程师的市场需求在持续增长，尤其是在新能源和智能制造等新兴领域，其薪资水平也有所提高。在一线城市，电气工程师的月收入通常可以达到 8,000~15,000 元及以上；在二、三线城市，其薪资水平相对较低，电气工程师的月收入一般在 5,000~8,000 元。应届生的平均月收入因专业和地区的不同而有所差异，但随着工作经验的增加，其薪资水平也会逐渐提高。[2]

从电气类专业的起薪来看，《2024 年中国本科生就业报告》数据显示，2023 届本科生电气类专业的平均起薪为 6,715 元 / 月，在所有专业中排名第 6 位；2020 届电气类本科生毕业 3 年后的平均月收入为 9,772 元，相较于毕业半年的平均月收入，涨幅为 74%，在所有专业中排名第 7 位；2018 届电气类本科生毕业 3 年后的平均月收入为 11,811 元，相较于毕业半年后的平均月收入，涨幅为 130%，在所有专业中排名第 6 位。

从电气细分方向来看，2023 届本科生毕业半年后平均月收入排前 50 位的专业中，电气工程及其自动化薪资为 6,719 元，排名第 18 位。

从电气高相关的行业来看，2023 年的数据表明，电气行业中月收入较高的包括电子电气设备制造业、运输业等。[3] 具体来说，电子电气设备制造业（含计算机、通信、家电等）在本科薪酬榜中首次反超信息传输、软件和信息技术服务业。

---

[1] 信息来源于国家统计局公布的《2023 年城镇单位就业人员年平均工资情况》。

[2] 信息来源于中华网的《电气工程师工资分析：行业现状与未来发展》。

[3] 信息来源于《2024 年本科生就业报告》。

（五）就业前景

电气行业在国家政策层面持续得到了明确的政策支持。

《中共中央关于制定国民经济和社会发展第十四个五年规划和二〇三五年远景目标的建议》明确提出，要培育先进制造业集群，推动先进电力装备产业创新发展，优化相关产业链布局。经过 10 多年的发展，中国的智能电网发展已经比较成熟，未来电网的建设重点会转向基础设施的智能化和智能微电网，这将为电力自动化行业带来新的市场，促进电力自动化行业新产品和新业态的诞生。

《加快构建新型电力系统行动方案（2024—2027 年）》提出了 2024 年至 2027 年重点开展的 9 项专项行动，包括电力系统稳定保障行动、大规模高比例新能源外送攻坚行动、配电网高质量发展行动等，助力实现"双碳"目标、保障国家能源安全、应对电力转型挑战，加快推进新型电力系统建设，为实现"碳达峰"目标提供有力支撑，为电气行业的未来发展指明了方向。

《"十四五"能源领域科技创新规划》提出，要在可再生能源发电及综合利用、适应大规模高比例可再生能源友好并网的新一代电网、新型大容量储能及燃料电池等关键技术装备上实现全面突破。电力自动化技术对于能源领域的高效发展、新型电力系统的建设有着不可或缺的作用，政策目标的确立在很大程度上对电力自动化行业有着重要的引导作用。

这些政策体现了国家对电气类专业发展的重视，旨在通过政策支持和行业引导，推动电气类专业人才的培养和相关产业的高质量发展。电气类专业毕业生的就业区域主要集中在经济发达和工业发展迅速的地区，如上海、深圳、北京、杭州、东莞、苏州、广州、武汉、南京和宁波等城市。这些地区通常拥有众多的电力、电子、自动化和智能制造行业的企业，为电气类专业的毕业生提供了丰富的就业机会。各省市对于电气就业也发布了相应的政策及规划。

以南京为例，2024 年发布了《2024 年度南京市"4266"产业体系紧缺人才需求目录》（以下简称《目录》），其中列出了 339 个紧缺岗位，有 103 个岗位的紧缺程度最高，占比达 30.38%，而在岗位紧缺程度最高的岗位中，对应专业为电气类的不在少数。

《目录》包括软件和信息服务、新型电力（智能电网）两大优势产业集群。在新型电力产业部分的 41 个岗位中，涉及电气类专业的岗位有 5 个，紧缺指数（1~5）为 5 的岗位有 1 个，紧缺指数为 4 的岗位有 1 个，年薪在 12 万~48 万元。

《目录》显示了南京市"4266"产业体系对电气类专业紧缺人才的迫切需求，这些需求主要集中在技术密集型和创新驱动型产业，如智能制造、新能源汽车等。对于毕业生而言，这意味着在这些领域有着广阔的就业机会和职业发展空间。

二、抓取当下典型企业

下面以电气专业代表性就业企业国电南瑞科技股份有限公司作为举例来带大家深度了解电气专业。

（一）国电南瑞企业介绍

国电南瑞科技股份有限公司（以下简称国电南瑞）是南瑞集团有限公司旗下的上市公司，而南瑞集团有限公司是国家电网有限公司直属的科研产业单位。国电南瑞作为国家电网有限公司旗下 3 个上市公司之一，是以能源电力智能化为核心的能源互联网整体解决方案提供商，也是我国能源电力及工业控制领域的 IT 企业和电力智能化头部企业。

国电南瑞重点布局智能电网、数能融合、能源低碳、工业互联 4 大业务板块，推动人工智能、边缘计算、数字孪生、区块链、安全防护等数字技术、先进信息通信技术、控制技术与柔性直流等能源电力技术的深度融合，进一步增强了其核心竞争能力。

国电南瑞以先进的控制技术和信息技术为基础，以大数据、云计算、物联网、移动互联、人工智能、区块链等技术为核心，为电网、发电、轨道交通、水利水务、市政公用、工矿等行业和客户提供软硬件产品、整体解决方案及应用服务。

国电南瑞业务板块及产品或服务详见表 3-4。

表 3-4 国电南瑞业务板块及产品或服务

业务板块	对应产品或服务	实际应用举例
智能电网	提供电网调度自动化、变电站自动化、配电自动化等全方位解决方案	城市电网智能化升级，实现电网的高效管理和故障快速响应
数能融合	包括网络安全、生产运营信息化等业务，支持能源电力行业的数字化转型	电力企业通过部署信息化系统提高运营效率和数据安全性
能源低碳	涉及储能、光伏等新能源业务，推动能源的绿色低碳发展	太阳能光伏电站的建设和管理，以及电网储能系统的集成
工业互联	提供工业互联网相关的软硬件产品和整体解决方案	智能制造工厂的自动化控制和数据采集，提高生产效率
电网自动化及工业控制	为国内电网安全稳定控制和调度领域提供一体化解决方案	电网的稳定运行和优化调度，保障电力供应的可靠性
继电保护及柔性输电	提供电力控制保护、直流输电、柔性交流输电等技术和服务	高压输电线路的保护和控制，提高输电效率和安全性
电力自动化信息通信	提供企业 IT 基础设施、生产管理信息化、网络安全等解决方案	电力企业内部网络的建设和维护，确保信息流转的安全性和高效性
发电及水利环保	为能源、发电、节能环保、水利水务等行业提供自动化和信息化解决方案	水电站的自动化控制系统，实现水资源的高效利用和环保监测

对于毕业生而言，了解这些业务板块和产品或服务的实际应用，有助于他们更好地定位自己的职业发展方向，并针对特定领域提升相应的技能和知识，以适应未来电力行业的发展需求。

（二）国电南瑞招聘信息

国电南瑞的研发投入和业务增长，以及整个电力行业的发展趋势，都表明了电气类专业的毕业生将拥有广阔的职业发展前景和重要的社会需求。

国电南瑞官网招聘分为校园招聘和社会招聘，表 3-5 为国电南瑞 2024 年电气类专业岗位招聘信息。

表 3-5 国电南瑞 2024 年电气类专业岗位招聘信息

招聘种类	岗位	岗位职责	岗位要求
校园招聘	应用技术研究（发电技术服务）	1. 发电机、抽蓄、调相机、风电、氢能、储能、光伏等电力电子产品的技术研究与产品研发，以及技术问题的分析处理； 2. 负责跟进产品领域的行业标准，参与相关标准的制定，负责标准要求的分解贯彻； 3. 负责电力电子相关技术储备、前瞻性技术研究，开发相关成果，指导业务应用	1. 硕士研究生及以上学历； 2. 专业要求：电力系统及其自动化、电力电子与电力传动、电气工程、可再生能源与清洁能源、电子与电气工程等相关专业； 3. 专业能力优秀，掌握相关专业仿真软件。了解相关行业技术标准； 4. 性格开朗，有较好的语言表达和文字表达能力； 5. 具备一定的电力系统分析控制基础专业知识
社会招聘	交流电力变压器应用技术研究	1. 熟悉新能源应用变压器工艺技术； 2. 具备工艺布置、工装设计制造调试、工艺工装验证等经验； 3. 具有较强的团队协作精神和责任感； 4. 有较强的方案撰写能力及文字功底； 5. 对生产过程中出现的技术问题进行解答，指导生产人员按要求作业； 6. 负责解决在生产过程中出现的技术相关异常，合理地制定解决方案，并跟踪实施效果	1. 本科及以上学历； 2. 电气工程、机械设计、机电一体化、电力系统及其自动化专业； 3. 要求 3 年及以上工作经验； 4. 熟悉变压器、互感器等线圈类产品的制造工艺； 5. 精通机械传动、机械加工工艺、材料及表面处理等知识； 6. 熟悉非标自动化设备工作原理，对智能制造等理念有较深的理解； 7. 具备良好的独立工作能力，具有主动积极的工作态度

招聘种类	岗位	岗位职责	岗位要求
社会招聘	电力系统及其自动化集成技术研究	1. 负责绿电制氢整体解决方案的系统配置设计； 2. 负责绿电制氢系统的电气系统设计、电气原理图绘制，以及系统内关键电气部件的参数设计和设备选型； 3. 参与绿电制氢整体解决方案源网荷储控制系统研发	1. 本科及以上学历； 2. 电气工程、电力系统自动化、电力电子与电力传动、可再生能源与清洁能源等电工类专业，电子信息工程、电路与系统等电子技术类专业； 3. 熟悉输变电技术、微电网技术、供电技术； 4. 具有 3 年以上电气系统集成设计工作经验； 5. 熟悉电解水制氢原理和工艺流程者优先

总结一下，国家电网全资子公司南瑞集团对国电南瑞持股 51.48%。电气类专业的毕业生不仅可以进入国家电网和南方电网，还可以进入其子公司和控股企业。国电南瑞为电气类专业的毕业生提供了广阔的发展平台和优厚的待遇，是一个值得考虑的就业选择。学生可参考岗位招聘要求，早做准备。

三、认清各类专业差异

（一）专业一览表

电气类专业信息详见表 3-6。

表 3-6 电气类专业信息

一句话介绍专业	电气类专业是典型的强电 [1] 专业，主要研究电能的生产与利用，培养在电能的发、送、配、用四个阶段的设计、安装和维护人才
基础课程	高等数学、线性代数、概率论与数理统计、大学物理、工程力学、电路分析、模拟电子技术、数字电子技术、电磁场与波等

---

[1] 强电是指电压较高、电流较大的电力系统，通常用于供电和输电。

专业课程	电力系统分析、电机与拖动、自动控制原理、微机原理及应用、电力电子技术、电气测量技术、电气工程 CAD、可编程控制器原理及应用等
推荐书目	《走进电世界：电气工程与自动化（专业）概论》孙元章、李裕能 主编《工业 4.0：正在发生的未来》夏妍娜、赵胜 著
适合哪些学生	具有较强的数学和物理基础及逻辑思维能力，并对电气工程领域有浓厚兴趣
选科建议	物理 + 化学
考研建议	电气工程、电力电子与电力传动、电力系统及其自动化、高电压与绝缘技术、电机与电器、电工理论与新技术等方向

电气类

（二）专业怎么选

电气类专业的设立源于人类对电能的利用和管理的需求，旨在通过电能的产生、传输、转换、控制、储存和利用来延伸人类对电力的掌控，推动社会生产力的发展。经济社会的发展和国家政策的支持也推动了电气学科的多样化发展，以满足不同领域对专业人才的需求，进而形成了众多二级学科，如电力系统及自动化、电力电子与电力传动、电机与电器等，这些二级学科共同构成了电气工程的丰富内涵和广泛应用。

电气类专业的选科要求为"物理 + 化学"。表 3-7 是《普通高等学校本科专业目录（2024 年）》中电气类专业目录。

表 3-7 《普通高等学校本科专业目录（2024 年）》中电气类专业目录

专业代码	专业名称	专业介绍
080601	电气工程及其自动化	电气及自动化系统、信息处理系统、电力系统、电力电子与电器产品的科研开发与设计生产等
080602T	智能电网信息工程	电力系统分析、智能电网技术研究、电网信息管理等
080603T	光源与照明	照明系统设计、光源技术开发、光电产品应用等
080604T	电气工程与智能控制	电气系统的智能控制、自动化设备研发、智能电网管理等
080605T	电机电器智能化	电机设计与研发、智能化电器系统的开发与维护等

专业代码	专业名称	专业介绍
080606T	电缆工程	电缆系统的设计与制造、电缆工程的施工与维护等
080607T	能源互联网工程	能源互联网的构建与管理、新能源技术的开发与应用等，此专业于 2021 年新增，目前上海电力大学等院校已增设该专业
080608TK	智慧能源工程	智慧能源系统的设计、能源优化管理、新能源项目开发等
080609T	电动载运工程	电动载运工具的研发、电力驱动系统的设计与维护等
080610TK	大功率半导体科学与工程	大功率半导体器件的研发、半导体材料的制备与应用等

院校常见的电气类专业为电气工程及其自动化、智能电网信息工程、光源与照明、电气工程与智能控制。其中，本科院校招收人数最多的专业是电气工程及其自动化，这也是电网企业招聘时需求最多的专业，而其他电气类专业则招收人数不多。以上 4 个热门专业各有其特色和优势，不仅反映了电气工程领域的广泛性和深度，也揭示了电气类专业在新能源、智能控制和信息技术交叉领域的发展趋势。

电气类专业要求学生具备扎实的理论基础和专业技能，以及较强的实践能力和适应能力。企业越来越重视应聘者的实践技能和项目经验，例如，施耐德电气优先考虑招聘有嵌入式系统开发经验的学生。因此，电气类专业的学生要在大学期间积极参与实践活动和竞赛，不断提升自己的核心竞争力，才能在就业市场上更具优势。电气类专业的学生在大学期间可参加的科技竞赛包括"挑战杯"全国大学生课外学术科技作品竞赛、ACM-ICPC 国际大学生程序设计竞赛、全国大学生数学建模竞赛、全国大学生电子设计竞赛、全国大学生智能汽车竞赛、全国大学生节能减排社会实践与科技竞赛等。具体参赛要求可以自行查看相关网站。

（三）院校怎么报

电气类专业毕业生的就业领域广泛，遍布各行各业，学生可以根据自己理想的就业方向及成绩选择一所和自己相匹配的院校。

从就业角度来选院校。

如果想进入院校、科研院所或电力设计院工作，考生可以选择电气类专业实力比较强劲的一流院校。这些院校往往具有较好的师资力量和研究条件，能够为毕业生提供良好的学术背景和研究基础。

如果目标是进入国家电网工作，考生可以选择电气类专业实力比较强劲的"双一流"建设高校、原电力工业部直属院校、中国电力高校联盟成员高校，以及省内一些理工科为优势的院校。

如果想进入铁道部门工作，考生可以选择西南交通大学、兰州交通大学、华东交通大学、石家庄铁道大学等铁道部直属院校。这些院校在铁道系统内有较高的认可度，可以为毕业生提供良好的就业前景和发展机会。

如果想进入车企工作，考生可以选择合肥工业大学、江苏大学、燕山大学、河南科技大学等院校。这些院校在汽车工程领域具有较高的实力和知名度，能够为毕业生提供丰富的实践经验和学术背景。

如果想进入航空航天类企业工作，考生可以选择南京航空航天大学、北京航空航天大学、西北工业大学、沈阳航空航天大学、南昌航空大学等院校。这些院校在航空航天领域有着较高的知名度和实力，能够为毕业生提供良好的学术背景和研究基础。

在往年招录中，国家电网更青睐部分院校的毕业生，尤其是原电力工业部直属院校的毕业生，这些院校的被录用人数一直名列前茅。

从院校实力与专业排名来选院校。

选择院校时，考生应考虑院校在电气类专业领域的整体实力和排名。一些院校，如华北电力大学、清华大学、浙江大学、西安交通大学等在电气工程领域具有较强的教学和科研实力。这些院校往往能为毕业生提供更好的教育资源和就业机会。

从院校的行业联系来选院校。

选择地理位置优越、与当地电力行业联系紧密的院校，这样可以使学生更容易获得实习和就业机会。例如，西南交通大学的电气工程专业毕业生主要就业于轨道交通行业和电力行业，就业前景好，就业率较高。

电气类专业为社会关注度较高的专业，录取分数也随之水涨船高。作为该类专业"对口就业"企业之一的国家电网，变得更加炙手可热。有人认为国家电网的福利待遇好，堪称"铁饭碗"，能进入其中工作十分值得；也有人认为国家电网中的基层工作辛苦、劳动强度大，"铁饭碗"也不好端，学生应该根据自身情况量力而行。

四、热门问答

Q1 电气类专业的学习难度大吗？

难度相对较大，它需要学生具备扎实的数学和物理基础、较强的逻辑思维和工程实践能力。学生在学习过程中需要掌握电气工程学科的基础知识，了解行业前沿动态，为进一步深造打下坚实基础。

Q2 学习电气类专业需要读研吗？

读研是有必要的。

如果学生只想进入电厂的一线生产岗位，或者电力设备公司的生产销售和维护岗位，那么本科学历就足够了。如果学生想进入电力行业中更优质的单位，无论是电网、发电集团，还是知名的电力设备公司，其门槛通常都是硕士研究生学历起步。

国家电网作为大型国有企业，工作稳定且收入高，对于人才选拔有着更为严格的标准，因此设置的学历门槛也越来越高。此外，在本专业领域，毕业生几乎没有机会自己创业，因为项目都需要大量资金及资产的投入，不像计算机领域那样可以比较容易地把自己的想法转化为产品。所以，如果学生的目标是成为一名比较高级的职场人士，学历提升还是很有必要的。电气类本科毕业生主要从事的是基层的运维工作，而硕士毕业生则有机会从事研发类的工作岗位，其工资待遇和工作体验都会好很多。

Q3 国家电网校园招聘流程是怎样的？

国家电网有 3 个招聘批次：分别是提前批、第一批和第二批。

提前批

时间：每年 9 月至 11 月。

招聘方式：各省公司会前往院校进行宣讲。

招聘对象：主要招聘研究生，特别是"985""211"和原电力工业部直属院校的电工类、计算机类和通信类研究生。

第一批

时间：每年10月至11月发布招聘计划，12月左右举行统一笔试。

招聘方式：学生需在网上报名，通过网上申请后参加统一笔试。

招聘对象：以电工类学生为主，要求本科及以上学历，招聘岗位选择范围广，是国家电网招聘中规模最大、机会最多的一次。

第二批

时间：每年3月左右发布招聘计划，4月左右举行统一笔试。

招聘方式：学生需在网上报名，通过网上申请后参加统一笔试。

招聘对象：招聘范围更广，包括电工类、电子信息类、财会类等学生，在部分省份也会招聘专科岗位，学历要求相较于第一批稍低。

报名流程和考试内容

报名流程：学生需在网上报名，填写个人信息、教育经历、家庭成员等信息，并上传相关证书和证明材料。

考试内容：按照国家电网官方发布的考试大纲统一组织考试，考试内容涵盖多个专业类别。

录取情况

录取人数：第一批是国家电网招聘的主要批次，录取人数最多，竞争激烈。第二批则是前两批的补招，录取人数相对较少。

录取院校："985""211"和"双一流"高校的学生在第一批录取中占较大比例，但双非院校如上海电力大学、三峡大学等也有较多录用机会。

Q4 电气工程专业的学生毕业后只能去国家电网吗？

电气工程专业的学生就业选择非常多，不仅局限于国家电网，还可以在电力设计院、新能源公司、自动化设备制造商、智能制造企业、科研院所、高等院校及跨国公司等领域发挥专业技能。例如，他们可以进入施耐德电气、西门子、通用电气等知名企业，或者从事电动汽车、智能电网、可再生能源技术等新兴领域的工作。

电力系统行业并非夕阳行业，而是一个充满活力和发展潜力的行业。当前，电力系统行业正处于技术创新和数字化转型的关键时期，许多技术正面临前所未有的挑战，同时也在不断涌现新的技术突破和应用。电力系统作为现代社会的基础设施和能源供应核心，正在经历转型升级，展现出持续的创新活力和巨大发展潜力，为青年才俊提供了广阔的发展空间和施展才华的舞台。

第四章

自动化类

——第四次工业革命的重要一环

·导言

　　自动化引领世界进入第四次工业革命，即工业 4.0。

　　工业 4.0 是利用信息化技术促进产业变革的时代，也就是智能化时代。其中，自动化成为重要的一环。工业 4.0 的核心在于智能制造，这一理念突出了信息技术与制造业的深度融合。借助智能化设备和系统，企业的生产流程逐渐实现自动化、网络化和定制化。

　　自动化技术的应用领域日益拓宽，它已成为日常生活和社会生产的核心动力。采用自动化设备替代人工劳动，已成为众多企业的升级选择。在自动化行业替代不断发生的同时，全新的行业、企业和职业岗位也应运而生。本章将深入探讨自动化行业的现状、自动化类专业的选择与职业发展，覆盖行业、企业、就业、产品、薪资、岗位、职业技能、专业、考研等多个方面，希望可以有效帮助考生及家长进行抉择。

一、了解未来就业形势

社会生产对于自动化类专业人才的需求是很大的。

我国的工业自动化行业起步较晚，但发展势头强劲。虽然我国的工业自动化在关键的核心技术方面与外资品牌有显著差距，但近年来，国家陆续出台的一系列法规政策为我国工业自动化行业的发展提供了强劲的动力。中国工业自动化行业取得了明显进步，国产替代进程加快。据国际数据公司（IDC）预测，到 2025 年，全球将有超过 50% 的制造业实现智能化升级，而我国市场规模将达到 1.5 万亿美元。

通用自动化[1] 领域的国产化率在 2022 年已达到 43.7%[2]，然而，在中高端领域，国内企业鲜有涉足，国产替代仍然任重道远。国内市场对高端人才的需求，以及对高端市场的产品覆盖是必然趋势。

麦可思研究院发布的《2024 年中国本科生就业报告》显示，2018 届本科自动化类专业毕业生毕业 5 年后的平均月收入为 12,488 元，排名第 3 位；2018 届本科自动化类专业毕业生毕业半年后的平均月收入为 6,721 元，排名第 5 位，二者相比，5 年后的月收入涨幅为 122%。

（一）就业信息一览表

自动化类专业就业信息详见表 4–1。

表 4-1 自动化类专业就业信息

一句话介绍就业	社会需求高，就业岗位多，硬件和软件均有需求			
就业方向	机械臂、机器人、智能制造、设备研发、系统运行等			
热门岗位	嵌入式开发工程师、机器人工程师、自动化工程师等			
工作压力	★★★☆☆	前期收入	★★★☆☆	政策结合度	★★★★☆
加班强度	★★★☆☆	出差频率	★★★☆☆	建议就业起点	本科 / 硕士
公考优势	★☆☆☆☆	就业壁垒	★★★★☆	优势就业区域	一 / 二线城市

[1] 通用自动化是指一种技术或系统，能够在不同的应用场景中灵活应用，减少人工干预，提高生产效率和质量，如工业机器人。

[2] 信息来源于未来智库网《2024 年工业自动化行业中期策略报告：机遇与挑战并存，国产替代和出海共舞》。

（二）就业方向及企业

自动化专业是一门跨学科、技术密集型的专业，自动化技术的应用范围极其广泛，几乎可以覆盖所有行业，包括制造业、交通运输业、电力行业、医疗行业、航空航天、国防军事、信息技术、教育行业、石油和天然气行业、矿业、建筑业、农业、水利行业、环境保护行业及服务业。以上行业均广泛运用自动化技术推动各自领域的发展与创新。

自动化催生了新的社会岗位需求，并促进了企业升级。自动化技术通过提供高效的自动化解决方案，支持了供应链的优化和稳定，提高了企业应对市场变化的灵活性。此外，自动化技术也推动了就业结构的转变，虽然减少了某些低技能岗位，但也创造了新的技术和管理岗位，促进了人力资源的合理配置和职业发展。同时，现代企业通过不断创新的自动化技术，提高了生产效率和产品质量，降低了生产成本，自动化技术的广泛应用促进了各行业及产业的智能化升级，增强了国家的工业竞争力，并推动了新兴产业的发展。

自动化类专业可以作为本科阶段的过渡专业。该专业学习的内容涉及计算机、电子信息、机械、电气等多个方面，就业领域可以覆盖绝大部分行业。对于学生来说，自动化类专业在工科专业中被称为"万金油专业"。如果学生将来想学习工科并进入工业生产领域发展，但目前还没有明确的目标及方向，那么自动化类专业将是一个极佳的过渡选择。

前端自动化企业的业务范围比较广泛。从工业自动化系统集成到机器人与人工智能领域，从电气工程与控制到智能制造与数字化工厂，再到软件开发与应用、技术支持与服务，以及科研、教学和咨询服务，前端自动化企业涵盖了产业的各个层面。

这些就业方向不仅涉及众多知名企业，如西门子、华为、国家电网、一汽大众、阿里巴巴等，还延伸至科研机构和高等教育机构，展现了目前对自动化类专业人才的广泛需求。

表4-2为自动化类专业相关就业方向及企业举例，可以作为考生及家长的参考，从而提前规划未来的发展方向。

表 4-2 自动化类专业相关就业方向及企业举例

就业方向	具体介绍	相关企业
工业自动化系统集成	负责自动化项目的整体规划、系统设计、实施和优化，包括自动化设备的集成和现场调试	西门子、罗克韦尔自动化、施耐德电气、上海电气集团、南瑞集团
机器人与人工智能领域	参与机器人的编程、控制算法开发、维护，以及人工智能领域的研究和应用开发	华为、富士康、Boston Dynamics（波士顿动力）、iRobot Corporation、JAKA（节卡）
电气工程与控制	从事电气设备和控制系统的设计、安装、维护，以及电力系统的运行和管理	国家电网、施耐德电气、ABB、西门子
智能制造与数字化工厂	参与智能生产线的设计、优化，以及数字化工厂项目的实施、技术支持和项目管理	一汽大众、上汽集团、广汽集团、海尔集团、三一重工
软件开发与应用	开发工业控制软件、企业管理系统，以及嵌入式系统和工业互联网的应用程序	阿里巴巴、腾讯、百度、思爱普、Oracle Corporation（甲骨文公司）
技术支持与服务	提供自动化设备的技术支持、售后服务，以及客户需求分析和解决方案的制定	IBM、戴尔科技、联想集团、汇川技术
科研机构和高校	从事自动化技术的研究、教学和管理工作	中国科学院、清华大学、上海交通大学、北京航空航天大学
咨询与服务公司	提供自动化和智能制造领域的咨询服务，帮助企业优化生产流程并提高效率	麦肯锡公司、波士顿咨询、德勤咨询、埃森哲

自动化类

这些企业作为自动化技术的孵化器和推广者，不仅致力于技术的研发与突破，更将技术的成果转化为实际可应用的自动化产品，满足了不同行业、不同场景下的自动化需求。

以机器人就业方向为例，机器人生产替代人工已成为一种趋势。国际机器人联合会的数据显示，未来的中国制造业将需要近300万台工业机器人来替代人工，市场规模达数千亿元。

机器人的成本远低于人工成本。第三方调研机构高工产业研究院统计数据显示，2021年协作机器人的单位小时成本仅为6.59元/小时，远低于人工成本的 37.88 元 / 小时，人工成本已经接近协作机器人成本的 6 倍。[1]

制造业正面临重大转型。现在，许多的年轻人不愿进工厂、当工人，制造业企业的用工成本也在激增，劳动力短缺问题不容忽视。机器人代替人工已经成为正在进行中的现实，而机器人工程这一专业的社会需求度将在未来不断提升。

机器人在替代一部分岗位时也在创造新的岗位。自动化生产线和机器人被投入企业生产后，企业需要与这些自动化设备相匹配的技术工人。部分企业在生产转型时，除了会从社会和院校招聘高技术、高学历的技术人员，还会培训愿意学习新技术的员工。社会和企业都在发展，毕业生进入企业工作后，也要不断学习，更新自己的知识与技能，以保持核心竞争力。

（三）相关产品类型

自动化和智能制造行业不断创新，推出了丰富多样的产品和服务。从智能机器人到自动化生产线，从控制系统到传感器网络，每一种自动化产品都是自动化企业智慧与汗水的结晶，它们共同构成了自动化领域丰富多样的产品生态。

自动化产品可降低成本、提升生产质量。自动化产品的创新不仅极大提高了生产效率，有效降低了运营成本，而且在减少人为错误和提升安全生产方面发挥了至关重要的作用。企业的生产流程因此变得更加高效、精准，也为社会的可持续发展贡献了力量。

表 4-3 是自动化类产品举例及介绍，这些产品不仅体现了自动化技术的最新成就，也代表了行业发展的趋势和方向。

表 4-3 自动化类产品举例及介绍

产品分类	产品举例	介绍
控制系统	PLC（可编程逻辑控制器）	工业自动化的核心，用于控制机器或生产过程
	DCS（分布式控制系统）	适用于大型、连续的生产过程，如化工、炼油等
	工业控制计算机	用于数据采集、处理和控制，常用于复杂的监控和控制任务

---

[1] 信息来源于 36kr 网。

产品分类	产品举例	介绍
自动化仪表	传感器	将物理信号转换为电信号，用于检测温度、压力、湿度等参数
	执行器	根据控制信号进行物理动作，如控制阀门、电机等
	变送器	将传感器信号转换为标准信号输出，用于远距离传输
	流量计、压力计	用于测量流体流量和压力
工业软件	SCADA（监控和数据采集系统）	用于实时监控工业过程，并收集数据
	MES（制造执行系统）	管理生产活动，优化生产流程
	ERP（企业资源规划系统）	集成企业所有资源，提高管理效率
机器人与自动化设备	工业机器人	用于焊接、装配、搬运等自动化作业
	数控机床	装有程序控制系统的自动化机床，可自动加工零件
	自动化装配线	由多个自动化工作站组成，完成产品的组装
	自动化仓储系统	包括货架、堆垛机、输送系统等，实现物料自动存取
电气设备	变频器	用于调节电机转速，实现节能控制
	伺服驱动器	提供精确的位置、速度、扭矩控制
	工业网络通信设备	工业以太网交换机、无线通信设备等，用于设备间的通信
其他辅助设备	自动化装配工具	自动化螺丝机、自动点胶机等
	检测设备	用于产品质量检测，如视觉检测系统、激光扫描仪等
	工装夹具	用于固定、定位工件，提高加工精度
智能装备	智能生产线	集成多种自动化技术和设备，实现高度自动化和智能化
	智能物流系统	利用自动化技术实现物流的高效管理
定制化解决方案	行业专用自动化系统	根据特定的行业需求定制自动化解决方案

自动化类

工业自动化的核心产品包括可编程逻辑控制器、伺服系统、工业机器人、数控机床等。就产业链而言，工业机器人是工业自动化的重要组成部分。

我国工业机器人产业化进程的快速发展，推动了高精度减速器、机器人用伺服电动机、高性能控制器、传感器等关键部件的研制及产业化，同时对高档数控机床、自动化控制设备等领域也有很强的带动作用。

制造机器人的减速器、控制器、伺服电动机及驱动器等关键零部件占工业机器人整体生产成本的60%，这些关键零部件直接决定了工业机器人整机的性能及可靠性。

以数控机床为例，数控机床上游行业主要生产为数控机床所需的各类设备部件，包括数控系统、核心零部件、功能部件、电子元件等；数控机床中游行业主要生产各类数控机床产品，包括数控金属切削机床、数控金属成型机床、数控特种加工机床等；数控机床下游行业为其应用领域，主要包括汽车制造、航空航天设备制造、船舶制造、模具制造、发电设备制造、冶金设备制造和通信设备制造等。

上述多样化的产品类型与前沿解决方案，广泛渗透于各行各业并为其赋能，极大地促进了社会生产的智能化转型，使各行各业的生产过程更加高效、智能。

（四）相关岗位及薪资

❶ 岗位情况

自动化岗位要求应聘者不仅要具备扎实的自动化专业理论基础，还需拥有一定年限的工作经验、特定行业的实践经验和解决问题的能力。当前，高学历且经验丰富的技术人才在行业内供不应求。尽管自动化相关岗位入门门槛相对较低，掌握相应软件或设备的人才可以进入不少自动化企业，但随着行业技术分工细化、专业性要求不断提升，全能型工程师变得愈发稀缺。

国家大学生就业服务平台及各大招聘平台数据显示，在自动化类专业的毕业生可以进入的行业中，岗位种类大致分为自动控制工程师、机器人工程师、嵌入式软硬件开发工程师、PLC工程师等。在不同岗位种类中，本科生、硕士及博士的就业比例各不相同。

在自动控制工程师岗位中，本科生占比四成左右，硕士、博士占比一成左右。该岗位主要负责设计、实施和维护自动化控制系统，以实现设备或过程自主运行。例如，设计一套系统，使卷烟厂的自动化流水线中的传送带、机械臂、传感器等设备协同运行。

在机器人工程师岗位中，本科生占比四成左右，硕士、博士占比一成半左右。该岗位主要负责设计机器人系统工作，包括机械结构、电子电路和软件编程等。例如，设计一款用于医疗领域的手术辅助机器人，该机器人通过精密的机械臂和先进的传感器技术，能够在医生的监控下完成精细的手术操作。

在嵌入式软硬件开发工程师岗位中，本科生占比六成左右，硕士、博士占比两成半左右。该岗位主要负责设计、集成和优化用于特定功能设备的硬件组件与软件系统等。例如，智能家居控制系统，该系统包括嵌入式硬件（如微控制器、传感器）和配套的软件应用（如移动 App），用户可以通过手机远程控制家中的灯光、窗帘、温度等设备，实现家居生活的智能化和便捷化。

在 PLC 工程师岗位中，本科生占比四成左右，硕士、博士占比一成左右。该岗位主要负责 PLC 系统的设计、编程、调试和维护。例如，设计交通信号灯、电梯，以及更复杂的机械设备运行逻辑系统。

根据企业发展情况，自动化相关岗位所需要的能力略有不同，一般随着企业规模的增大，会出现细致化的分工。中小型企业所需要的能力通常比较宽泛，一般要求员工能胜任一定设备的使用、维修与调试工作。

❷ 薪资情况

从自动化专业本科生的起薪来看，《2024 年中国本科生就业报告》显示，2023 届自动化类专业本科毕业生的平均起薪为 6,721 元 / 月，在所有专业中排名第 4 位；2020 届自动化类专业本科生毕业 3 年后的平均月收入为 10,307 元，相较于毕业半年的平均月收入 5,917 元，涨幅达 74%，在所有专业中排名第 3 位；2018 届自动化类专业本科生毕业 5 年后的平均月收入为 12,488 元，相较于毕业半年后的平均月收入 5,621 元，涨幅为 122%，在所有专业中排名第 3 位。

从自动化各二级学科来看，在 2023 届本科自动化类专业毕业生毕业半年后的平均月收入排名前 50 位的专业中，自动化的平均月收入为 6,837 元，排名第 11 位；机器人工程的平均月收入为 6,404 元，排名第 36 位。

从自动化高相关的行业来看，2023 届本科自动化类专业毕业生毕业半年后的平均月收入较高的行业包括电子电气设备制造业、交通运输设备制造业、机械设备制造业、信息传输、软件和信息技术服务业等。

（五）就业前景

近些年，我国人口红利逐渐消退，劳动力成本持续攀升。不断攀升的劳动力成本使国内制造业的成本优势逐渐消失，长期以来主要依靠资源要素投入、规模扩张的粗放型发展模式[1]难以为继，产业工业自动化成为必然趋势。

目前，绝大部分高端产品主要被国际厂商掌握，而大部分国内自动化系统集成企业并不掌握自动化控制系统的核心技术。因此，我国对自动化人才的需求量较大。

近年来，我国持续对自动化产业和智能制造行业提供政策支持，并设定了明确的发展目标。

中国共产党第二十届中央委员会第三次全体会议中明确指出：抓紧打造自主可控的产业链供应链，健全强化集成电路、工业母机、医疗装备、仪器仪表、基础软件、工业软件、先进材料等重点产业链发展体制机制，全链条推进技术攻关、成果应用；建立产业链供应链安全风险评估和应对机制。

《"十四五"智能制造发展规划》是我国智能制造领域的重要政策文件，旨在推动智能制造领域的快速发展，并强调了国产替代的重要性。

《"十四五"机器人产业发展规划》（以下简称《规划》）强调了机器人产业在国家科技创新和高端制造业中的重要性，以及其在经济社会发展中的关键作用。《规划》旨在推动我国机器人产业向中高端迈进，加快实现高质量发展。

《推动工业领域设备更新实施方案》指出，到 2027 年，工业领域设备投资规模较 2023 年增长 25% 以上，规模以上工业企业数字化研发设计工具普及率、关键工序数控化率分别超过 90% 和 75%。

我国政府积极推动产业链的本地化，减少对外部供应商的依赖。在自动化领域，这意味着鼓励本土企业研发和生产更多的自动化设备和系统，以替代进口产品。同时，我国政府也通过财政补贴、税收优惠等措施，鼓励企业使用国产自动化设备。对于社会就业来说，自动化的人才需求也在不断增长。

在自动化领域，国家政策始终给予坚定支持，各省市也出台了针对自动化行业的支持政策。

以北京市为例，2023 年，北京市经济和信息化局对外发布《北京市促进

---

[1]　粗放型发展模式是指主要依靠增加生产要素的投入，即增加投资、扩大厂房、增加劳动投入以增加产量。这种方式虽然能实现经济增长，但消耗较高、成本较高，产品质量也难以提高，经济效益相对较低。

机器人产业创新发展的若干措施》，设立了100亿元规模的机器人产业基金，旨在支持机器人及相关自动化技术的研发和产业化。此外，北京市还出台了促进人工智能产业发展的条例，为自动化领域的技术创新和应用提供了政策支持。

以苏州市为例，在《苏州工业园区2024年度重点产业紧缺人才需求目录》中，在高端装备制造部分的58个岗位中，涉及自动化类专业的岗位有11个，紧缺指数（1~5）为4~5的岗位有8个，岗位年薪为12万~90万元。

二、抓取当下典型企业

（一）汇川技术企业介绍

编者以国产工业自动化龙头企业汇川技术为例进行说明。

深圳市汇川技术股份有限公司（以下简称汇川技术），成立于2003年，是一家专注于工业自动化控制与驱动技术的上市科技公司，其总部位于深圳市。汇川技术主要聚焦于工业领域的自动化、数字化和智能化发展，致力于"信息层、控制层、驱动层、执行层、传感层"的核心技术研发。

该公司提供的产品和服务主要面向中高端设备制造商，以自主研发的工业自动化控制技术为基础，为客户提供个性化的解决方案。

汇川技术的业务范围广泛，涵盖了工业自动控制系统装置的制造与销售、工业控制计算机及系统的制造与销售、智能机器人的研发与销售、工业机器人制造与销售、电机制造、电机及其控制系统的研发等。公司在工业自动化领域拥有领先地位，其产品和服务广泛应用于通用自动化、智慧电梯、新能源汽车、轨道交通等多个领域。

❶ 汇川技术产品中心

汇川技术的产品种类广泛且深入，全面覆盖了工业自动化、能源、工业机器人、智能电梯、工业互联网这5个关键领域，为各行各业提供了高效、智能、可靠的解决方案。汇川技术业务板块及产品或服务详见表4-4。这些产品不仅能够显著提高生产效率、优化资源配置，还能促进产业升级，推动行业向智能化、绿色化、可持续化方向发展。

表 4-4 汇川技术业务板块及产品或服务

业务板块	对应产品或服务	实际应用举例
工业自动化	变频器、伺服系统、电机、气动、传感器、可编程逻辑控制器、I/O 系统、人机交互	应用于机械、纺织、包装、注塑、冶金等行业，实现生产过程的自动化和智能化，提高产品质量，降低能耗和人力成本
能源	储能系统、工业电源	新能源汽车电驱系统为电动汽车提供动力支持；储能系统用于平衡电网供需；智能电网技术用于提升电力系统的安全性和稳定性
工业机器人	机器人系统、机器人控制柜、机器人软件、机器人选配件、直线导轨（精密机械）、滚珠丝杠（精密机械）、单轴机器人（精密机械）	应用于汽车制造、电子装配、机械加工、物流搬运等场景，代替人工完成繁重、危险或精密的工作任务，提高生产效率，保障工人安全
智能电梯	电梯控制柜、电梯一体化控制器、电梯专用变频器、门机一体化控制器、扶梯一体化控制器、电梯单板附件、电梯整机附件	实时监测电梯运行状态，进行故障诊断和预警，确保电梯安全运行；通过物联网技术实现远程监控和数据分析，提升用户体验和服务质量
工业互联网	工业云平台、智能硬件、物联网屏	实现生产数据的采集、分析和应用，优化生产流程，提高生产效率；提供丰富的应用服务和开发工具，支持企业快速构建个性化的智能制造解决方案

以"伺服电机"为例，伺服电机是一种在伺服系统中用于控制机械元件运转的发动机，属于补助马达间接变速装置。伺服电机的特点包括高精度、快速响应、高可靠性、节能高效，其主要应用于工业自动化（如机器人、数控机床）、电子设备（如半导体制造设备）、交通运输（如汽车操控系统）、能源等领域。不同类别的伺服电机及其应用领域详见表 4-5。

表 4-5 不同类别的伺服电机及其应用领域

类别		应用领域
应用领域	工业自动化	机器人关节驱动、数控机床加工控制、包装机械和印刷设备等自动化设备
	电子设备	半导体制造设备、显示器设备、医疗设备等精密电子设备
	交通运输	汽车、飞机、船舶等交通工具的操控系统、导航系统和安全系统
	能源	风力发电机、太阳能设备等可再生能源设备的能量转换控制
	其他	纺织机械、注塑机、冶金设备等需要高精度位置控制的工业设备

❷ 汇川技术自动化技术解决方案

自动化技术解决方案是指汇川技术在多个客户现场投入使用、运行和生产的技术性服务支持，旨在通过技术创新和服务能力提升，满足不同行业和应用场景下的客户需求。表 4-6 是汇川技术在不同行业的解决方案。

表 4-6 汇川技术在不同行业的解决方案

行业	解决方案
能源	供热、采矿、储能、火力发电、风力发电、硅晶光伏
精密制造	印刷与包装、机床、手机、半导体、TP（触摸屏）
机器人	手机组、锂电组
汽车零部件	汽车装备制造、汽车锂电池、车用空调
智能电梯	家用梯、常规梯
流体设备	空调与制冷、空压机
材料加工	制浆造纸、化工、陶瓷、金属制品与线路、木工、钢铁冶金
纺织	织造、针织与印染、无纺布、棉纺、络并捻
工业视觉	显示、手机、医药及包装、食品饮料、锂电、硅晶/半导体
起重	港口起重、建机起重机
塑料与橡胶	轮胎行业、塑机、折弯机、锻压机、注塑机

行业	解决方案
海工装备	船舶、港口岸电、陆地钻井、海洋钻井
轨道交通	盾构机、动车组、有轨电车、地铁

以汇川技术解决方案中的手机组件为例。

汇川技术在手机组件的解决方案方面，主要与那些需要高精度、高效率自动化生产设备的手机制造商或相关供应链企业合作。

从汇川技术的业务范围和技术实力来看，其计算机数控系统（CNC）解决方案已经在手机制造领域得到了应用。这种解决方案能够帮助精雕机等3C[1]制造设备实现产品效率和稳定性的提升，确保手机摄像头模组等精密部件呈现出最完美的状态。同时，该解决方案还覆盖了手机、计算机、手表等电子产品中的多个部件加工，提高了整体生产效率和产品质量。

在合作过程中，汇川技术凭借其自主研发的计算机数控系统、伺服驱动系统、控制系统等核心技术，为手机制造商提供定制化的自动化生产解决方案。这些解决方案可能包括生产线规划、设备选型、安装调试、技术支持等全方位服务，旨在帮助手机制造商提高生产效率、降低成本、提高产品竞争力。

（二）汇川技术招聘信息

汇川技术在招聘时通过实习招聘、校园招聘和社会招聘来聘请合适的职工或研究人员。对于学生而言，参加一些企业或社会组织的竞赛，可以有效帮助自己将大学所学的专业知识与社会岗位需求相结合，从而实现对口就业。在校期间参与竞赛也可以有效地帮助学生探索自己的兴趣和职业方向。汇川技术2024年自动化类专业岗位招聘信息详见表4–7。

---

[1] 3C指计算机、通信、和消费电子产品。

表 4-7 汇川技术 2024 年自动化类专业岗位招聘信息

招聘种类	岗位	工作地点	岗位要求
实习招聘	"汇川杯"决赛获奖学生投递专区	苏州市	获得"汇川杯"全国智能自动化创新大赛全国总决赛一、二等奖（其他学生请勿投递）
	汇川技术 2025校园大使	全国	国内外 2025 年 /2026 年应届本科、硕士毕业生，具有理工科等相关专业背景
	电源硬件部实习生	苏州市 /深圳市	1. 硕士研究生学历优先，电力电子与电力传动、汽车电子、控制科学与控制工程等相关专业； 2. 有汽车电子品开发设计经验优先； 3. 熟练使用硬件原理图、PCB 设计工具
校园招聘	电机控制算法工程师（博士）	苏州市	1. 硕士研究生及以上学历，电力电子与电力拖动、电气与电子工程、自动化、机械电子等专业； 2. 精通电机控制理论，有嵌入式系统软件编程经验，熟练掌握 C/C++、熟悉 Simulink 模型代码生成及仿真
	应用开发工程师（海外）	全国	1. 电气工程、电气工程及其自动化、电力电子与电力传动、电力系统及其自动化、控制科学与控制工程、机械设计制造及其自动力化、机电一体机械电子工程等专业的本科或硕士应届毕业生； 2. 能够接受频繁的或时间较长的海外出差
	数据管理工程师	全国	1. 本科及以上学历，机械、电子、计算机、数学等相关专业； 2. 对数据模型、数据流、数据分析等有一定理论基础； 3. 熟悉大数据系统，熟悉机电类产品设计、工艺及其先进制造技术，或具备软件二次开发能力者优先考虑

自动化类

招聘种类	岗位	工作地点	岗位要求
社会招聘	Scara 机器人机械设计工程师	深圳市	1. 机器人、自动化控制、机械电子、控制工程、电气工程等相关专业统招本科及以上学历； 2. 本科学历 4 年以上或硕士研究生学历 2 年以上，有工业机器人用减速机产品开发或应用技术研究经验，对谐波减速机、RV 减速机有深度的理论研究和应用研究； 3. 熟悉工业机器人的本体架构和关键技术，了解工业机器人伺服电机、编码器、驱动器等核心传动部件
	电池子系统架构专家	苏州市	1. 硕士研究生及以上学历，电子、电气、自动化、电化学等相关专业； 2. 熟悉锂电池、储能系统检测标准（国家标准、行业标准、海外测试认证标准等），熟悉电池系统构成、关键设计要素等，能独立承担储能系统直流侧系统设计； 3. 具备 4 年以上产品开发经验，有过技术攻关经验者优先考虑

"汇川杯"全国智能自动化创新大赛的承办单位是中国自动化学会和苏州汇川技术有限公司。赛区的支持单位包括北京理工大学、长安大学、成都信息工程大学、湖北工业大学、南京工程大学等。

汇川技术将与燕山大学建立"燕山大学—汇川技术工业智能控制现代产业学院"；汇川技术与哈尔滨工业大学（深圳）机电学院共同建立就业实习基地，探索"学校＋龙头企业"的校企合作新格局。除此之外，汇川技术还与多所高等院校建立了校企合作，如哈尔滨工业大学、中国矿业大学、湖南工业大学、深圳信息职业技术学院、深圳职业技术大学、辽宁科技大学等。

从上述招聘信息（信息搜集时间为 2024 年 9 月）中可以看出，学生所学习的专业并不是某一种行业和岗位招聘的唯一标准，学生的职业能力同样至关重要。将专业知识与职业能力相结合，才是确定未来就业方向的关键。

三、认清各类专业差异

（一）专业一览表

自动化类专业信息详见表 4-8。

表 4-8 自动化类专业信息

一句话介绍专业	致力于培养掌握电子技术、控制理论、计算机技术、信息处理及系统工程等多学科知识，能够从事自动化系统分析、设计、开发、运行、管理及维护的复合型人才
基础课程	高等数学、大学物理、电路原理、模拟电子技术、数字电子技术
专业课程	自动控制原理、电子与电子拖动技术基础、传感器与检测技术、微机原理与接口技术、控制系统数字仿真、过程控制与自动化仪表、现代控制理论
推荐书目	《大话自动化：从蒸汽机到人工智能》[加]晨枫 编著《度量世界》[美]罗伯特·P.克里斯 著
适合哪些学生	对工程技术和创新有兴趣，愿意在各行业从事技术性工作
选科建议	物理 + 化学
考研建议	控制工程、控制科学与工程、检测技术与自动化装置等方向

（二）专业怎么选

自动化类专业起源于 20 世纪初的第三次工业革命，随着科学技术的不断进步，自动化技术得到了广泛应用。自动化类专业涉及机械、电子、计算机等多门学科的知识，属于"超级交叉型"专业。其目标是，通过运用先进的技术和方法，实现生产过程的自动化和智能化。自动化技术的应用领域非常广泛，包括工业自动化、建造自动化、交通运输自动化等。

自动化类专业的选科要求为"物理 + 化学"。全国仅有昆明理工大学自动化类专业的选科要求为"物理 + 化学 + 生物"。[1]

自动化大类（0808）属于工科范畴，表 4-9 是《普通高等学校本科专业目录（2024 年）》中自动化类专业目录。

---

[1] 信息来源于昆明理工大学官网。

表 4-9 《普通高等学校本科专业目录（2024 年）》中自动化类专业目录

专业代码	专业名称	专业介绍
080801	自动化	集合了电子、电气、机械、计算机知识，让机器按照既定目的自动完成一系列行为动作
080802T	轨道交通信号与控制	聚焦于铁路、地铁、轻轨的自动控制，主要学习和研究如何让火车、高铁、地铁等轨道交通工具安全、高效地运行
080803T	机器人工程	在自动化向人工智能发展过程中，出现的一种能自动执行任务，用以取代或协助人类工作的机器装置
080804T	邮政工程	以促进现代邮政快递行业发展为背景，使学生具备工学与管理学相结合的复合现代邮政事业的技能
080805T	核电技术与控制工程	将核工程与核技术、测量技术、控制理论与控制工程、计算机控制技术相融合的专业，就业对口方向为核电站
080806T	智能装备与系统	为智能制造服务，学生需具备复杂控制、智能感知、人工智能、数据科学及优化决策方面的理论基础
080807T	工业智能	人工智能与自动化深度融合的新工科专业
080808T	智能工程与创意设计	以智能设计、自动化、机器人等学科飞速发展为基础而孕育产生的交叉型学科专业

高等院校常见的开设专业为自动化、轨道交通信号与控制、机器人工程。其他专业仅有少部分院校开设，对于将来研究生方向想报考控制科学与工程（自动化专业研究生阶段名称）的学生，这些专业在本科阶段也可以作为替代专业。

自动化类专业正朝着智能化和系统化方向发展。随着人工智能、大数据等技术的兴起，自动化类专业的研究方向也逐渐转向智能理论和系统的研究。未来，自动化类专业人才在智能制造、智能交通、智能物流等领域将有更大的发展空间。

大学课程的内容多而广，需要合理规划学习方向。自动化类专业是一个多学科交叉的宽口径工科专业，涉及数学、物理学、电子电路、控制理论、计算机等多个学科领域。在大学期间学完自动化相关知识后，学生会发现自己对"带电"的学科都有所涉猎，但又感觉缺乏非常深入的学习或研究，因此学生需要提前规划大学期间的成长方向。

在编程语言方面，学生需要掌握至少一种主流编程语言，如 C++、Java、Python 等，用于编写自动化控制程序和算法程序；在控制理论方面，学生需要理解经典和现代控制理论，包括 PID 控制器[1]、状态空间控制、自适应控制等；学生还可以在传感器技术、机器人技术、计算机视觉、仿真和建模等方面积累自己的专业能力。在项目实践方面，学生需要积累自动化设备和系统的调剂与设计经验、电气设备运行和维护经验。在竞赛和证书方面，参加竞赛并获得证书在一定程度上可以增加社会对学生能力的认可程度。

（三）院校怎么报

在我国的高等教育体系中，自动化类专业拥有广泛的研究和应用领域，各高等院校凭借自身特色和优势，在自动化领域取得了显著成就。学生可以从以下几个方向考虑院校选择（院校选择逻辑之中相关元素的权重不分先后）。

从交叉学科角度选择院校。自动化类专业是电子、电气、机械、计算机等多学科的交叉领域，如果以上这 4 个学科是某所院校的强势专业，那么该院校的自动化类专业学科实力也会相对较强。例如，南京航空航天大学的自动化类专业注重强弱电结合、软硬件结合的教学特色，并与航空航天等领域的企业和科研机构紧密合作，为学生提供了丰富的实践机会。

从院校性质角度选择院校。因为自动化专业可以赋能所有工业领域，因此学生可以选择对应行业的工科强校。例如，在交通运输类、铁路类、矿业类院校中，自动化类专业也是其重点发展的专业之一。

从校企合作角度选择院校。不同的院校有着不同的行业背景，例如，在汽车生产、制造与研发领域，湖南大学与众多知名汽车制造企业合作，包括上汽集团、广汽集团等，共同研发汽车电子控制系统、自动驾驶技术等前沿技术。湖南大学还开设了与汽车行业相关的自动化类专业课程，如汽车电子控制技术、智能交通系统等，为毕业生进入汽车行业的自动化领域就业打下坚实基础。

---

[1]　PID 控制器指 "比例—积分—微分" 控制器，广泛用于工业反馈控制系统之中。

四、热门问答

Q1 自动化类专业的学习内容范围很广吗？

是的。

自动化类专业可以被视为计算机、电子信息、电气工程、机械工程等专业的集合体，因此，其专业课程范围较为广泛。对于一些没有学习方向的学生而言，自动化类专业可以作为一个跳板，让他们能够有机会广泛接触"新工科"的各部分学习内容，等到研究生阶段再进行细致化的学习和研究。

Q2 自动化类专业对数学和物理的要求高不高？

较高。

自动化类专业对数学和物理有较高的要求，因为这两门学科在控制系统的稳定性分析、算法设计、系统建模及物理过程控制等方面发挥着关键作用。学生需掌握高等数学、线性代数、概率论等数学基础和物理学的基本原理，但具体要求也取决于院校对专业课程的设置和研究方向。

Q3 自动化的相关岗位都要出差吗？

一部分岗位需要出差。

在自动化的相关岗位中，出差需求存在显著差异。项目经理、工程师、售后技术服务支持及销售工程师等岗位常需深入客户现场，进行勘查、安装、调试、维修及沟通等，因此出差频繁。实验室研究员、系统分析师、教育工作者及技术写作者等岗位的员工则更多在办公室或校园内完成研发、教学、文档编写等工作，出差需求相对较少。部分产品经理岗位甚至支持远程办公，进一步降低了出差的必要性。

Q4 自动化类专业的考研热门方向有哪些？

自动化类专业是一个交叉型学科，涉及数学、控制科学、计算机科学等多个学科内容。考研时，学生可以选择数控、智能装备、物联网和人工智能等方向，这些方向与自动化类专业的契合度较高，容易取得成果。机器人工程师、自动控制工程师、机电一体化工程师和人工智能工程师等职业方向，都是自动化类专业毕业生的热门选择。

第五章

仪器类

——认识世界的工具

·导言

从微小到宏大，实现对现实世界的精准测量和精密控制！

仪器类专业融合了多学科的知识与先进技术，涵盖精密仪器设计制造、测试计量技术、自动化控制等诸多方面，致力于培养能够研发、设计、制造和应用各类先进仪器设备的专业人才。

重大仪器的发明促进了科学发展和基础研究的突破。例如，电子显微镜、质谱仪、计算机断层扫描仪（CT）等尖端仪器在诺贝尔奖获奖项目中占有重要地位。可以说："没有仪器的支撑，现代科学寸步难行。"从科学研究到工业生产，从医疗卫生到环境保护，各类高精度、高性能的仪器设备都是推动各领域发展的关键工具，仪器类专业的学生通过学习机械设计、电子技术、光学原理、信号处理等课程，掌握仪器设备的工作原理、设计方法和调试技术。本章分别从仪器类专业的就业情况、企业举例与专业报考展开介绍。

一、了解未来就业形势

仪器——机械之"眼"，在仪器智能化高速发展的今天，仪器早已渗透到生活的方方面面。除了实验室中的显微镜、色谱仪、质谱仪等精密仪器，生活中常见的简单仪器包括摄像头、红外感应器、烟雾报警器等。

中国仪器仪表行业的发展始于上海，经历过多次关键性的变革和发展阶段，形成了具有一定规模和水平的研发体系。仪器行业研发的投入逐年上升，2022年全国共有 81 个项目获得国家重大科研仪器研制项目资助，总金额为 10.53 亿元。[1] 中国仪器仪表行业的市场规模不断扩大，2023 年中国仪器仪表行业中的制造业实现营业收入超过 1 万亿元。[2] 目前，中国仪器仪表行业主要集中在电子测量仪器、工业自动化仪表、医疗仪器、环境监测仪器等多个领域，形成了较为完整的产业链和多层次的市场结构。

制造业发展的大趋势是自动化，自动化的核心是控制，控制的前提是感知，感知的途径便是仪器。仪器在制造业中的重要性与日俱增。由于仪器类专业的高端技术主要集中在欧美国家，目前，在国内属于被西方发达国家"卡脖子"的领域，因此国内对仪器类高端人才的需求较大。

（一）就业信息一览表

仪器类专业就业信息详见表 5-1。

表 5-1 仪器类专业就业信息

一句话介绍就业	仪器岗位分布行业广泛，薪资中上，相对小众，但其与工业紧密连接				
就业方向	人工智能、自动化、工业制造、医疗设备				
热门岗位	硬件开发工程师、机械维修工程师、售后技术支持专员				
工作压力	★★★☆☆	前期收入	★★★★☆	政策结合度	★★★★☆
加班强度	★★★★☆	出差频率	★★★☆☆	建议就业起点	本科 / 硕士
公考优势	★☆☆☆☆	就业壁垒	★★★★☆	优势就业区域	一 / 二线城市

---

[1] 信息来源于《2023 年中国科学仪器行业全景图谱》。

[2] 信息来源于《2024 年中国仪器仪表制造业营业收入及行业发展前景预测分析》。

（二）就业方向及企业

仪器行业涉及的领域广泛，包括自动化、电子技术、生物医药、环境监测、航空航天等。仪器类专业毕业生可以在研发部门从事仪器的研发、设计工作，也可在生产企业、检测机构、科研院所等企业从事仪器的生产、调试、维修、销售及售后服务等工作。

从具体的企业类型来看，国有企业、高科技企业、科研院所、制造业企业和军工企业等都是仪器类专业毕业生的主要就业单位。

随着智能制造的快速发展，仪器类专业毕业生在智能制造系统研发和实施方面的就业前景也越发广阔。例如，在智能汽车行业中，自动驾驶系统的实现依赖于精确的仪器探测数据，这为毕业生提供了大量的就业机会。表5-2是仪器类专业相关就业方向及企业举例。

表 5-2 仪器类专业相关就业方向及企业举例

行业分类	就业方向	具体描述	相关企业
工业自动化与控制	工业自动化	涉及自动化控制系统的设计、开发、安装、调试和维护，包括使用可编程逻辑控制器、传感器等技术	西门子、施耐德电气、三菱电机、罗克韦尔自动化
电子与信息技术	信息计测与电测	专注于电子测量和测试，使用示波器、频谱分析仪等设备进行信号分析和电路测试	是德科技、方宇之光、泰克科技、中航电测
科学分析与研究	科学测试分析	进行化学、物理和生物样品的分析测试，操作色谱仪、质谱仪等高端分析仪器	赛默飞世尔科技、珀金埃尔默、沃特世
环境监测与保护	专用检测与测量	使用专业仪器进行环境、导航、测绘、气象和海洋数据的监测和测量	海克斯康、天宝集团、法如科技、北斗星通
	环境监测仪器	专注于环境监测设备的生产、应用和维护，相关仪器用于水质、气体、辐射等环境因素的监测	赛莱默、哈希、岛津、艾默生
医疗健康	医疗仪器	在医疗领域使用聚合酶链反应（PCR）扩增仪、基因测序仪等设备进行生物医学研究和诊断	因美纳、罗氏诊断、碧迪、西门子医疗

行业分类	就业方向	具体描述	相关企业
实验室技术	实验室分析仪器	紫外分光光度计、红外光谱仪等实验室分析设备，进行物质成分和结构分析	莱伯泰科、天瑞仪器、上海安谱实验科技
	实验室常用设备	管理和操作实验室中的清洗、消毒、制样、分离等常规设备	赛多利斯、美菱、热电科学、上海博迅
行业专用仪器	行业专用仪器	设计、应用和维护特定行业（如制药、石油、农业、纺织）的专业分析仪器	辉瑞公司、埃克森美孚、翼动装备、杜邦公司
汽车工业	汽车工业	参与汽车设计、制造过程中的精密测量和质量控制，使用三坐标测量机等设备	比亚迪、奔驰公司、特斯拉、通用汽车
光学技术	光学仪器	研究和应用光学原理，设计和使用显微镜、光学传感器等光学设备	蔡司集团、奥林巴斯、尼康公司、徕卡公司
材料科学	物性测试仪器	进行材料的物理性能测试，如粒度分析、热分析、流变测试等	马尔文帕纳科、弗尔德霍夫、耐驰、安东帕
计量校准	测量仪器	从事各种物理量（如长度、温度、压力）的测量工作，使用天平、温湿度计等仪器	梅特勒－托利多、聚光科技、富士公司、德国 EPK
教育科研	教学专用仪器	在教育领域，特别是实训和实验室教学中，使用各类教学专用设备	力康生物、上海智城、苏州纳朴

仪器类

　　仪器仪表作为工业生产的基础支撑，必将适应新兴产业的需求，产生新的测量方法。先进制造业正向结构功能一体化、材料器件一体化的方向发展；极端制造技术正向极大（如航空母舰、极大规模集成电路等）和极小（如微纳芯片等）方向迅速推进。人机共融的智能制造模式、智能材料与 3D 打印结合形成的 4D 打印技术，将推动工业产品由大批量集中式生产向定制化分布式生产转变，从而引领"数码世界物质化"和"物质世界智能化"。

　　结合以上内容，学生如果想了解更多的就业方向，可以优先关注智能仪器仪表领域、医疗仪器领域及微机电系统领域。仪器仪表领域的智能化是发展趋势，医疗仪器领域存在刚需，而微机电系统领域随着人工智能时代的到来，目前正处于黄金发展时期。

（三）相关产品类型

按照国家分类标准，依据测量范围分类，仪器可分为长度、力学、热工、电磁、无线电、时间频率、光学、激光、声学、电离辐射10类。这10类计量仪器广泛应用于各行业中，通常需要硬件与软件协同完成作业，很少以个体形式出现。

仪器产品属于硬件设施，可以简单理解为拥有外界条件变化感知能力的物件，它们能够把外界各种各样的信息转化为电信号，并进行信号的收集、处理、传输。

国内仪器行业在技术水平上相较于国外仍有较大差距。国外仪器行业在高端科学仪器领域拥有先进的技术体系，如原子荧光技术、微波等离子体光谱技术、气相色谱—单四极杆质谱技术等，而国内在这些领域的技术积累相对薄弱。

高端仪器产品依赖进口。2023年的数据分析显示，中国约73%的分析测试仪器需要进口，在某些高档精密仪器领域中，进口比例更高，部分特种专用仪器甚至完全依赖进口。此外，2016—2019年，在采购额超过200万元的科学仪器中，质谱仪、X射线类仪器、光学色谱仪、光学显微镜等的国产设备比例不足1.5%。在2016—2019年期间，甚至没有发现高端国产光学显微镜采购记录。[1]

科学仪器已经成为我国第三大进口产品类，仅次于石油和电子元器件。下文列举的各行业中的代表产品都需要软硬件结合及后期的良好维护才能投入使用，故而大部分高端仪器与其配套的软件系统、维修维护往往进行捆绑销售。据海关总署数据，从2019年到2023年，中国科学仪器进口规模呈上升趋势，2023年达到169.8亿美元，年均复合增长率为5.4%。其中，在2023年，实验分析仪器依然是占比最大的品类，进口金额达97.2亿美元，占比57%；光学仪器进口金额为63.4亿美元，占比37%；试验机进口金额为9.2亿美元，占比5%。[2]此外，由于国内维修工程师人才缺乏，零部件没有自主产能，导致仪器维修维护出现费用高、效率低的情况，这也是国内实验仪器进口花费巨大的原

---

[1] 信息来源于《2023年中国科学仪器进出口数据研究》。

[2] 信息来源于仪器信息网。

因之一。

表 5-3 是仪器产品举例及介绍。

表 5-3 仪器产品举例及介绍

产品分类	产品举例	介绍
工业自动化	伺服执行器	精确控制机器运动，确保机械臂等设备按预定轨迹运动
	可编程逻辑控制器	用于工业自动化控制
	传感器	监测和反馈设备状态，如温度、压力等，用于自动控制系统
信息技术	信号发生器	生成各种测试信号，用于电子设备的性能测试和校准
	网络分析仪	用于测量网络参数，如增益、损耗、反射等，是通信行业的重要工具
	频谱分析仪	分析信号的频谱成分，用于无线通信和信号处理
环境监测	水中化学需氧量（COD）测定仪	测定水样中的化学需氧量，评估水体污染程度
	重金属分析仪	测定水样和土壤中的重金属含量，评估环境污染
	辐射测量仪器	用于测量辐射水平，保护人员免受辐射伤害
医疗健康	聚合酶链反应扩增仪	用于生物医学研究和诊断中的脱氧核糖核酸（DNA）扩增
	基因测序仪	用于测定脱氧核糖核酸或核糖核酸（RNA）序列，推动个性化医疗和遗传学研究
	核酸提取仪	从样本中提取核酸，用于后续的分子生物学实验
光学仪器	显微镜	用于放大和观察微小物体，广泛应用于材料科学和生物学
	光学传感器	检测光信号并将其转换为电信号，用于各种测量和监控系统
物性测试仪器	颗粒分析仪器	用于测量颗粒的大小、形状和分布，对材料科学和制药行业至关重要
	流变仪／粘度计	测量流体的流动特性，对化工和食品行业非常重要

仪器类

产品分类	产品举例	介绍
测量仪器	天平／衡器	用于精确测量物体的质量，是实验室和工业称重的基本工具
	温湿度检测仪器	用于测量环境的温度和湿度，对环境控制和产品质量至关重要
	压力检测仪器	用于测量压力，对流体系统和安全监测非常重要
光刻机	接触式光刻机	最基本的光刻技术，掩膜板直接与光刻胶层接触，设备简单，成本较低
	极紫外光刻机	高精尖的光刻技术，使用极紫外光源，能够实现更小的特征尺寸
	浸润式光刻机	主流的光刻技术，用于 14~20 纳米工艺，广泛应用于集成电路制造

以中国"芯"之痛——以光刻机为例。国内芯片的制造技术相较于英特尔、台积电等世界一流公司的制造技术尚有差距，但已与世界顶尖水平逐年拉近。2024 年 9 月 9 日，工业和信息化部宣布我国在光刻机方向取得重大突破，中国自主研发的第一台国产深紫外光刻机（Deep Ultra–Violet，简称 DUV）已经问世。

光刻机是生产芯片的核心设备，其制造技术难度极高，全球 90% 以上的市场份额被荷兰与日本的企业占据，它们基本处于国际市场垄断地位。其中最先进的极紫外光刻技术（Extreme Ultra–Violet，简称 EUV）由荷兰阿斯麦公司一家掌控。因紫外光刻机的技术难度和复杂程度较高，目前没有国家可以自主生产。阿斯麦制作的光刻机，其光学组件源自日本公司，精密阀件来自法国公司，光源技术依托于美国公司，机械工艺与蔡司镜头融合了德国公司制造的精髓，轴承则选用了瑞典公司的高品质产品，而制造工艺则汇聚了中国台湾台积电与韩国三星等业界巨头的智慧。这一高度集成的产品，不仅体现了全球供应链的深度整合，也彰显了国际科技合作的复杂网络。

芯片制造可以简单理解为利用光把掩膜上的精细图形曝光在硅晶片上，再通过蚀刻等技术实现芯片生产。仪器制造水平日益精细，以至于两个器件之间的距离已达到几纳米的级别。在这个过程中，需要使用各种仪器完成布置光路、去除杂光等工序。例如，用来做反射的镜面便由德国蔡司公司制造，一面直径 30 厘米的镜子，其表面极为平整，平整到如果把镜子放大到地球那么大，只允许有一根头发丝大小的小凸起，这可能是宇宙中最光滑的人造平面。换句话说，光刻机几乎可以代表人类制造技术的极限。

仪器行业在一定程度上可以代表工业水平，国内工业水平的提升势在必行，这是绕不过的硬门槛。只有从源头上掌握了技术，才能在国际上拥有更大的话语权。行业的发展离不开优秀人才，接下来让我们一起走进相关岗位，查看招聘情况，了解当前的人才缺口。

（四）相关岗位及薪资

各大招聘平台数据显示，仪器行业在就业时可细分为高端制造业、传统仪器仪表行业、电力和燃气行业、计量鉴定行业等，其岗位包括硬件开发工程师、测试工程师、维修工程师、仪器仪表工程师等，各细分方向的相同岗位也有不同的特点。在这些岗位中，本科生占比五成左右。值得注意的是，仪器仪表工程师的招聘信息中，有将近一半来自国有企业，对于未来想进国有企业发展的学生来说，可以重点考虑。

在高端制造业中，仪器行业通常涉及精密仪器和高端设备的生产和研发。这一领域的薪资水平较高，特别是对于研发人员。例如，根据国内 40 家上市仪器公司的数据，研发人员的平均年薪约为 18.67 万元。

在传统仪器仪表行业中，薪资水平会根据具体岗位、技术要求和企业规模有所不同。整体而言，这一领域的薪资水平相对较高，但可能略低于高端制造业的同层次岗位薪资。具体的薪资数据需要根据具体岗位和企业情况来确定。

在电力和燃气行业中，仪器仪表的应用通常与监控、测量和控制相关。这些领域的薪资水平会受到行业特性和技术要求的影响。虽然没有具体的薪资数据，但可以推测的是，这些领域的薪资水平也相对较高，尤其是对于具有专业技能和丰富经验的员工。

计量鉴定行业对准确性和专业性的要求极高，因此从事这一行业的专业人员通常会有较高的薪资水平。然而，具体的薪资数据同样需要根据具体职位和企业情况来确定。

总体来看，仪器行业的薪资水平在中国的就业市场表现亮眼，尤其是在高端制造业和研发领域。随着技术水平的不断提高和行业的发展，这些领域的薪资预计会继续保持较高水平。

仪器类

仪器行业与电子、计算机专业深度融合。这些岗位不仅要求人才具备电子工程或计算机科学的专业背景，还强调了跨学科的技术能力。例如，硬件工程师在仪器设计中不仅需要电子知识，还需掌握计算机辅助设计；光学测试工程师则将光学知识与计算机技术相结合，以实现精确的光学测试。此外，薪资范围和准入门槛的多样性也反映了这三个领域技术融合的深度和广度，它们共同推动了仪器行业的技术创新和发展。

大量的岗位需求集中在光学方向。在华大制造、高德红外、浙江舜宇光学等头部企业的岗位需求中，光学相关专业占比很高。以光学测试工程师岗位为例，该岗位要求应聘者具备光学、光学工程等相关专业背景，掌握几何光学、物理光学等基础知识，并能独立搭建光路。它的工作内容涉及激光、光学镜头、滤波片等光学测试仪器的原理掌握和选型方法。这一岗位在上海的薪资为1 万~1.5 万元/月，这不仅反映了光学专业人才的市场价值，也进一步证明了光学专业在仪器行业中的重要地位。

《2024 年中国本科生就业报告》显示，2023 届仪器仪表专业本科生毕业半年后的平均月收入达 6,753 元，位列主要职业类第 3 位，这表明仪器仪表专业近年就业情况的利好；2018 届仪器仪表专业本科生毕业工作 5 年后，平均月收入从4,708 元上涨至 11,013 元，涨幅达 134%，该涨幅幅度在主要职业类中稳居前 5 位，从侧面反映了仪器仪表类岗位在收入方面的优秀成长性。

仪器行业作为技术密集型行业，其薪资水平受多种因素影响，包括地区、企业规模、个人经验等。根据最新的数据，2023 年度国内上市仪器公司研发人员的平均薪酬约为 22.69 万元/年，销售人员的平均薪酬约为 33.4 万元/年。[1]这表明，在仪器行业中，销售岗位的平均薪酬普遍高于研发岗位。

（五）就业前景

在大力提倡仪器仪表国产化的今日，仪器仪表行业作为应用广泛、市场庞大的重要战略领地，国家不断推出行业发展的资助、鼓励和优惠政策，以推动设备更新、刺激内需、带动经济发展，确保在主要应用领域做到自主可控，并加快技术攻关。以下将从宏观政策和微观产业群两个层面进行论述。

在《推动大规模设备更新和消费品以旧换新行动方案》中指出：在教育医

---

[1]　信息来源于仪器信息网。

疗设备、科研仪器设备等领域，仪器设备的更新和换新会促使相关企业加大研发投入，推动仪器技术的不断升级，从而为仪器类专业的人才提供更多参与创新研发的机会；这也会带动仪器类专业相关产业的发展，增加对该专业人才的需求。

《关于计量促进仪器仪表产业高质量发展的指导意见》中指出：仪器仪表为仪器类专业的主要应用领域，要完善自主可控的量值保证体系、加快关键共性计量技术攻关、提升高端仪器仪表计量供给能力等，这将促使院校在仪器类专业的教学中更加注重培养学生的计量技术、关键技术研发等能力，使培养出的人才更符合产业发展的需求。

工业和信息化部印发的《工业重点行业领域设备更新和技术改造指南》针对仪器仪表行业，明确以提升仪器仪表整机产品及关键零部件的精度、可靠性、稳定性，提升行业高端化、绿色化、智能化水平为重点，围绕多个方向推动仪器仪表及零部件企业对生产设备及系统开展更新改造。这将推动仪器类专业相关企业的技术升级和产业转型，为仪器类专业的毕业生提供更广阔的就业空间和发展前景。

2023 年，我国仪器仪表产业实现营业收入 10,112 亿元，正式进入万亿元时代。[1]随着国家经济的持续发展，以及各个行业对仪器仪表需求的不断增加，产业的规模将保持稳步增长的态势，预计未来还将继续扩大。

由此，我国形成了多个仪器仪表产业集群，如深圳市精密仪器设备产业集群、郑州市智能仪器仪表产业集群、安徽省天长市智能仪器仪表产业集群、承德市仪器仪表产业集群、北京市怀柔区仪器相关产业集群、上海市松江区仪器产业园产业集群等。

以深圳精密仪器设备产业集群为例。深圳市在仪器仪表产业上具有一定的生产规模和产品竞争力，在数字多用表、电子测量仪器、电能表等细分领域集聚了一批重点企业，并建成了深圳市大型科学仪器共享平台等一批公共服务平台和创新载体。当地政府也积极推动该产业集群的发展，制订了相关行动计划，目标是到 2025 年使精密仪器设备产业增加值达到 200 亿元。[2]

产业布局：深圳市仪器研发设计机构主要集中在南山区，南山区拥有良好的科技创新环境和人才资源，为精密仪器设备产业的研发设计提供了有力支撑。

---

[1]　信息来源于《我国仪器仪表产业进入万亿元时代》。

[2]　信息来源于《深圳市培育发展精密仪器设备产业集群行动计划（2022—2025 年）》。

仪器类

这里聚集了众多院校、科研机构和企业研发中心，能够为产业发展提供技术创新和研发支持。

研发设计和生产制造机构分布在光明区、宝安区和龙华区。光明区汇聚了一批创新企业；宝安区和龙华区拥有较为完善的制造业基础和产业配套，降低了企业的生产成本和运营成本。

企业聚集：深圳市已在电子测量仪器、医疗器械等细分领域集聚了一批重点企业。例如，迈瑞医疗的监护仪、血细胞分析仪等产品处于国内领先技术水平；华大智造的基因测序仪也具有较强的市场竞争力；鼎阳科技则以电子测量为主要研发方向，并成功登陆科创板；还有在电力电子测量、红外测温和成像技术等仪器研发生产方面具有优势的华盛昌科技，以及在实验室检测、技术服务等方面优势凸显的华测检测等。

创新平台与科研支持：深圳市建设了深圳中国计量科学研究院技术创新研究院、先进测试与高端仪器研究平台等重大创新载体。这些平台为企业提供了技术研发、测试验证、标准制定等方面的支持。例如，深圳中国计量科学研究院技术创新研究院开展了质谱仪、微波量子科学仪器、微纳米测量仪器等仪器设备的技术攻关工作。

二、抓取当下典型企业

（一）川仪股份企业介绍

川仪股份的全称为重庆川仪自动化股份有限公司，是国内仪器仪表行业的领军企业，也是集科研、生产制造、销售、进出口贸易、投资为一体的大型企业。该企业现为国内规模最大、产品门类最全、系统集成能力最强的综合性自动化仪表制造企业。川仪股份总部所在的重庆市是**国家重点布局的全国三大仪器仪表基地之一**，川仪股份成立于 1999 年 11 月，其前身为 1965 年从上海、江苏、辽宁等地的工厂内迁至重庆合并建成的四川热工仪表总厂。

川仪股份在业界享有较高声誉，获得了诸多荣誉，例如，"中国电子信息100 强""中国机械工业 100 强""中国电气工业 100 强""重庆工业 50 强"等称号。此外，川仪股份还是国家技术创新示范企业、全国首批创新型企业、高新技术企业，以及 A 股沪市上市公司。

表 5-4 为川仪股份业务板块及产品或服务。

表 5-4 川仪股份业务板块及产品或服务

业务板块	对应产品或服务	详细介绍	实际应用举例
工业自动化控制系统及仪表	自动化控制系统、工业仪表、成套设备	提供全面的工业自动化解决方案，包括分布式控制系统、可编程逻辑控制器等	自动化控制系统用于化工生产流程控制，工业仪表用于监控关键参数
光学仪器	显微镜、望远镜、光学传感器	生产高精度光学仪器，以满足科研和工业需求	显微镜在生物研究领域用于观察细胞结构，光学传感器在自动化设备中用于位置检测
分析仪器及成套系统	气相色谱仪、质谱仪、环境监测系统	提供高精度分析仪器，用于物质成分和环境监测	气相色谱仪在石化行业用于产品分析，环境监测系统用于空气质量检测
电子及仪表元器件	传感器、变送器、电子元器件	提供高品质元器件，支持仪器仪表的组装和维修	传感器在自动化设备中用于信号转换，电子元器件用于仪表电路
工艺工装设备	专用夹具、模具、自动化生产线	为生产加工提供定制化的工艺装备	专用夹具在机械加工中用于提高生产效率，自动化生产线用于实现规模化生产
控制软件	监控和数据采集系统软件、组态软件	提供软件支持，实现工业自动化控制	监控和数据采集系统软件用于实时监控生产过程，组态软件用于配置控制系统
楼宇自动化控制系统（简称楼控系统）	楼控系统、智能照明系统、安防监控	实现建筑物自动化管理，提高能源效率和安全性	楼控系统用于调节室内环境，智能照明系统用于降低能耗
电气自动化系统	继电保护装置、自动化配电系统	为电力系统提供稳定可靠的自动化解决方案	继电保护装置用于电网安全保护，自动化配电系统用于提高供电可靠性
信息技术专用集成电路	定制化集成电路、芯片	为信息技术产品提供核心电子组件	定制化集成电路用于特定功能需求的电子产品

仪器类

业务板块	对应产品或服务	详细介绍	实际应用举例
功能材料	耐高温材料、传感器材料	提供高性能材料，满足特殊应用需求	耐高温材料用于高温环境下的设备制造，传感器材料用于提高传感器灵敏度
汽车／摩托车零部件及专用车辆	发动机零部件、专用车辆	生产高品质汽车零部件，开发专用车辆	发动机零部件用于提升汽车性能，专用车辆用于特定行业需求
环境试验设备	高低温试验箱、振动试验台	提供环境测试设备，确保产品可靠性	高低温试验箱用于测试产品耐温性，振动试验台用于检测产品抗振性能
电脑加油机	智能加油机、加油管理系统	提供高效、精确的加油解决方案	智能加油机用于提高加油效率，加油管理系统用于加油站管理

下面将以川仪股份的招聘信息为例进行分析，学生可以根据自己的兴趣和职业目标，选择与自己职业规划相匹配的岗位进行申请。

（二）川仪股份招聘信息

川仪股份的研发投入、业务增长和整个仪器仪表行业的发展趋势，都表明了仪器类专业的毕业生将拥有广阔的职业前景和重要的社会需求。

川仪股份官网招聘分为社会招聘和校园招聘，川仪股份 2024 年仪器类专业岗位招聘信息详见表 5-5。

表 5-5 川仪股份 2024 年仪器类专业岗位招聘信息

招聘种类	工作地点	岗位	岗位要求
社会招聘	川仪调节阀厂	应用技术工程师	1. 本科及以上学历，仪器科学与工程、机械类、自动化类、电气类、车辆工程、机械电子工程等相关专业； 2. 掌握相关专业技术知识，以及三维建模、仿真软件等工具
	川仪十七厂	无损检测工程师	1. 本科及以上学历，测控技术与仪器、检测技术及应用等工科类相关专业； 2. 具有 2 年及以上无损检测相关工作经验，熟练操作无损检测设备，持有有效期内无损检测 PT\RT\VT\LT 等证书； 3. 持有特种设备二级（PT/RT）及以上证书者，学历可放宽至大专；持有国家核安全局（PT\RT\VT\LT）无损检测证书者优先录用
		产品研发工程师	1. 硕士研究生及以上学历，测控技术与仪器、机械工程、电气工程、动力工程与工程热物理、热能与动力工程（传热方向）、能源与动力工程、电子信息等相关专业； 2. 掌握 AutoCAD、SolidWorks、NX 等相关设计软件
校园招聘	四联测控公司	销售	全日制本科学历，仪器仪表、机械、自动化、计算机等工科类相关专业
		硬件设计师	全日制硕士研究生学历，电子信息科学、电子科学与技术、电气工程及其自动化、控制工程、机电工程、测控技术与仪器类、微波雷达专业、电磁场与无线技术、电子工程、高频电路类相关专业
	技术中心	结构设计工程师	博士研究生学历，仪器科学与技术、机械电子、材料、计算机科学与技术、软件工程专业

川仪股份的招聘岗位通常对应聘者的技术背景和专业技能等方面设置高要求，尤其是研发领域，很多岗位都需要应聘者具有硕士研究生及以上学历，同时强调实际项目经验和对专业领域的深入研究。

对于大学生来说，这意味着，在学业成绩之外，积累相关的实践经验、参与科研项目、发表论文或参加技术竞赛，都是提升个人竞争力的重要途径。此外，学生在大学期间应积极关注企业对于人才招聘的需求，从而有效增长自身的就业能力。

三、认清各类专业差异

（一）专业一览表

仪器类专业信息详见表 5-6。

表 5-6 仪器类专业信息

一句话介绍专业	该专业是精密机械、电子技术、电子电路、光学技术、自动控制技术、计算机与信息技术等多学科互相渗透而形成的一门高新技术密集型综合学科
基础课程	高等数学、大学物理、电子技术基础、传感器原理及应用、微机原理及应用
专业课程	自动控制原理、精密测量技术、仪器精度理论、精密机械设计
推荐书目	《度量世界》[美] 罗伯特·P.克里斯 著
适合哪些学生	对技术有热情、数学和物理基础扎实、喜欢动手实践、愿意不断学习和探索
选科建议	物理 + 化学
考研建议	仪器科学与技术、仪器仪表工程、测试计量技术及仪器等方向

（二）专业怎么选

仪器类专业，顾名思义，是连接科技与感知的桥梁，它涵盖了电子技术、信息技术、控制工程、电气工程、通信工程等多个领域的知识。

仪器要求的选科组合通常为"物理 + 化学"。大多数仪器类专业要求学生必须选考物理，因为物理是理解和应用测量、控制、光学、电子等仪器类专业核心概念的基础。部分仪器类专业，尤其是那些与生物医学工程或环境监测相关的方向，可能需要化学或生物知识作为补充。

仪器类专业的设立和发展与国家的工业和国防需求密切相关。随着科技的进步和现代高质量产品制造的需求增长，仪器类专业的人才变得越来越重要。

从历史上看，1952 年，天津大学和浙江大学率先设立了精密机械仪器专业和光学仪器专业，为培养国家急需的仪器仪表人才奠定了基础。此后，多所院校相继加入，按照苏联模式，细分出计量仪器、光学仪器、计时仪器等 10 多个专业，培养了一批在国民经济建设、国防建设和科学研究中起关键作用的技术人才。如今，仪器类专业通常被分为 3 个主要方向：精密仪器、测控技术与仪器、智能感知工程。这些专业方向体现了仪器科学与技术领域的深度融合和交叉，以及对现代科技和工业发展需求的适应。

仪器类专业像一位"全能选手"，各方面知识都要掌握一些，因为仪器若要感知世界，就需要具备各种各样的信号获取和处理能力。这样广泛的学习内容，虽然可能让学生在本科阶段感到辛苦，但也为他们未来考研、就业提供了更好的条件和较多的可能性。

表 5-7 是《普通高等学校本科专业目录（2024 年）》中仪器类专业目录。

表 5-7 《普通高等学校本科专业目录（2024 年）》中仪器类专业目录

专业代码	专业名称	专业介绍
080301	测控技术与仪器	研究和应用现代检测、控制、信息处理技术，以实现对工业、科研等领域中各种物理量和化学量的精确测量与控制
080302	精密仪器	一门研究和开发高精度测量、控制和分析仪器的学科，它涉及机械、电子、光学和计算机等多个领域的综合应用
080303	智能感知工程	融合了人工智能、传感器技术、数据处理和机器学习等多学科知识的新兴专业，旨在培养能够设计、开发和应用智能感知系统的高级工程技术人才

测控技术与仪器堪称工科中的"万金油专业"，与自动化类专业课程比较接近，仪器可以视为自动化技术在特定领域的实际应用和产品化成果。

智能感知工程是在测控技术与仪器专业的基础上，减少了光电仪器设计方面的内容，同时增加了现代网络技术与计算机视觉等板块，总体来说，上述二者的差别不大。

设置精密仪器专业的公办本科院校仅有哈尔滨工业大学。该专业在本科阶段所学的知识较为基础和宽泛，难以深入到精密仪器的核心理论与技术，因此，报考精密仪器专业的学生要做好考研，甚至读博的准备。

学生在本科期间一定要尽早探索并找到自己喜欢的方向，确定自己的就业领域，进而在这一专业方向上深耕。同时，建议学生在大学期间积极参加专业竞赛（如数学建模、科技创新活动等）。此外，考生要多和老师交流，争取能进实验室参与老师的科研项目。对于仪器类专业而言，如果只拥有本科学历，学生毕业后大概率会进入工厂，从事设备调试工作，或者从事销售和售后工作；而读研后，有助于毕业后进入企业的研发岗位。因此，提升个人的核心竞争力是关键。

学生还可以通过考取专业资质证书、掌握专业技能来提升能力厚度。重要证书包括专业资格证书（如国际注册工程师、认证仪器仪表工程师等），以及紧密仪器常用到的专业软件如 AutoCAD、SolidWorks、Altium Designer、Eagle等。此外，掌握驱动仪器的软件程序语言，如 C/C++、Python、LabVIEW 等，也是至关重要的。这些证书和技能有助于提升个人在行业中的竞争力。

（三）院校怎么报

仪器类专业对高等院校的综合实力要求很高，它涉及电子、电气、机械、计算机等多学科。由于仪器类专业涵盖的专业知识十分丰富，因此该专业排名靠前的院校大多都是各地工科综合实力突出的院校。学生应尽量报考电子、电气、机械、计算机专业设有博士培养站点的院校，其次可报考有该专业硕士点的院校，最起码也应确保所报考的院校在计算机、电气、电子信息专业设有硕士培养站点。

此外，选择仪器类专业的院校时，考生和家长可以从以下几个角度进行分析。

院校特色：尽管许多院校开设仪器类专业，但不同院校的侧重方向不同。例如，北京航空航天大学的仪器类专业偏向航空航天方向，北京理工大学的仪器类专业课程则更侧重机械工程方向。航空航天特色院校在航空测控技术和航空仪器方面有更专业的师资和研究设备，海洋工程特色院校在航海仪器方面则有更深的造诣。因此，学生应根据自己的兴趣和职业规划，选择与自己发展方向相匹配的院校。

新工科强校：在新工科领域发展实力强劲的院校，如北京航空航天大学、清华大学等，在仪器科学与技术专业上具有显著优势，拥有国家一级重点学科和"双一流"建设学科。选择这些院校可以享受更优质的教育资源和科研平台。

就业角度：仪器类专业毕业生在制造业领域拥有广泛的就业机会，特别是在智能制造、高端装备制造等行业。因此，学生可以选择那些与制造业企业有紧密合作关系的院校，例如，西安交通大学、杭州电子科技大学、西安电子科技大学等（截至 2021 年，德州仪器已与近 100 所院校合作，支持产学合作协同育人项目共计 500 余项，其中与西安交通大学、杭州电子科技大学、西安电子科技大学的合作项目成功入选 2021 年年度教育部产学合作协同育人项目优秀案例）。[1] 这些院校通过与企业的合作，不仅提升了教育质量，也为学生提供了实践和就业的机会，促进了人才培养与产业需求的对接。

学科评估：参考教育部的学科评估结果，学生应选择在仪器科学与技术学科评估中排名靠前的院校，例如，东南大学、哈尔滨工业大学、天津大学、重庆理工大学、北京理工大学等。

仪器类专业是一类小众专业，对于这类专业而言，名校光环尤为重要。因为对口的大企业数量有限，而这些企业大概率只会到部分院校进行招聘，所以报考仪器类专业的学生在择校时需格外谨慎。

四、热门问答

Q1 仪器类专业对数学和物理的要求高吗？

仪器类专业对数学和物理方面的要求较高。

在数学方面，需要学生掌握高等数学、线性代数、概率论与数理统计等知识，因为仪器的设计、数据分析、信号处理等都离不开数学模型和算法。

在物理方面，需要学生熟悉力学、电磁学、光学、热学等基础知识。在工作上，如在精密仪器的设计中，专业人才需要运用物理原理来确定仪器的结构和参数；而在测控技术中，对物理信号的测量和分析也需要扎实的物理知识。

---

[1] 信息来源于《德州仪器 2022 年产学合作协同育人项目获批》。

Q2 如果学生想在仪器类专业方向深造，应该提前做哪些准备？

如果学生想在仪器类专业方向深造，首先要学好专业课程，保持良好的学习成绩，这是申请研究生的基本要求。其次，学生要积极参与科研项目和实践活动，提高自己的科研能力并丰富自己的实践经验，也可以通过参加院校的科研团队、创新创业项目等方式来实现。另外，学生要提高英语水平，因为在研究生阶段需要阅读大量的英文文献并参加国际学术交流，良好的英语水平是必不可少的。

Q3 仪器类专业的深造可以考虑哪些方向？

如果学生对光机电一体化、光电检测技术等领域感兴趣，可以选择仪器科学与技术方向；如果学生对现代传感技术和智能化仪器感兴趣，可以选择测试计量技术及仪器方向；如果学生对仪器仪表的设计和应用感兴趣，可以选择仪器仪表工程方向。

第六章

生物医学工程类

——超级交叉型学科

·导言

科技赋能健康医疗的未来。

生物医学工程作为一个融合了生物学、医学、工程学等多学科知识的交叉领域，其主流方向为医疗器械。从最初简单的医疗设备设计与制造，到如今涉及基因编辑、人体组织工程、智能医疗器械等尖端技术，生物医学工程的发展历程见证了医疗技术的巨大飞跃。

在本章中，编者将深入介绍生物医学工程类专业覆盖的主要领域，包括生物材料、医疗仪器、影像技术及生物信息学等。编者还将阐述这门学科的优势就业方向、专业发展前景，以及个人该如何努力。

一、了解未来就业形势

医疗器械是一个与人类健康息息相关的行业。随着全球人口老龄化的加剧及医疗技术的进步，人们对医疗器械的需求持续增长。中国医疗器械行业正在形成一批协作配套、特色鲜明的产业集群，其市场容量持续增长。同时，随着中国老龄人口的增加及医疗技术的不断进步，如微创治疗的全球化推广和内镜诊疗技术的广泛应用，都在不断扩大对医疗器械的需求，预计未来医疗器械及相关行业的市场容量还将持续增长。

"猎聘大数据"显示，我国医疗器械行业人才 2023 年的平均薪资为 21 万元左右，而 50 分位（中位数）的平均年薪为 16.8 万元。这表明，医疗器械行业的薪资较为可观，尤其是对于经验丰富和技能水平较高的专业人才来说。不过，不同城市间的人才薪资差异较大，例如，上海市的医疗器械行业年平均薪资最高，接近 30 万元，而二、三线城市的年平均薪资相对较低。

与医疗器械关联程度较高的生物医学工程类专业对学生的要求非常高，它既不是生物类专业，也不是工程类专业，而是电子类专业。生物医学工程是用工科的工程思想和实用技术去解决和诊断医学和生物学中的问题。该类专业的学生在毕业后，有的致力于开发医疗设备，有的则去医院从事医疗设备维护相关的工作，或者进入医学信息服务企业。下面，编者将详细介绍生物医学工程类专业的就业情况。

（一）就业信息一览表

生物医学工程类专业就业信息详见表 6-1。

表 6-1 生物医学工程类专业就业信息

一句话介绍就业	就业特征体现在其跨学科性上，要求学生具备生物学、医学和工程学的综合知识；就业方向非常多，且每个方向的差异极大，不同研究方向几乎等同于不同的专业领域，彼此之间存在着显著区别				
就业方向	可以在医院设备科、放射科、信息中心等科室工作，涉及医疗器械的维护、采购管理及信息管理等，也可以在医疗器械企业从事研发、销售、维修等工作				
热门岗位	智能手表工程师、医疗器械研发工程师、体外诊断试剂研发工程师				
工作压力	★★★★★	前期收入	★★★★☆	政策结合度	★★★★★

加班强度	★★★☆☆	出差频率	★★☆☆☆	建议就业起点	硕士／博士
公考优势	★☆☆☆☆	就业壁垒	★★★★☆	优势就业区域	一线城市

（二）就业方向及企业

生物医学工程类专业涉及多个行业，包括医疗器械、医疗健康、生物医药、电子信息与通信，以及航空航天等。在医疗器械行业，生物医学工程类专业人才会参与研发制造各类医用器械，如心脏起搏器、人工关节等，并进行产品的市场营销与销售、售后维护等工作。在医疗健康行业，他们会负责设备管理、临床工程、医学信息管理及康复治疗等业务。此外，他们还会参与生物药物的研发生产、制药设备的研发与维护等工作，以及开发医疗相关电子、通信设备和智能健康产品等。

生物医学工程类专业具有显著的跨学科合作特征。该专业人才需要与医生、研究人员、技术人员等合作，融合生物学、医学、工程学等多学科知识，以解决复杂的医疗问题。这种跨学科的合作模式要求生物医学工程类专业的毕业生需要具备扎实的生物医学基本原理和工程技术知识，以适应不同领域的工作需求。

生物医学工程作为典型的交叉学科，以工程技术为核心驱动医学与生命科学变革。该学科不仅具有高度分支化特征，不同子领域在知识体系和技术框架上呈现断层式差异——这种学科内部的异质性已超越传统学科门类间的分野，催生出具有独立知识集群的"微专业"生态。表 6-2 为生物医学工程类专业相关就业方向及企业举例。

表 6-2 生物医学工程类专业相关就业方向及企业举例

行业分类	就业方向	具体介绍	相关企业
医疗器械	有源医疗器械研发	专注于带有电源驱动、依靠电能工作的医疗器械产品研发，如磁共振成像系统、CT 机等设备研发等	迈瑞医疗、联影医疗、西门子医疗
	无源医疗器械研发	主要针对不依靠电能驱动，通过物理方式发挥作用的医疗器械进行研发，如部分手术器械、缝合线等产品	强生、美敦力、史赛克、威高集团、新华医疗

行业分类	就业方向	具体介绍	相关企业
医疗器械	医疗器械销售与市场推广	将医疗器械产品推向市场，向医疗机构、经销商等客户介绍产品特点，如制氧机、血压计等产品的销售推广	鱼跃医疗、欧姆龙、雅培
	医疗器械售后技术支持	为医疗机构和用户提供医疗器械的安装、调试、培训、维修和保养等技术服务，确保设备正常运行	迈瑞医疗、联影医疗
生物材料与组织工程	生物材料研发	研究和开发用于医疗、生物工程等领域的新型生物材料，如口腔修复膜、骨修复材料，乳房补片研发等	华熙生物、正海生物、冠昊生物
	生物材料生产工艺优化	改进和优化生物材料的生产工艺流程，提高生产效率、降低成本、确保产品质量稳定，如在生物制剂生产中优化工艺等	迈普医学、再生元制药
	生物材料应用研究与测试	探索生物材料在不同医疗场景和应用中的性能、安全性和有效性，进行相关测试和评估	赛默飞世尔科技、康宁公司
临床工程	临床工程师	在医院中负责医疗设备的管理、维护和技术支持，为临床科室提供技术咨询和培训	各大中型医院的设备科
生物医学工程新兴领域	脑机接口技术[1]研发	致力于开发连接大脑神经系统与外部设备的技术，实现大脑信号与外部设备的交互，用于医疗康复、智能控制等领域，如马斯克创立、开发可植入式脑机接口技术等	Neuralink、Paradromics、Synchron
	脑机接口临床应用研究与合作	与医疗机构合作，开展脑机接口技术在临床诊断、治疗、康复等方面的应用研究，推动技术的临床转化	中国科学院上海微系统与信息技术研究所、浙江大学、清华大学等
	器官芯片研发	从个人身体上取出部分组织，在体外培养一个直径为1毫米甚至更小的"迷你器官"，由它代替人体进行药物试验	海恒瑞医药

生物医学工程类

---

[1] 脑机接口技术是一种直接连接人脑与外部设备的技术，它可以通过解读大脑活动来控制机器或计算机系统。

行业分类	就业方向	具体介绍	相关企业
医疗信息技术领域	医疗大数据分析与人工智能应用	利用大数据技术收集、存储、分析医疗数据，开发基于人工智能的医疗诊断、预测、决策支持等应用系统，如利用大数据和人工智能进行医疗影像分析	腾讯医疗、阿里健康、谷歌健康
	远程医疗技术开发与服务	开发远程医疗相关技术和平台，实现远程会诊、远程监护、远程诊断等医疗服务，提高医疗资源的可及性	华为、中国移动、微医

在几大就业方向中，编者将重点介绍一下医疗器械分类中的有源医疗器械研发和无源医疗器械研发、生物材料与组织工程分类中的生物材料研发，以及生物医学工程新兴领域中的脑机接口技术研发，并对这些方向进行类比说明。同时，编者将对电子类方向、生物类方向进行详细介绍。

❶ 医疗器械方向

无源医疗器械指的是那些不需要外部能源供应，如电池或其他能源，就可以发挥其功能的医疗器械。这类医疗器械通常在患者体内或体表使用，其设计寿命通常较长，可以重复使用或植入人体长期使用。

非植入式无源医疗器械在体外使用，如导管、支架、缝合线、固定夹、人工晶状体等。它们通常在手术过程中使用，然后被移除或留在人体内，如缝合线或固定夹可能留在体内。

有源医疗器械是指那些需要外部电源供电的医疗器械。这些设备通常包含电子元器件和软件，用于实现诊断、治疗、监护或其他医疗目的，如心电图机、血氧仪、B超设备、CT机、生化分析仪、激光治疗设备、血压检测仪等。

手术机器人市场广阔。关节手术机器人尚处于探索期，它可代替医师完成部分手术操作，提升假体放置精准度，并降低手术难度。目前，国内多家国产企业已布局该领域，期待其通过创新实现手术的简单化和标准化，以提升治疗质量。

医学影像上游产品已成为产业攻坚重点。在中低端医学影像整机领域，国产品牌销量已比肩国际巨头，但在核心部件上仍未实现完全自主可控，这在一定程度上制约了国内医学影像行业的发展。国内外医学影像设备行业的快速发展及核心部件的市场格局，为独立的新核心部件新兴企业的成长提供了肥沃的土壤。

❷ 生物材料与组织工程方向

生物材料与组织工程方向更侧重于各类物品材料的研发，紧密关联材料学的知识，特别是植入性的医疗器械，如假牙、心血管支架、人造骨骼、磁性材料、人工假体等。2023 年，国内有多款生物材料和再生医学创新产品获批。其中，高端组织修复膜、高端止血材料、组织工程、医美再生材料等领域备受关注。

植入式生物耗材被植入患者体内，如心脏起搏器、人工关节、人工血管、心脏瓣膜、牙科材料、手术缝合线等。这些耗材将长期使用，有些甚至需要植入后终身使用。

整形美容行业的蓬勃发展、带动了医美再生材料的持续热销。此外，医美再生材料领域持续火热，2023 年有 3 家相关企业获得融资，专注于注射类医美微球产品的研发。这些材料通过促进人体自身的纤维细胞和胶原蛋白再生，达到面部年轻化效果。

在组织工程的人工血管方面，国产产品有望突破标准化量产难题。人工血管技术取得了显著进展，国内企业海迈医疗科技（苏州）有限公司开发出体外标准化培养的人同种异体小口径组织工程血管，有望解决传统人工血管在临床应用中存在的问题。

眼视光耗材曾是 2023 年眼科器械中最受关注的细分领域之一。过去，眼科器械使用耗材以进口品牌为主，高端眼科器械进口占有率高达 90%，因此国产替代耗材具有很大的发展空间。

❸ 脑机接口技术研发方向

脑机接口技术自诞生之初便展现出其革命性的应用潜力，现已发展到能够辅助残障人士沟通、控制外部设备，并在医疗康复、辅助通信、娱乐游戏等多个领域发挥着重要作用。

随着非侵入式技术的进步，脑机接口的应用变得更加便捷和安全，市场潜力巨大，预计未来几年将持续增长。在就业市场方面，脑机接口领域的专业人才需求日益旺盛，平均年薪在医疗设备行业中位居高位，资深工程师或研究员的年薪可达 20 万~30 万元，甚至更高。

目前，国内的脑机接口研究规模相对较小，多数停留在院校科研院所阶段。

生物医学工程美

而美国在这一领域一直处于领先地位，尤其是埃隆·马斯克创立的 Neuralink 公司，2023 年融资总额的排名第一，彰显了其独特的发展前景。该公司不仅能帮助那些因神经系统疾病而失去肢体控制能力的患者恢复行动能力，还能为那些无法使用传统输入设备的人提供新的交互方式。此外，脑机接口技术在科学研究、人机交互、娱乐与游戏、军事应用、人机协作及个性化教育等多个领域都具有广泛的应用前景，有望引领人机交互的新趋势，对人类社会产生深远影响。

跨学科背景的高素质人才需求日益增加。跨学科人才培养是脑机接口技术发展的关键，该领域需要神经科学、电子工程、计算机科学等多方面的专业知识。随着脑机接口技术的不断成熟和应用领域的扩大，这些人才在就业市场上备受青睐，薪资水平也相对较高。

❹ 电子类方向与生物类方向

生物医学工程类专业的热门就业赛道更加多元化，或许还有更多细分市场的潜力和机遇。与过去相比，当前医疗器械方向主要集中在心血管疾病、手术机器人和医学影像领域。而自 2023 年开始，出现了更多新创的赛道，例如，生物再生材料、微米级球状颗粒、上游医用基础材料和生物样本空间组织研究等。

电子类方向与生物类方向在生物医学工程类专业中各具特色，主要侧重于技术成熟度、市场需求与创新潜力，以及研究前沿性和应用前景。二者均为毕业生提供了高薪职位和多样化的职业发展路径，适合不同兴趣和职业规划的毕业生。电子类方向与生物类方向在生物医学工程类专业中的对比详见表 6-3。

表 6-3 电子类方向与生物类方向在生物医学工程类专业中的对比

对比维度	电子类方向	生物类方向
优势	1. 技术成熟度高； 2. 市场需求大； 3. 创新潜力大； 4. 跨学科应用广	1. 研究前沿性强； 2. 应用前景广阔； 3. 创新性高； 4. 生物学基础研究深入
市场需求	医疗器械公司、医疗软件开发企业、科研机构等	生物技术公司、医药企业、科研机构等

（续表）

对比维度	电子类方向	生物类方向
薪资水平	硬件工程师、软件工程师、系统工程师等获得高薪的机会较多	免疫试剂工程师、生物分析研究员、生物机理研究员等起始薪资不高
职业发展路径	初级：电子工程师、硬件工程师 中级：项目主管、技术经理 高级：技术总监、研发总监	初级：研究助理、技术员 中级：研究员、项目组组长 高级：研发部门经理、首席科学家

（三）相关产品类型

医疗器械是指直接用于人体的诊断、治疗、预防、监护、替代、调节，增进健康的仪器、设备、器具、体外诊断试剂及校准物、材料，以及其他类似或相关的物品。

具体器械可以按照使用功能划分为 5 类，包括诊断类、治疗类、监护类、康复类和生物耗材类。医疗器械市场受到多种因素的影响，包括技术进步、市场需求、政策支持、经济发展水平等。生物医学工程类产品举例及介绍详见表 6-4。

表 6-4 生物医学工程类产品举例及介绍

产品分类	产品举例	介绍
诊断设备	通用电气的 Definium™ 系列 X 射线机	高端 X 射线设备，提供清晰的图像质量，用于多种放射影像检查
	西门子 MAGNETOM® 系列核磁共振设备	先进的核磁共振设备，提供高分辨率的成像，用于软组织和器官的详细检查
	飞利浦 Ingenuity™ CT 扫描仪	采用最新技术的 CT 扫描仪，快速获取高质量的图像
治疗设备	瓦里安 TrueBeam® 直线加速器	用于精确放射治疗的设备，可以治疗多种癌症
	费森尤斯 4008S 透析机	提供血液透析治疗，用于慢性肾病患者的肾功能替代
监测设备	飞利浦 PageWriter™ 系列心电图机	提供连续心脏监测和诊断的设备
	欧姆龙 HEM-7200 血压监测器	家用血压监测设备，方便患者自我监测血压

生物医学工程类

产品分类	产品举例	介绍
植入物和假体	美敦力 Accent™ 系列心脏起搏器	用于调节心脏节律，治疗心律失常
	捷迈邦美 Bi-Metric® 系列人工髋关节	用于髋关节置换手术，帮助恢复关节功能
手术工具和机器人	达·芬奇手术机器人	微创手术机器人，提高手术精确度并缩短患者恢复时间
	Mazor Robotics 脊柱外科导航系统	用于提高脊柱手术精确度的导航系统
体外诊断（IVD）产品	强生 OneTouch® 系列血糖仪	快速、准确的血糖监测设备，用于糖尿病患者的日常管理
	First Response 妊娠测试	家用妊娠测试，用于检测尿液中的人绒毛膜促性腺激素
生物传感器和芯片	德康医疗 GlucoSense™ 连续血糖监测系统	连续监测血糖水平，提供实时数据
	Affymetrix GeneChip® 基因芯片	用于基因表达分析的微阵列芯片
再生医学产品	Osiris Therapeutics® 干细胞疗法	用于治疗多种疾病，包括软骨损伤和心脏病
	Apligraf® 组织工程皮肤	用于治疗糖尿病足溃疡和其他慢性伤口的皮肤替代品
3D 打印生物医疗器械	3D Systems 定制颅骨植入物	根据患者解剖结构定制的颅骨修复植入物
	Stratasys 手术导板	用于指导手术过程中的精确切割和植入
可穿戴医疗设备	苹果手表 Apple Watch Series	集成健康监测功能，如心率监测和活动追踪的智能手表等
	Fitbit 健康追踪器	用于日常活动和健康数据追踪的可穿戴设备
脑机接口（BMI）设备	Neuralink 脑机接口	研究阶段的脑机接口技术，旨在直接与大脑通信
	BrainGate 系统	用于帮助残障人士通过思考控制外部设备的技术

产品分类	产品举例	介绍
纳米医疗设备	Doxorubicin 纳米粒子	用于癌症治疗的药物输送系统，提高药物靶向性并减少副作用
	纳米碳管成像探针	用于生物成像和诊断的纳米尺度探针

数字化和计算机化是医疗仪器发展的基本趋势，且其产品附加值高。随着精准医疗和个性化医疗的发展，高精度的诊断设备的需求不断增长，如高端放射治疗设备、正电子发射型磁共振成像系统（PET/MR）、工作站正电子发射断层扫描仪（PET/CT）等。例如，联影医疗的一套核磁共振设备的售价为 1,500 万元，产品的技术附加值非常高，同时，它对疑难疾病的诊断有非常大的帮助。

进口占比降低，国内企业有望实现弯道超车。监护类医疗器械市场需求正随着远程医疗和家庭医疗的普及而日益增长，对各种生理参数监护仪器和生命支持设备的需求也在不断上升。例如，家庭中常见的血压计便是由江苏鱼跃医疗设备股份有限公司生产的。该公司在呼吸机领域持续投入研发，成功推出了一款适合高原地区的便携式制氧机，这为未来高海拔地区的旅行提供了便捷，让人们无须担心因缺氧而引发的高原反应问题。

康复类设备市场规模预计翻倍增长。[1] 人随着口老龄化趋势的加剧和公众健康意识的不断增强，康复设备市场正迎来新的增长机遇。这些设备包括各类康复设备、康复器械和康复器材，旨在帮助患者恢复健康。一些康复设备将日常娱乐活动，如消消乐游戏，与康复训练相结合，为肢体手术后的患者提供辅助，促进患者肌肉力量的恢复。这种创新方式不仅提升了康复过程的趣味性，也增强了患者的康复动力。

（四）相关岗位及薪资

❶ 岗位情况

生物医学工程类专业毕业生重点就业方向大致可以分为三类：第一类是进入以华为、荣耀等为代表的大型科技企业；第二类是选择以迈瑞医疗、联影医疗等为代表的医疗器械行业龙头企业，或是南京麦澜德、基蛋生物等新兴医疗企业；第三类是选择进入大中型医院信息中心或类似部门工作。整体来看，就

---

[1] 信息来源于《2024 年中国医疗器械产业全景图谱》。

业方向与专业对口程度较高，主要以医疗设备的维护为主。

岗位需求多集中在医疗器械研发企业。生物医学工程类专业的毕业生在医疗器械研发企业中需求旺盛，涉及医疗器械研发、体外诊断产品开发等多个领域。例如，深圳麦科田生物医疗技术有限公司和深圳市新产业生物医学工程股份有限公司等都明确表示了对该专业人才的需求，尤其是高学历的博士和硕士研究生。

维护和销售岗位通常要求毕业生具备相关学科背景的本科学历。该岗位的工作内容不涉及前沿的研发和创新领域，而是集中在医疗器械的维护调试及向使用单位详细介绍产品的功能特点和操作流程上。本科学历能够证明求职者经过了系统的专业教育，掌握了生物医学工程类专业的基本原理、使用方法及相关的法律法规，这些能力足以应对医疗器械的维护和销售工作。

❷ 薪资情况

医疗器械行业的薪资水平受到多种因素的影响，包括工作地点、公司规模、职位级别、工作经验、专业技能等。《2024 年中国本科生就业报告》数据显示，不同岗位类型和学历水平的员工在一线城市的年薪起薪范围在 8 万~25 万元，而在二线城市的年薪起薪范围则在 6 万~12 万元。

具体来看，研发工程师、生产工程师、销售工程师等岗位的薪资水平较高。薪资与这些岗位的专业技术要求和工作强度密切相关。例如，研发工程师需要具备较强的技术研发能力和创新能力，生产工程师需要对生产流程和设备有深入了解，而销售工程师则需要良好的沟通能力和市场开拓能力。

此外，随着工作经验的积累和职业技能的提升，这些岗位的薪资水平也有望逐步提高。例如，对于有多年工作经验的研发工程师而言，其年薪水平可能会达到 25 万~35 万元，甚至更高。

（五）就业前景

医疗器械行业的就业前景整体呈现出良好的发展态势。

一方面，受人口老龄化、医疗消费升级及政策支持的影响，市场需求持续增长，推动医疗器械市场规模不断扩大。在创新驱动下，国产替代加速，企业研发活力得以释放，国产品牌竞争力显著增强。这一趋势带来了涵盖研发、生产、销售等多领域的众多就业岗位，在一线城市及部分新兴城市都有较多就业机会。

另一方面，行业也面临着高端产品对外依存度较高、部分企业创新投入不足等挑战。但综合而言，其就业前景依旧较为乐观。随着行业的不断发展，对专业人才的需求会持续增加，有望吸引更多人才投身其中，进而推动行业进一步发展。

近期，国家针对医疗器械领域发布多项政策，包括全国人大通过的《中华人民共和国国民经济和社会发展第十四个五年规划和2035年远景目标纲要》、国家卫生健康委员会（以下简称卫健委）发布的《"十四五"国家临床专科能力建设规划》及多部委联合发布的《"十四五"医疗装备产业发展规划》。这些政策旨在推动医疗装备技术突破、国产化及推广应用，并加强临床专科建设，共同促进我国医疗器械产业的快速发展和升级。

研发持续受到高度重视，重点细分领域动态调整。2021年，工业和信息化部发布《医疗装备产业发展规划（2021—2025年）》"征求意见稿"将发展目标细化到高端医疗器械及关键零部件与材料，并计划到2025年，有6~8家企业进入全球医疗器械行业50强。此外，国家就重点研发领域不断进行梳理和更新，手术机器人、高端影像设备、介入类器械、人工心肺机和心脏瓣膜等均获得了明确的规划支持。

医院大型设备采购获得政策支持，迎来了国产化替代机遇期。2023年3月3日，卫健委发布《大型医用设备配置许可管理目录（2023年）》，进一步放宽了大型医用设备审批许可，释放了积极信号，为大型医用设备的采购松绑，使医院拥有更多灵活性，促进了创新医疗器械和设备的国产替代。

广州市的高端医疗器械产业集群正迅速发展，已成为重点产业，市政府将其作为重点布局发展的产业链。凭借58所三甲医院提供的丰富医疗与产业场景，广州市已培育出以达安基因、万孚生物等为代表的2,000多家医疗器械特色企业集群，涵盖了多个细分领域。广东省政府提出了以广州市、深圳市为双核心的产业集群发展计划，旨在提升龙头企业的带动作用，强化协作配套能力以促发展。广东省政府还计划加强关键能力建设，支持跨行业协同技术攻关，培育细分领域的"小巨人"及单项冠军企业。

二、抓取当下典型企业

（一）迈瑞医疗企业介绍

深圳迈瑞生物医疗电子股份有限公司（以下简称迈瑞医疗），是一家面向全球的高科技医疗设备和解决方案供应商。该公司成立于 1991 年，总部位于深圳市。迈瑞医疗的业务主要涉及生命信息与支持、体外诊断、数字超声和医学影像这四大领域，其产品远销世界 190 多个国家。

作为中国医疗器械行业的龙头企业，迈瑞医疗在全国 31 个省份设立了子公司，并在全球 140 多个国家和地区拥有销售网络。该公司于 2018 年 10 月在深圳证券交易所创业板挂牌上市，并在 2020 年以 2,910 亿元人民币市值位列《2020 胡润中国百强大健康民营企业》第 2 位。[1]

迈瑞医疗的研发实力强大，拥有 1,400 余名研发人员，形成了中国医疗设备行业中规模最大、综合开发能力最强的研发团队。该公司坚持将每年营业额的 10% 投入到产品创新研发中，建立了与国际一流水准同步的研发管理平台，并通过了 CE 标准、FDA 标准和 ISO 标准的认证[2]。

迈瑞医疗的业务板块主要分为三大领域。

生命信息与支持：这一领域包括监护仪、呼吸机、心电与除颤、输液泵等产品。迈瑞医疗在这一领域的市场份额在中国位居第 1 位。其中，监护仪和麻醉机的市场份额在全球排名第 3 位。

体外诊断：此领域涵盖血液检测、生化检测、发光化学检测等设备及耗材。迈瑞医疗的血液细胞分析仪、化学发光免疫分析仪、生化分析仪、凝血分析仪、尿液分析仪、微生物诊断系统等在这一领域占据了显著的市场地位，其血球业务和生化业务市场份额均已成为全国第 1 名。

医学影像：这一领域主要聚焦于超声和数字射线成像产品。迈瑞医疗的超声业务市场份额已上升至全国第 2 位、全球第 4 位。

---

[1] 信息来源于"胡润百富"网站。

[2] CE 标准、FDA 标准和 ISO 标准是全球三大主要的医疗器械认证标准，涵盖欧洲、美洲及其他国际市场。

（二）迈瑞医疗招聘信息

从迈瑞医疗官网的招聘信息中可以看出，几乎所有研发岗位都要求应聘者具备硕士研究生及以上学历。生物医学工程电子类方向的毕业生就业时能选择的岗位更多，因为他们的专业涉及很多方向，甚至包括动物所需的医疗设备，这也意味着他们需要具备很多跨学科领域的设计经验。那么，这些经验从哪里获得呢？一种途径是在研究生阶段跟随导师参与科研项目；另一种途径则是在在校期间参加比赛，通过比赛带动知识和经验的积累。

表 6-5 为迈瑞医疗在 2024 年生物医学工程类专业岗位招聘信息。

表 6-5 迈瑞医疗 2024 年生物医学工程类专业岗位招聘信息

招聘种类	岗位	岗位职责	岗位要求
社会招聘	试剂产品工程师	试剂制造的构建者，将试剂开发设计转化成实现客户临床价值的产品	1. 硕士研究生及以上学历（部分岗位可放宽至本科，生物类、生物医学工程类、化学类、制药工程、化工工程等专业； 2. 具备良好的实验设计和操作能力、优秀的组织协调能力，善于沟通，乐于分享
	液路系统资深工程师	负责体外诊断产品液路系统设计开发工作；负责体外诊断产品液路系统新技术的研究和平台化工作	1. 硕士研究生及以上学历，流体、机械、精密仪器、力学、热能与动力工程、过程装备与控制等专业； 2. 具备流体参数计算、实验设计、误差分析及数据处理能力； 3. 熟练使用 Ansys Fluent 或 Pro/E，热爱动手、钻研问题； 4. 有微流动、多相流等复杂流体系统设计经验者优先考虑
	硬件开发工程师	负责医学影像产品的硬件开发相关工作，主要包括：设计需求收集与整理、硬件方案编写、硬件详细设计（如原理图、PCB、BOM 等）、硬件调试与验证	1. 本科及以上学历，电子、自动化、通信、生物医学工程等相关专业，两年及以上硬件开发工作经验； 2. 熟悉板卡开发流程，有独立完成板卡开发经验者优先； 3. 具备基本的数模电知识，以及一定的电路分析能力； 4. 至少熟悉一种 PCB 设计工具（熟悉 mentor 者优先），熟悉信号发生器、示波器的常规操作

生物医学工程类

（续表）

招聘种类	岗位	岗位职责	岗位要求
社会招聘	医学图像处理工程师	负责医学图像处理算法研究和产品开发工作，研究成果将应用于超声影像、X射线成像、血液细胞、内窥镜等医疗器械产品中，并成为这些产品在市场竞争中的胜负关键；负责研究医学图像核心算法，提升产品关键性能，打造产品核心和亮点功能	1. 硕士研究生及以上学历，生物医学工程、计算机、信号处理、应用数学、自动化、电子工程、物理等相关专业； 2. 有扎实的图像处理或模式识别、数据挖掘、信号处理等算法基础，在模式识别、深度学习、AI大模型、3D可视化、光学成像系统、CMOS图像处理、图像效果优化、三维重建、动态视频处理、手术导航中的一个或多个方面有相关项目经验者优先； 3. 熟悉Matlab、Python、PyTorch、Tensorflow、C、C++中的至少一项开发工具； 4. 有较好的英文读写能力，能熟练阅读图像处理算法文献
	医学信号处理算法研究工程师	负责医疗设备核心信号处理算法和智能化应用的研究和开发，如（1）监护领域的生理信号智能监测算法及智能化应用，创新参数和创新技术的预研和开发等；（2）呼吸麻醉领域的智能通气和智能麻醉算法及应用，临床辅助决策系统等；（3）超声成像与后处理算法预研和开发	1. 硕士研究生及以上学历，生物医学工程、人工智能、计算机、自动化、电子信息工程、通信工程、光学工程、应用数学、仪器仪表等相关专业； 2. 熟练掌握信号处理方法和数据分析方法，有医学相关信号处理项目经验或者有医学数据统计分析经验者优先； 3. 有较好的编程基础，熟练掌握Matlab、Python、C、C++等编程语言中的一种或多种； 4. 有较好的英文读写能力，能熟练阅读信号处理算法或临床研究文献
	产品注册工程师（临床评价方向）	参与医疗器械临床评价法规政策的制修订，与行业资深临床、监管专家团队探讨如何准确确保产品安全有效，及时获得上市许可。该岗位将负责产品和解决方案相关的调研、分析，产品和行业竞争分析、产品注册策略策划、临床评价策略制定、临床法规技术能力建设等工作	1. 临床医学、统计学、基础医学、公共卫生与预防医学、医学技术及相关专业，以及生物医学工程等工科专业； 2. 具备良好的分析和解决问题能力； 3. 积极主动，敢于挑战目标，学习新事物； 4. 优秀的团队意识和沟通协调能力，抗压能力强； 5. 具备熟练的英语交流和读写能力

/// 120 ///

招聘种类	岗位	岗位职责	岗位要求
校园招聘	医学信号处理算法研究工程师	负责医疗设备核心信号处理算法和智能化应用的研究和开发，如（1）监护领域的生理信号智能监测算法及智能化应用，创新参数和创新技术的预研和开发等；（2）呼吸麻醉领域的智能通气和智能麻醉算法及应用，临床辅助决策系统等；（3）超声成像与后处理算法预研和开发；（4）光学成像（光声成像）系统设计和成像算法预研和开发；（5）DR/C形臂成像与后处理算法预研和开发；（6）医学检验仪器算法预研和开发；（7）参与医疗设备 AI 技术和智能化应用的前沿研究，推动医疗 AI 技术的发展等；（8）手术机器人运动控制及动力模型算法仿真与系统调优	1. 硕士研究生及以上学历，生物医学工程、人工智能、计算机、自动化、电子信息工程、通信工程、光学工程、应用数学、仪器仪表等相关专业； 2. 熟练掌握信号处理方法和数据分析方法，有医学相关信号处理项目经验或者有医学数据统计分析经验者优先； 3. 有较好的编程基础，熟练掌握 Matlab、Python、C、C++ 等编程语言中的一种或多种； 4. 有较好的英文读写能力，能熟练阅读信号处理算法或临床研究文献
	试剂研发工程师	1. 研发及优化用于试剂项目的原材料和工艺； 2. 新产品和改进产品的验证和确认； 3. 识别技术问题并提出解决方案； 4. 实现研发设计由研发端向制造端的转移； 5. 跟踪并解决产品上市后的质量问题	1. 本科及以上学历，免疫学、临床医学、医学检验、细胞工程、动物工程、生物化学与分子生物学、微生物学、遗传学、细胞生物学、医学/生物统计、有机化学、分析化学、化学工程与工艺、制药、生物发酵、生物医学工程等相关专业； 2. 熟练掌握生物学或化学或医学基本理论和实验技术，有良好的文献查阅及实验设计分析能力，具备基本的生物/医学统计学技能； 3. 具备良好的表达和沟通能力及团队协作能力，有较强的逻辑思维及解决问题能力，抗压能力强，具有强烈的目标感和责任心； 4. 优选条件：具备良好的英语读写和交流能力，有海外学习或交流经验

生物医学工程类

三、认清各类专业差异

（一）专业一览表

生物医学工程类专业信息详见表6-6。

表6-6 生物医学工程类专业信息

一句话介绍专业	用工科的技术解决医学和生物学的问题，毕业后研究医疗设备，在医院从事设备师工作，或进医学信息企业从事工程师工作
基础课程	生物学、高等数学、线性代数、数字信号处理
专业课程	生理学、生物医学概论、电路、电子技术、电磁测量、计算机、微机原理、计算机图形学、信号与系统、自动控制原理、人体运动信息监测、医用电子仪器、医学仪器设计
适合哪些学生	喜欢数学和物理，善长化学和电学，喜欢动手实践，有读研深造的打算；对学医学或生物学感兴趣；对医疗器械前沿技术和产品有浓厚兴趣
推荐书目	《生物医学工程学》邓玉林 主编 李勤 副主编 《医疗机器人》郭遥、[意]朱利奥·达格尼诺、杨广中 著
选科建议	物理 + 化学 + 生物
考研建议	智能医疗器械、生物传感器、3D打印与生物打印等方向

（二）专业怎么选

生物医学工程是一门新兴的边缘学科，它结合了工程学、物理学、生物学和医学的理论和方法，旨在运用工科的技术手段解决医学和生物学中的问题。该类专业有非常多的细分方向供学生选择，其选科要求通常为"物理 + 化学"，第三门科目建议选择生物，与大学专业课匹配度更高。

这个领域主要研究人体系统的状态变化，并利用工程技术手段来控制这些变化，目的是解决医学中的问题，保障人类健康，并为疾病的预防、诊断、治疗和康复提供服务。生物医学工程类专业涵盖了从分子水平到器官水平的知识，致力于开发创新的生物学制品、材料、加工方法、植入物、器械和信息学方法。

表6-7是《普通高等学校本科专业目录（2024年）》中生物医学工程类专业目录。

表 6-7 《普通高等学校本科专业目录（2024 年）》中生物医学工程类专业目录

专业代码	专业名称	专业介绍
082601	生物医学工程	生物医学工程是跨学科领域，结合生物学、医学和工程学的原理，专注于医疗设备、医疗器械和生物材料的研发和应用
082602	假肢矫形工程	专注于设计和制造假肢和矫形器，以帮助肢体残缺或功能障碍的患者恢复运动能力
082603	临床工程技术	专注于医疗设备的应用、维护和优化，以确保临床环境的效率和安全性
082604	康复工程	专注于开发和应用康复技术，以帮助患者恢复或改善功能
082605	健康科学与技术	结合健康科学和工程技术，旨在促进健康和预防疾病

大多数院校仅开设生物医学工程专业。以临床工程技术专业为例，全国仅有上海健康医学院开设了这一专业。此外，其他院校开设相关专业的数量也不多。因此，学生在填报志愿时，可能很少会遇到这些专业选项。

计算机类、电子信息类专业通常是院校录取分数线最高的专业。对于那些分数位次没有明显优势的学生来说，这类专业可能难以企及。然而，生物医学工程类专业可以作为一个理想的平行选择。该专业不仅与计算机类、电子信息类专业在课程设置上有诸多相似之处，特别是在电学、编程领域，而且由于其跨学科的特性，学生在考研时跨专业报考也相对容易。

（三）院校怎么报

学生在选择生物医学工程类专业的院校时，需要采取一些策略和考量，不能仅选择学科评估排名靠前的院校。因为该排名可能受到院校生物方向论文发表数量的影响，论文数量多可能会使排名靠前，但其对医疗设备的科研投入可能并不深入。另外，学生还应考虑院校是否有电子信息类专业的支撑。建议学生在报考前登录院校的官网，查看该校的生物医学工程类专业隶属于哪个学院。

理工类院校的生物医学工程类专业毕业生毕业后从事医疗器械的研发工作的可能性较大。如果这类院校专门为生物医学工程类专业设立了独立的学院，这通常意味着该学院的生物医学工程类专业具有强大的学科实力。例如，深圳大学在医学部单独成立了生物医学工程学院，它的研究方向主要集中在体外诊断、超声诊断、生命信息监护等领域。

对于医学类院校，则需关注其主要研究方向是否以细胞、生物为主，因为这将影响学生未来的职业发展方向是否偏向生物材料领域。同时，医学类院校的工科实力可能相对较弱，在工程学、物理学的培养上可能不够扎实，因此学生毕业后从事医疗器械的维修维护工作的概率较大。当然，也存在例外，如南方医科大学的生物医学工程学院是国内最早一批开设生物医学工程类专业的院校之一，它的主要研究方向是医学影像、仪器等。

四、热门问答

Q1 生物医学工程类专业的学习难度怎么样？

学习难度很高，这是一个融合了数学、计算机、医学、电子信息、生物的超级交叉型学科，课程非常多，学习压力很大，每一门课程的知识体系都很庞大。由于该专业课程难度大，所以需要学生具备跨学科的知识背景、将理论与实践相结合的能力、迅速适应技术革新的步伐，以及扎实的数学和物理基础。该专业适合对医学和工程学有浓厚兴趣、愿意接受挑战且具备较强学习能力的学生。

Q2 生物医学工程和生物工程的区别是什么？

生物医学工程和生物工程虽然都涉及生物学和工程学的交叉，但它们的研究内容和应用范围完全不同。生物医学工程更专注于医疗健康领域，如开发新型医疗器械、改进诊断技术等；而生物工程则更广泛地利用生物学原理和技术解决其他领域的工程问题，如生产生物制药、开发生物燃料等。

Q3 生物医学工程类专业就业主要集中在哪里？

生物医学工程类专业的产业集群主要集中在珠三角地区、环渤海地区、长三角地区和川渝地区，其他三、四线城市的就业机会大多偏向于研发企业的销售岗位。

Q4 生物医学工程类专业的方向这么多，如果想考研是否需要提前准备？

是的。对于有考研意向的学生来说，不同研究方向对应的考试内容也有所不同。例如，在南方医科大学，选择生物材料方向的学生，其考研业务课二将专注于（818）综合化学的考核；而选择生物医学成像与图像处理、肿瘤放射物理、生物医学信号检测与仪器设计这3个方向的学生，则需要准备（807）生物医学工程综合的考试内容。再如北京工业大学的心血管医学工程及医疗装备方向，则重点考查（810）解剖生理学。因此，计划考研的学生应在大学三年级和四年级时就明确自己的专业方向，并提前做好相应准备。

生物医学工程类

第七章

机械类

——把梦想变为可能

·导言

机械工程师，操控未来脉搏的匠人。

随着智能制造和工业 4.0 的推进，机械行业不仅吸纳了大量就业，还创造了机器人技术、3D 打印、新能源汽车等新兴领域的岗位。

目前，高技术人才在机械行业中尤为稀缺，薪资待遇优厚，且随着行业向智能化、自动化转型，生产效率和产品质量将大幅提高，人才需求画像呈现出跨界融合的特征。机械行业是一个充满机遇的领域，为专业人才提供了稳定的就业前景和具有竞争力的薪酬。

一、了解未来就业形势

机械类专业，作为技术与工程的交会点，承载着推动制造业发展的重要使命。在全球工业化和信息化的背景下，机械类专业迎来了前所未有的机遇。

从总体背景来看，机械类专业涉及机械设计、制造、自动化等多个领域，是支撑国家经济建设和国防安全的关键学科。随着"中国制造2025"战略的深入实施，机械专业在智能制造、高端装备等方向上的发展前景愈发广阔。

在就业方面，机械类专业人才需求量大，就业面广。相关毕业生不仅可以在制造业、汽车工业、航空航天等领域找到对口工作，还可以在科研机构、院校等单位从事技术研发和教育工作。同时，随着技术的不断进步，机械专业人才的薪资水平也在逐年提升。

综上所述，机械类专业以其深厚的技术底蕴和广泛的就业前景，成为众多学子的热门选择。未来，随着技术的不断创新和产业的升级转型，机械类专业将继续发挥重要作用，为国家的经济发展和社会进步贡献力量。

（一）就业信息一览表

机械类专业就业信息详见表7-1。

机械类

表 7-1 机械类专业就业信息

一句话介绍就业	无论是本科生还是研究生，进入企业后通常都是从基层工作干起，慢慢得到锻炼。就业的特征以宽口径、重实践为主				
就业方向	机械类专业的毕业生会优先进入市场就业，首选领域包括半导体、医疗器械、精密设备、机器人、自动化设备等前沿领域。其中，研发岗位是许多毕业生的第一选择				
热门岗位	机器人集成工程师、汽车底盘开发工程师、重型机械工程师、医疗设备研发工程师				
工作压力	★★★★☆	前期收入	★★★☆☆	政策结合度	★★★★★
加班强度	★★★★☆	出差频率	★★★☆☆	建议就业起点	本科/硕士
公考优势	★☆☆☆☆	就业壁垒	★★★★☆	优势就业区域	一/二线城市

（二）就业方向及企业

机械类专业涵盖了传统机械与智能机械两大方向，前者聚焦于机械设备和系统的设计、制造与维护，在汽车、航空航天等传统领域发挥着重要作用；后者则与电子、计算机科学和人工智能相结合，推动智能制造和自动化生产线的发展。

机械类专业广泛应用于多个行业，包括汽车制造业、航空航天业、重工业、机器人技术等，几乎覆盖全行业。特别是在汽车制造业中，新能源汽车领域的招聘需求快速上升，机械类专业毕业生在薪资和就业率方面表现出色。同时，在工业自动化、能源、航空航天和医疗等行业，机械类专业也展现出强劲的增长潜力和市场需求，提供了丰富的职业机会和高薪待遇。

鉴于人工智能技术的突破性进展和制造业转型升级的迫切需求，机器人行业正步入一个高速发展的黄金时期。智能化、自动化已成为机器人技术发展的核心趋势，众多机器人企业正不断加大研发投入，致力于推出更加高效、精准、灵活的机器人产品，以适应工业生产、医疗服务、家庭服务等多个领域对自动化、智能化解决方案的迫切需求。在此过程中，政府出台的一系列扶持政策及资本市场的持续关注与投入，为机器人行业的蓬勃发展提供了坚实的政策与资金支持，进一步推动了行业的创新步伐和市场拓展。中国机械工业企业管理协会和机械工业信息研究院共同主办的2021年(第十九届)《中国机械500强研究报告》发布，目前机械行业中表现较好的主要有汽车行业、医疗器械行业、工业自动化行业和半导体行业。

机械行业依据行业地位和特点可划分为两大类别，即制造业和基础设施与服务业。这两大类别分别涵盖了以生产制造为主的行业和以提供基础设施与服务为主的行业。制造业侧重于产品的制造和加工，而基础设施与服务业则侧重于提供能源、交通、建筑等基础服务和设施。

表 7-2 是机械类专业相关就业方向及企业举例。

表 7-2 机械类专业相关就业方向及企业举例

行业分类	就业方向	具体介绍	相关企业
制造业	工艺工程师	在汽车零部件制造中，工艺工程师的招聘职位数占比最高	比亚迪、大众、特斯拉、小米

行业分类	就业方向	具体介绍	相关企业
制造业	发动机设计工程师	负责航空发动机的设计和研发	中国航天科技集团、中国航天科工集团
	航天技术工程师	广泛应用于国土资源调查、环境保护、农林发展等领域	中航工业、天兵科技
	机械设计工程师	负责机械产品的设计研发	三一重工、中联重科
	自动化工程师	负责自动化生产线的设计和维护	博世、费斯托
	质量控制工程师	负责家电产品的质量检测和控制	美的集团、松下电器
	产品设计师	负责家电产品的外观和功能设计	格力电器、海尔集团
	机器人结构工程师	负责设计、开发和优化机器人结构	科沃斯、宇树科技
	半导体设备工程师	负责芯片生产设备的维修及保养维护	海力士、长鑫存储
基础设施与服务业	轨道交通信号与控制工程师	负责铁路或城市轨道交通信号系统的设计、安装和维护	中国中车、中国铁建
	车辆工程师	负责轨道交通车辆的设计和制造	蔚来汽车、宇通客车
	海洋油井结构物设计师	负责海洋结构物的研究、设计、制造、检验	中海油、中远海运
	电厂操作员	负责电厂设备的安全运行和维护	当地的火力发电厂
	农业机械设计师	负责农业机械产品的设计和改进，提高农业生产效率	中国一拖、潍柴雷沃
	农业机械技术员	负责农业机械的维护和修理	中联重科、沃德农机

机械类

机械工业属于重资产行业，巨头型企业较多。这些企业的年均营业收入超过千亿元，分别位于山东省、湖南省、上海市和北京市，覆盖动力、装备、新能源等多个领域。例如，潍柴控股、上海电气、三一重工、振华重工等，是中国制造业的重要支柱。

机械行业细分产业庞大，机器人方向尤为火爆。在重型机械、农业机械、汽车制造业等诸多领域，机器人技术已深度渗透，成为推动这些行业实现高效运转的核心驱动力。上海市在机器人产业方面发展迅速，已成为中国机器人产业的重要基地。国际机器人"四大家族"——发那科、ABB、安川和库卡都在上海市成立了中国总部或机器人总部。

机械软件技能、编程能力在机械类专业毕业生就业时成为薪资谈判的关键。此外，CATIA、UG 等软件操作成为汽车行业从业者的必备技能，而编程则是高薪技术岗位的稀缺技能。汽车行业的经济效益也显示出积极的发展趋势。2023 年，汽车产销累计完成 3,016.1 万辆和 3,009.4 万辆，比 2022 年分别增长 11.6% 和 12%，产销量双双突破 3,000 万辆，均实现了较快增长。[1] 汽车行业经济效益的主要指标增速高于制造业平均水平，显示出行业的强劲发展势头。

选择"机械＋医疗"方向的就业者可首选广东、江苏、山东三省。截至 2023 年年底，中国医疗器械生产企业达到 36,675 家，其中，广东省以 6,460 家企业数量位居全国第一，占全国总数的 17.61%。江苏省和山东省分别以 4,596 家和 4,107 家企业数量位列第二和第三。在城市分布方面，广州市以 1,759 家生产企业数量排名第一，还有深圳市和上海市，分别有 1,734 家和 1,251 家生产企业。[2]

（三）相关产品类型

目前，机械辅助生产的高需求产品可从三个方面进行分类：按功能分类、按应用领域分类、按行业分类。功能分类中涵盖了生产、动力、运输、建筑、农业、化工和医疗等机械；应用领域分类中包括了工业、商业、家用和军用等不同领域的机械；行业分类则具体到了汽车、电子、能源、环保等行业的机械需求。表 7-3 是机械产品的举例及介绍。

---

[1] 信息来源于《2023 年汽车工业经济运行报告》。
[2] 信息来源于中国医疗器械行业协会。

表 7-3 机械产品的举例及介绍

机械分类	产品分类	产品举例	介绍
按功能分类	生产机械	加工机械（车床、铣床、磨床、钻床等）	用于金属或其他材料的切削、磨削等加工
		成型机械（压力机、注塑机、挤出机、锻压机等）	用于使材料在压力或温度作用下发生形状变化
		装配机械（自动化装配线、装配机器人等）	用于将零部件组装成完整的产品
	动力机械	发动机（内燃机、电动机、蒸汽机等）	将燃料的化学能或电能转换为机械能的装置
		传动机械（齿轮箱、传动带、链条等）	用于传递动力和调节速度的机械装置
	运输机械	陆上运输（汽车、火车、摩托车等）	用于在陆地上的货物和人员运输
		水上运输（船只、潜艇、水上飞机等）	用于在水域中的货物和人员运输
		空中运输（飞机、直升机、热气球等）	用于在大气中的货物和人员运输
	建筑机械	土石方机械（挖掘机、推土机、装载机等）	用于土方工程和建筑材料的搬运
		高空作业机械（塔式起重机、施工升降机等）	用于高层建筑或大型结构物的施工
	农业机械	耕作机械（拖拉机、播种机、收割机等）	用于农田的耕作、播种和收获等作业
		畜牧机械（饲料搅拌机、挤奶机等）	用于畜牧业的生产和管理
	化工机械	反应釜、蒸馏塔、换热器、泵等	用于化学工业中的物料处理和反应
	医疗机械	诊断设备（医用 X 光机、CT 扫描仪等）	用于疾病的检查和诊断
		治疗设备（手术器械、透析机等）	用于疾病的治疗和患者护理

机械类

机械分类	产品分类	产品举例	介绍
按应用领域分类	工业机械	重型机械（矿山机械、冶金机械等）	用于重工业生产的大型机械
		轻型机械（纺织机械、包装机械等）	用于轻工业生产的中小型机械
	商业机械	办公设备（打印机、复印机等）	用于商业办公环境中的文档处理
		零售设备（收银机、货架等）	用于商品的销售和展示
	家用机械	家电（洗衣机、冰箱、空调等）	用于家庭生活中的电器设备
	军用机械	武器装备（枪械、坦克、战斗机等）	用于军事目的的武器和装备
		后勤装备（军用车、野战医院设备等）	用于军事后勤保障的设备和设施
按行业分类	汽车行业	整车制造机械（冲压线、焊接线、涂装线等）	用于汽车制造过程中的不同工艺环节
		零部件制造机械（铸造机械、锻造机械等）	用于汽车零部件的批量生产
	电子行业	表面安装技术（SMT）设备（贴片机、回流焊机等）	用于电子元器件的表面贴装
		测试设备（自动测试设备、功能测试机等）	用于电子产品的性能和质量测试
	能源行业	发电设备（汽轮机、风力发电机等）	用于产生电能的设备
		输变电设备（变压器、电缆等）	用于电能的传输和分配
	环保行业	污水处理设备（格栅除污机、曝气设备等）	用于净化和处理污水
		废气处理设备（除尘器、脱硫塔等）	用于净化和处理工业废气

　　在这几大分类中，从基础的生产机械到特定行业的专业设备，机械的种类繁多，功能各异，机械行业也在不断进行着自我革新和转型升级。通过对不同类型产品的归纳总结，可以发现不同领域的发展趋势和潜在的增长机会，考生

及家长可以重点关注以下几个方向。

从技术创新与研发看，关注医疗机械领域。随着医疗技术的进步，对高精度、高性能的医疗诊断和治疗设备的需求正不断增长。这为研发新型医疗机械，如更先进的 CT 扫描仪和手术机器人等提供了广阔的发展空间。

从市场需求与应用看，农业机械化对于提高农业生产效率和满足全球粮食生产需求至关重要。随着人口增长和土地资源的紧张，瞄准耕作机械和畜牧机械的研发和生产，可以满足这一不断增长的市场需求。

从政策支持与教育需求看，许多国家对军事技术和装备的研发投入巨大，这为军用机械行业提供了稳定的市场和资金支持。同时，随着电动汽车和自动驾驶技术的发展，汽车行业对新型制造机械和零部件的需求正不断增加，这为相关机械的研发和生产提供了巨大的市场。此外，随着技术的发展，对机械操作和维护的专业技能需求也在增加，提供专业的技能培训和教育，以满足行业对高技能人才的需求，也是一个重要的发展方向。

（四）相关岗位及薪资

❶ 岗位情况

机械类专业相关岗位要求应聘者需具备扎实的机械专业知识，涵盖机械原理、力学分析、机械制图等多方面内容，同时还要有一定的实践操作经验及解决实际机械工程问题的能力。在当前的机械行业中，理论知识扎实且实操经验丰富的复合型人才较为抢手，呈现出供不应求的局面。

国家大学生就业服务平台及各大招聘平台数据显示，在机械类专业涉及的领域中，岗位种类大致分为机器人结构工程师、车辆工程师、重型机械工程师等。在不同岗位种类中，本科、硕士及博士的就业比例各有差异。

在机器人结构工程师岗位中，本科生占比五成左右，硕士、博士占比两成左右。该岗位主要负责机器人机械结构的设计、优化及测试等工作。例如，在工业机器人的研发中，机器人结构工程师要依据机器人的功能需求和工作场景，进行机械臂、关节、底座等结构的创新设计，并通过运用先进的力学分析手段优化结构强度和刚度，确保机器人在高速、高精度的作业要求下，如汽车生产线上的焊接、装配等任务，能够稳定可靠地运行。此外，他们还要对制作出的结构原型进行反复测试，并根据测试数据进一步改进，以提升整体性能。

机械类

在车辆工程师岗位中，本科生占比六成左右，硕士、博士占比两成半左右。该岗位主要从事各类车辆的整体设计、零部件开发及性能调校等工作。例如，在新能源汽车的研发过程中，车辆工程师要负责车身造型设计，既要考虑美观性又要重视空气动力学性能；同时，他们要开展底盘系统的研发，保障车辆的操控稳定性和乘坐舒适性；此外，他们要对动力系统进行选型与匹配，确保车辆具备良好的动力输出和续航能力；最后，他们还要参与样车的试制与测试环节，根据实际行驶数据对车辆各方面性能进行调校优化，使其符合市场和消费者的需求。

在重型机械工程师岗位中，本科生占比四成左右，硕士、博士占比一成半左右。该岗位主要负责重型机械设备的设计、制造及维护等工作。例如，在矿山开采领域的大型挖掘机设计中，重型机械工程师要综合考虑设备在恶劣工况下的作业强度和稳定性，对其庞大的机身结构、高强度的工作装置及大功率的动力系统进行精心设计，确保其能在高强度的挖掘、装载作业中承受巨大的载荷。此外，在设备制造完成后，他们还要跟进其在矿山现场的安装调试工作，后续为使用过程中的维护保养提供专业的技术支持，保障设备长期稳定运行，以提高矿山开采的效率。

一线城市实力大厂众多，职业上升空间大。这些企业的发展不仅体现了一线城市在制造业领域的强大实力，也展示了其在新兴技术领域的领先地位。学生毕业后可以先到上海、北京、深圳、广州这样的一线城市积累工作经验，或许能在职业发展上获得不错的机会。

对口所有制造业，就业面宽、高薪岗位集中在汽车制造业。汽车行业作为机械类专业毕业生的重点就业领域之一，因其技术密集型和高附加值特性，提供了众多高薪岗位，尤其是在新能源汽车和智能驾驶技术的发展背景下，机械类专业人才在汽车行业的就业前景更具优势。

从公考的角度来看，机械类专业毕业生在公务员考试中面临的挑战主要包括岗位数量有限、竞争异常激烈、专业背景与岗位需求不匹配、学历要求较高，以及考试内容与专业知识差异较大等，因此，他们需要提升沟通协调能力和公文写作技能，关注政策动态并及时适应公务员岗位需求的变化。这些挑战要求机械类专业学生在备考时不仅要补充文科知识，还要提高自身的综合素质和应试能力。

❷ 薪资情况

从机械类专业的起薪来看，《2024 年中国本科生就业报告》显示，2023 届本科生机械类专业的平均起薪为 6,727 元 / 月，在所有专业中排名第 4 位；2020 届本科生机械类专业毕业 3 年后的平均月收入为 9,913 元，相较于毕业半年后的平均月收入 5,536 元，涨幅达 79%，在所有专业中排名第 6 位；2018 届本科生机械类专业毕业 5 年后的平均月收入为 11,971 元，相较于毕业半年后的平均月收入 5,142 元，涨幅为 133%，在所有专业中排名第 5 位。

从机械专业细分方向来看，在 2023 年机械类专业本科生毕业半年后的月收入前 50 位的专业中，机械电子工程的平均月收入为 6,842 元，排名第 10 位；机械工程的平均月收入为 6,792 元，排名第 13 位；机械设计制造及其自动化的平均月收入为 6,768 元，排名第 14 位；过程装备与控制工程和工业设计分别排名第 25 位和第 41 位。

从机械高相关的行业来看，2023 届机械类专业本科生毕业半年后月收入较高的行业包括汽车制造业、机械装备制造业、航空航天零部件制造业、重型机械制造业、自动化设备制造业等相关制造业。这些行业为机械类专业毕业生提供了较为可观的薪资待遇，也展现出机械类专业在不同领域的就业价值。

（五）就业前景

个人要想发展得好，核心在于顺势而为，即个人的发展要与国家意志相结合。从 30 年前的"八五"计划，到现在的"十四五"规划，以及多年前提出的"中国制造 2025"，都强调了培育制造业产业集群的重要性。对制造业的政策支持并未在 2025 年就结束了，实际上，直到 2024 年 7 月结束的党的二十届三中全会，通过的《中共中央关于进一步全面深化改革、推进中国式现代化的决定》依然彰显了持续的政策扶持力度。

近年来，国家发布了一系列政策文件，旨在推动中国式现代化和产业升级。其中，2024 年发布的《中共中央关于进一步全面深化改革、推进中国式现代化的决定》强调了提升产业链供应链的韧性和安全水平，打造自主可控的重点产业链供应链；2023 年，工业和信息化部等八部门发布的《关于加快传统制造业转型升级的指导意见》旨在加快传统制造业转型升级，提升其高端化、智能化、绿色化、融合化发展水平；而 2022 年党的二十大报告则提出了建设现代化产业体系，强调了实体经济的重要性，并明确了构建新发展格局的战略方向。

机械类

总的来说，国家对机械类专业人才的需求量较大，就业机会众多。 为支持机械行业的稳定增长和高质量发展，国家出台了《机械行业稳增长工作方案（2023—2024 年）》（以下简称《方案》）。该《方案》涉及多个部门，聚焦于机床工具、农业机械等多个细分行业，通过扩大需求、推动智能化转型、提升供给能力、精准施策等措施，力争到 2024 年实现行业营业收入平均增速超 3%，达到 8.1 万亿元，同时培育竞争力强的中小型企业集群和千亿级国际竞争力产业集群。

区域产业特色鲜明，个人职业规划要与市场需求匹配，多地已形成各具特色且产业链完整、创新能力强的机械产业集群，如沈阳、上海、深圳、长沙、重庆等城市的相关产业集群。长沙市针对工程机械产业出台了系列政策，如《长沙市促进工程机械产业发展条例》旨在促进其高质量发展。同时，政府也将其纳入发展规划，给予创新支持。长沙市作为"工程机械之都"，其产业集群已成为湖南省首个千亿元产业集群，三一重工、中联重科等企业实力强劲，共同助力湖南省打造先进制造业高地。

二、抓取当下典型企业

（一）智元机器人企业介绍

智元机器人成立于 2023 年 2 月，是一家专注于 AI 与机器人深度融合的创新企业。2024 年 11 月，智元机器人入选《2024 福布斯中国创新力企业 50 强》。[1] 该公司的主要目标是开发世界级领先的具身智能机器人产品及应用生态。智元机器人的创始团队汇集了多位行业资深专家，包括备受瞩目的"华为天才少年"彭志辉，他也被称为"稚晖君"。彭志辉不仅以其卓越的技术实力和创新精神在科技界享有盛誉，他还是一位在哔哩哔哩上极具人气的科技信息分享者。其账号坐拥约 260 万粉丝，所发布的内容深受广大网友喜爱，他也因此在网络上积攒了颇高的知名度，收获了众多粉丝的支持与关注。

智元机器人致力于人形机器人的研发和生产，其产品融合了人工智能技术。2023 年 8 月，该公司发布了第一代通用型具身智能机器人原型机——远

---

[1] 信息来源于福布斯。

征 A1。此后，智元机器人于 2024 年 8 月发布了家族系列商用产品，这些产品在交互服务、柔性智造、特种作业、科研教育及数据采集等多个场景中开启商用量产。智元机器人产品介绍详见表 7-4。

表 7-4 智元机器人产品介绍

产品系列	产品型号	产品介绍
远征系列	远征 A2	交互服务机器人，具备拟人构型、多模交互、自主移动、多重安全保障和便捷操作等特点
	远征 A2-W	柔性智造机器人，具有双臂协作、高效部署、模型进化、多模感知和持久作业等特点
	远征 A2-Max	重载特种机器人，适用于重载任务，具有强大的力量和灵巧的作业能力
灵犀系列	灵犀 X1	全栈开源机器人，适用于人机交互与轻服务场景，具有模块化设计、高自由度和高可扩展性
	灵犀 X1-W	专业数据采集机器人，降低数据获取成本，适用于大规模数据采集

（数据来源：智元机器人官网）

人形机器人有望成为千亿美元级的蓝海市场。技术创新、政策支持、市场需求增长及产业链完善是推动行业发展的主要因素。随着人工智能、机器学习、计算机视觉等技术的进步，人形机器人的应用领域将不断拓宽，市场需求迅速增长，尤其是在老龄化社会和智能化生产服务需求的推动下。同时，制造成本的降低和市场竞争的加剧将进一步促进人形机器人的普及，预计其未来的全球市场规模将持续增长，中国市场也将达到数十亿美元的规模。

（二）智元机器人招聘信息

智元机器人的招聘信息展示了岗位的多样性和技术专业性。从机械维护到 BOM 管理[1]，再到机械设计和供应商质量管理，该公司需求的岗位覆盖了技术和管理等多个层面，要求应聘者具备相关专业背景和实际工作经验。特别是对

---

[1] BOM 是 "Bill Of Materials" 的缩写，中文意思是 "物料清单"。它是一份列出制造一个产品所需的所有原材料、部件、组件、装配件、零件和半成品，以及它们的数量和用于组装每个最终产品的顺序的详细清单。

于技术岗位，如机械臂测试工程师和传动工程师，该公司要求应聘者具有深入的专业知识和丰富的操作经验。同时，公司强调跨部门协作和问题解决能力，以及对 3D 建模软件（如 SolidWorks）的熟练使用，这反映了公司对员工综合能力和创新精神的重视。因此，有意向的应聘者应当具备扎实的专业基础、良好的沟通技巧、丰富的项目经验及卓越的解决问题的能力。

表 7-5 为智元机器人 2024 年机械类专业岗位招聘信息。

表 7-5 智元机器人 2024 年机械类专业岗位招聘信息

招聘种类	岗位	岗位职责	岗位要求
社会招聘	机械臂测试工程师	1. 负责机械臂硬件测试及相关测试方法制定、测试报告的输出、工装测试平台的搭建工作，测试项包括但不限于机械臂末端重复 / 绝对定位精度、末端刚度、力控精度、负载能力及可靠性； 2. 负责机械臂伺服关节、末端执行器硬件测试及相关测试方法制定、测试报告的输出、工装测试平台的搭建工作，测试项包括但不限于伺服关节重复定位精度、速度波动、力控精度、输出端刚度、负载能力及可靠性	1. 本科及以上学历，机械、机械电子、电气、控制、通信、计算机相关专业； 2. 熟悉机械臂、伺服关节相关测试标准； 3. 熟悉常见的机械臂测量设备及工具，如测功机、激光定位仪、刚度计、三坐标仪等； 4 具备较好的结构设计与电气系统搭建能力； 5. 有相关机械臂、伺服关节、末端执行器的生产测试经验者优先
	供应商质量管理 SQE（机械）	1. 负责新产品的供应链开发，进行新供应商准入审核，识别新供应商的潜在风险，提前采取应对措施； 2. 负责新产品零件的可制造性分析，推动产品设计的可制造性优化，降低零件成本，提升质量； 3. 负责管理供应商的零件开发进程，进行技术把关，把控质量、产能、交付等风险，跟进试制问题，负责批产认可放行； 4. 负责批产零件的管理，解决批产零件的质量、工艺等问题，跟踪闭环	1. 本科及以上学历，机械工程相关专业； 2. 供应商质量管理岗位 5 年以上工作经验，熟悉机械加工、注塑、滚塑等工艺； 3. 熟悉 GD&T（几何尺寸和公差），以及"质量五大工具"

招聘种类	岗位	岗位职责	岗位要求
社会招聘	传动工程师	1. 能独立完成齿轮机构、行星齿轮系统、锥齿轮系统等传动装置的设计，优化传动系统的结构设计并输出设计参数； 2. 能熟悉运用限元分析软件做仿真模拟并结合试验结果进行误差分析及仿真优化； 3. 能独立计算齿轮系统承载力及寿命，根据不同工况合理选择变位系数，计算齿轮系统背隙及其油脂量； 4. 熟悉齿轮各种试验及各种失效模式，对传动系统的寿命、噪声、震动、效率等进行有效设计和控制	1. 本科及以上学历，机械制造及机电相关专业，5 年以上齿轮箱厂或相关行业工作经验； 2. 精通 KISSsoft、Abaqus、AutoCAD、SolidWorks 等，进行齿轮 3D 建模及工程图输出； 3. 有减速箱或机器人执行器量产经验者优先
校园招聘	结构工程师	1. 负责机器人本体机械结构设计，负责传感器及机器人零部件的选型与设计； 2. 负责机器人机械零部件的硬件规格设计、结构优化及生产验证； 3. 参与产品可量产性评估优化，配合批量生产，解决完善产品结构设计及量产过程中的相关问题	1. 机械设计、自动化相关专业； 2. 掌握机械结构设计的相关知识技能，熟练使用常用 3D 建模等相关专业软件； 3. 能使用力学分析软件实现零件结构优化，熟悉常用材料加工特性及机械制造工艺

（数据来源：智元机器人官网，时间截至 2024 年 10 月）

机械类

大厂拧螺丝，小厂造火箭。在对比大型企业与智元机器人这类初创公司时，我们可以发现后者具有独特的优势。智元机器人作为一家初创企业，拥有较少的约束和限制，这为员工提供了从无到有、从基础到成熟的完整成长过程。在这样的环境中，员工有机会接触并深入了解多个交叉型学科领域的知识，并能够实际观察和参与到这些学科的协同工作中，这对于员工的快速成长和专业技能的提升具有显著的促进作用。

从智元机器人的招聘岗位来看，涉及机械领域的职位包括结构工程师和传动工程师等。在校园招聘信息中，公司明确指出了对应聘者的具体要求：掌握机械结构设计的相关知识技能，熟练使用常用 3D 建模等相关专业软件；能使用力学分析软件实现零件结构优化，熟悉常用材料加工特性及机械制造工艺。这些技能的掌握不仅体现了应聘者的专业能力，也是公司对人才素质的明确期待。

三、认清各类专业差异

（一）专业一览表

机械类专业信息详见表 7-6。

表 7-6 机械类专业信息

一句话介绍专业	学习机械设计、制造和控制，毕业后进入制造业的各个环节，是"工科之母"
基础课程	高等数学、大学物理、概率论与数理统计、线性代数
专业课程	材料力学、理论力学、机械原理、机械设计、控制理论
推荐书目	《机械原理》李树军 主编 《机械设计》邱宣怀 主编
适合哪些学生	喜欢数学和物理，热衷于制造业
选科建议	物理 + 化学
考研建议	机械电子工程、机械设计制造及其自动化、车辆工程、机器人工程等方向

（二）专业怎么选

进入 21 世纪，随着新工科建设的推进，国内机械学科不断进行教育教学改革，探索与人工智能等新技术相结合的人才培养模式，以适应产业升级和社会发展的需求。面对行业升级对人才创新实践能力的新要求，机械工程专业积极应对，结合人工智能 AI 技术，优化课程体系和培养机制，通过知识图谱构建新形态核心课程内容体系，并开展交叉课程融合教学设计，以数字化转型促进教育教学改革与可持续发展。大多数院校机械类专业的选科要求为"物理 + 化学"，但也有部分职业技术大学的机械类专业选科要求为"物理 + 不限"，如南京工业职业技术大学、西安汽车职业大学、重庆机电职业技术学院等。

机械类专业在多个子领域都有很好的发展前景，其中有一些领域尤为突出。表 7-7 是《普通高等学校本科专业目录（2024 年）》中机械类专业目录。

表 7-7 《普通高等学校本科专业目录（2024 年）》中机械类专业目录

专业代码	专业名称	专业介绍
080201	机械工程	培养掌握机械设计与制造的知识和技能，能够进行机械产品的研发、设计和生产管理
080202	机械设计制造及其自动化	结合机械设计与自动化的知识，培养能够在现代化生产线工作的工程师
080203	材料成型及控制工程	学习材料的加工和处理技术，如焊接、锻造、铸造、模具等
080204	机械电子工程	将机械工程与电子技术相结合，培养能够设计和实现复杂机电系统的工程师
080205	工业设计	注重产品设计的创意与实用性，培养具有美学素养和工程知识的工业设计师
080206	过程装备与控制工程	主要学习过程装备的设计、操作和控制，适用于化工、石油等领域
080207	车辆工程	培养在汽车行业工作的专业人才，参与包括汽车的车身、底盘设计、制造、测试等环节
080208	汽车服务工程	重点在于汽车的售后服务和技术支持，包括维修、检测、营销等方面
080209	机械工艺技术	研究机械制造的工艺方法和改进技术
080210	微机电系统工程	涉及微型机器人和传感器的开发与应用
080211	机电技术教育	培养机电领域的中等职业技术教育师资力量
080212	汽车维修工程教育	培养汽车维修行业的专业技术和管理人才
080213	智能制造工程	培养掌握智能制造技术和系统的设计与实施能力的专业人才
080214	智能车辆工程	培养能够进行智能汽车系统设计、集成和测试的高级专门人才
080215	仿生科学与工程	研究生物系统的原理并将其应用于工程设计中
080216	新能源汽车工程	专注于新能源汽车的技术研究和产品设计
080217	增材制造工程	学习 3D 打印技术，涉及三维物体的构建和制造过程的优化

机械类

专业代码	专业名称	专业介绍
080218	智能交互设计	能够设计和开发集成人机交互、计算机科学和设计原理的智能产品
080219	应急装备技术与工程	培养能够从事应急装备的研发、设计、制造和维护的高级工程技术人才
080220	农林智能装备工程	专注于智能农业装备的设计、制造和应用

在机械类专业中，招生人数较多的是机械电子工程、机械设计制造及其自动化这两个专业，而高收入的方向通常在"自动化"领域。材料成型及控制工程专业与金属材料密切相关，学生毕业后大概率会进入模具行业。工业设计专业与艺术类产品设计专业的工作内容一致，负责设计产品的外观等。过程装备与控制工程是为化工行业服务的，学生毕业后大概率会进入大型的化工企业，成为工程师。车辆工程、汽车服务工程专业与汽车行业相关，学生毕业后很可能进入新能源汽车企业。

（三）院校怎么报

考生报考时首选领域内知名院校。例如，"机械五虎"（清华大学、华中科技大学、上海交通大学、哈尔滨工业大学、西安交通大学）和"机械四小龙"（合肥工业大学、湖南大学、吉林大学、燕山大学），这些院校在行业内的认可度高，因此在企业筛选简历时，这些院校的毕业生会有一定优势。

根据院校特色，明确目标院校。例如，吉林大学的机械工程学科以汽车和农用机械为特色，湖南大学的机械工程学科以汽车设计与制造为特色，燕山大学的机械工程学科以重型机械为特色，而合肥工业大学的机械工程学科则以机械与汽车为特色，被誉为"汽车工业界的黄埔军校"。

在普通层次院校方面，也有不错的选择。例如，洛阳市的河南科技大学，它的前身是洛阳拖拉机制造学校，该校在轴承、齿轮和机电一体化方向有自己的特色。当然，其他院校还有很多，这里就不逐一介绍了。报考院校时最终要与考生的高考分数相结合，选择分数段附近更有性价比的院校。

考生选择的院校所在地最好为制造业发达的城市。如深圳、广州、杭州、南京、宁波、青岛、武汉、成都等城市在《2023 年中国先进制造业百强城市排行榜》中排名榜单前 10 名，拥有较强的先进制造业实力。这些城市的企业大概率会前往当地的院校进行校园招聘，并为学生提供大量的就业机会。

四、热门问答

Q1 机械类专业的就业现状怎么样？

机械类专业的就业情况整体乐观，近年来就业率稳定在 91% 以上，部分院校研究生的就业率更是高达 99.5% 以上。其薪资水平因多种因素而异，但整体呈现增长趋势，本科毕业生半年后的起薪在 6,727 元，位列专业收入排名第 4 名。[1]

机械类专业的就业方向多元化，涵盖制造业、研发设计、技术服务等多个领域。随着制造业的转型升级和科技的发展，机械类专业正迎来前所未有的发展机遇。在未来一段时间内，具有编程开发能力的人才将成为各企业争夺的目标。

Q2 机械类专业工作需要具备哪些核心竞争力？

软件技能是应聘时的敲门砖。 学生应该以目标为导向，从未来就业岗位的实际需求出发。首先，精通一系列建模软件（如 CAD、SolidWorks、Creo、UG、CATIA、CAE 等），这是招聘企业的基本要求。其次，相关的实习经验和课题研究是必不可少的。作为应届毕业生，进入企业往往需要从基础工作做起，如协助项目负责人构建模型、绘制节点图纸等。在参加团队会议时，能够通过计算机建模清晰地表达自己的设计理念非常关键。如果对软件操作不够熟练，初入职场时可能会遇到很多困难，难以有效展示自己的专业能力。因此，掌握这些技能对于顺利融入工作环境和实现职业发展至关重要。

在本科阶段的学习中，学生可通过比赛提升自己的专业能力。 机械类专业十分注重实践，但机械类专业的实践机会却很少。例如，计算机专业的实践只需要一台电脑，而机械类专业的实习实践则需要加工设备、加工场地、加工材

机械类

---

[1] 信息来源于麦可思研究院发布的《2024 年中国本科生就业报告》。

料、装配工具等。因此，学生在课堂上学到的专业知识很难有机会运用，导致大部分机械类专业的学生在毕业时并不能获得预期的专业能力。参与学科竞赛则是进行专业实践的最好途径之一。

学科竞赛在推免升学途径中占据重要地位。学科竞赛在推免保研、考研复试、出国留学、找工作中都具有很大的优势。推免保研通常有两条路，分别是绩点保研和竞赛保研。竞赛保研可凭借竞赛奖项来弥补绩点的不足，有时甚至会更有优势。

在面试中，是否参与过学科竞赛、是否获奖是用人企业重点考查的内容之一。有许多同学在初面分数较低的劣势下，凭借学科竞赛经历在复试中成功入职。大部分企业在招聘时会优先考虑有竞赛奖项和项目经历的毕业生。表7-8是推荐机械类专业学生参加的比赛。

表7-8 推荐机械类专业学生参加的比赛

比赛	中国大学生机械工程创新创意大赛、中国大学生机械工程创新创意大赛 – 过程装备实践与创新赛、铸造工艺设计赛、材料热处理创新创业赛、起重机创意赛、中国机器人大赛暨RoboCup机器人世界杯中国赛、全国大学生机器人大赛 –RoboMaster、RoboCon、中国大学生方程式汽车大赛

（数据来源：燕山大学机械工程学院官网）

Q3 机械类专业在考研后能带来什么？

机械硕士研究生的就业环境明显优于本科生。机械类专业的本科生往往面临的是下车间或频繁出差的工作状态，而机械硕士研究生就业前景则比本科生明显高出许多。此外，机械类专业的读博率不高，大多数学生会选择硕士研究生毕业后直接就业。机械类专业的专业课程和多个学科都有重叠，因此在考研时，考本专业是一个方向，同时也可以考虑其他专业的交叉方向。其中，最推荐的是控制科学与工程，因为它应用面最广，就业机会最多。

第八章

能源动力类

——推动发展的能量引擎

·导言

　　中国作为全球最大的能源生产国和消费国，其能源结构正在发生显著变化。

　　《新时代的中国能源发展》白皮书指出，能源不仅是人类文明进步的基础和动力，也是关系国家经济、民生和安全的关键因素，对人类的生存和发展具有深远的影响。在全球能源结构经历深刻转型的背景下，一系列创新技术和新兴市场应运而生。这些变革极大提高了能源利用效率，为环境保护和应对气候变化提供了新的解决方案，同时也催生了全新的行业、企业和职业岗位。

能源动力行业涵盖了能源转换、传输、利用及相关动力设备的设计、制造、运行、控制、管理环节，同时也涉及环境保护。该行业主要关注如何提高能源利用效率、减少能源消耗、降低环境污染，并推动可再生能源和新能源的开发与应用。

能源动力行业致力于将传统能源与新能源进行深度融合。作为支撑国家经济发展的重要基础产业，其市场规模庞大。该行业不仅涉及传统能源（如煤炭、石油、天然气等）的开采、加工、转换和利用，还包括对新能源（如风电、太阳能、核能、氢能等）的研发、生产和应用。

能源动力行业的应用领域日益拓宽，不仅涵盖了传统的发电、输电、配电和能源转换等领域，还延伸到了新能源开发、智慧能源管理、节能减排技术、电动汽车、航空航天动力系统、海洋工程装备等多个前沿领域，为推动全球能源结构的优化升级和可持续发展提供了强有力的技术支撑和人才保障。

《2024 年中国本科生就业报告》数据显示，在 1,700 多个专业中，能源与动力工程专业以 81.12% 的超高就业率排在第 1 位，成为该年度"最容易就业"的专业。2018 届能源动力类专业本科生毕业 5 年后的月收入为 12,463 元，较毕业半年后增长 7,429 元，涨幅达到 148%，位居各专业类第 1 位；此类专业本科毕业生在毕业 5 年后的平均月收入，较全国本科生平均水平（10,595 元）高出 1,868 元。

（一）就业信息一览表

能源动力类专业就业信息详见表 8–1。

表 8-1 能源动力类专业就业信息

一句话介绍就业	在国内积极推进"碳中和[1]、碳达峰[2]"的目标、大力发展新能源的背景下，能源动力类专业的就业前景乐观

[1] 碳中和（Carbon Neutrality），节能减排术语，一般指国家、企业、产品、活动或个人在一定时间内直接或间接产生的二氧化碳或温室气体排放总量，通过植树造林、节能减排等形式，以抵消自身产生的二氧化碳或温室气体排放量，实现正负抵消，达到相对"零排放"。

[2] 碳达峰（Peak Carbon Dioxide Emissions）是指在某一个时点，二氧化碳的排放量不再增长，达到峰值后逐步回落。

能源动力类

就业方向	热能工程、动力机械及工程、制冷与低温工程、新能源等，可从事研究、设计、开发等工作				
热门岗位	能源动力工程师、新能源工程师、动力设备工程师、工艺工程师等				
工作压力	★★☆☆☆	前期收入	★★★☆☆	政策结合度	★★★★★
加班强度	★★☆☆☆	出差频率	★★★☆☆	建议就业起点	本科／硕士
公考优势	★★☆☆☆	就业壁垒	★★★☆☆	优势就业区域	一线城市

（二）就业方向及企业

能源动力类学科交叉性强，融合了物理学、化学、材料科学、机械工程、电子工程等多个领域的知识，是一个宽口径大类专业。

能源动力类专业毕业生的就业方向多元，相关企业覆盖范围较广。该专业毕业生可以从事技术研发、项目管理、设备维护、环境保护、政策制定等多方面工作。

能源动力企业的技术创新不仅提升了自身的竞争力，还带动了相关产业链上下游企业的协同发展。例如，新能源装备制造、智能电网建设、储能技术研发等领域的快速发展，为社会创造了大量的就业机会。

能源动力类专业的就业方向除了涉及电力、石油、煤炭、储能、航空、航海等领域的政府部门和央国企，如国家电网、南方电网、"三桶油"[1]、五大四小发电集团[2]、各地省属能源集团等，还有众多的知名能源相关私营企业，如隆基绿能、通威股份、宁德时代、特斯拉、比亚迪等，这体现了对能源动力类专业人才的广泛需求。

能源动力行业的优势就业方向在 2024 年主要集中在新能源汽车行业，这一行业的迅速发展在全球范围内得到了广泛关注。新能源汽车主要包括纯电动汽车、插电式混合动力汽车和氢燃料电池汽车。中国作为全球最大的新能源汽车市场，拥有完备的产业链布局，吸引了大量资本和企业的进入，推动了产业的高速发展。

表 8-2 为能源动力类专业相关就业方向及企业举例。

---

[1] "三桶油"是这指中国三大国有石油公司，分别是中国石油天然气集团有限公司（简称中国石油或中石油）、中国石油化工集团有限公司（简称中国石化或中石化）、中国海洋石油集团有限公司（简称中国海油或中海油）。

[2] 四小发电集团包括国投电力控股股份有限公司（简称国投电力）、华润电力控股有限公司（简称华润电力）、中国神华能源股份有限公司国华电力分公司（简称国华电力）、中国广核集团（简称中广核）。

表 8-2 能源动力类专业相关就业方向及企业举例

行业分类	就业方向	具体介绍	相关企业
能源开发与利用	能源工程师	负责能源项目的开发、设计和优化，包括电力、热能、新能源等领域	国家电网、中国大唐、中国华能、BP、壳牌、特斯拉
	电力系统工程师	设计和维护电力系统，确保电力供应的稳定和安全	国投电力、施耐德电气、西门子
	新能源技术工程师	专注于太阳能、风能、生物质能等新能源技术的研发和应用	金风科技、阳光电源、比亚迪、恩菲德、First Solar
能源管理与优化	能源管理师	负责企业或机构的能源使用管理，提高能源效率，降低能源成本	施耐德电气、霍尼韦尔、IBM、江森自控
	智能电网工程师	开发和优化智能电网系统，实现电力的高效分配和利用	国家电网、华为、ABB、西门子
动力设备制造与维护	动力设备工程师	负责动力设备的设计、安装、调试和维护，如发动机、涡轮机等	潍柴、比亚迪、宁德时代
制冷与低温工程	制冷工程师	设计和优化制冷系统，确保低温环境下的设备运行效率和安全性	开利、大金、格力电器、美的
	低温工程设计师	专注于低温工程的设计，如液化天然气存储、超导磁体冷却系统等	林德、空气产品公司、液化空气公司
环境工程与治理	环境工程师	设计和实施环保项目，处理能源开发过程中的环境污染问题	中国节能环保集团、威立雅环境服务、苏伊士环境
	废物处理工程师	负责废物处理和资源回收，减少能源产业对环境的影响	中国节能环保集团、光大国际、首创环境
能源政策与市场	政策分析师	分析能源市场趋势，为政府和企业提供能源政策建议	国家发展和改革委员会、中国能源研究会、埃森哲
	市场分析师	研究能源市场需求，为企业提供市场进入和扩张策略	麦肯锡、波士顿咨询、贝恩咨询
项目管理与咨询	项目经理	负责能源项目的规划、执行和监控，确保项目按时、按预算完成	中国电建、中国能建、贝克休斯、哈里伯顿
	咨询顾问	提供能源项目咨询服务，帮助企业优化能源战略和运营	麦肯锡、波士顿咨询、德勤咨询

能源动力类

能源动力类专业具有广阔的发展前景和良好的职业发展机会，是符合国家战略需求和可持续发展的重要工程领域。能源动力类专业的就业方向不同，能进入的行业、企业及能从事的岗位也有所不同。在目前就业市场的需求趋势下，编者建议考生及家长多关注新能源汽车、动力电池、储能、风电、光伏这5大热门新能源赛道。

新能源电池工程师需求旺盛。《2023年度人才迁徙报告：大变局·智未来》相关数据显示，新能源汽车行业的热招岗位主要包括"三电"（电池、电机、电控）和智能驾驶相关岗位，汽车电子工程师、算法工程师、智能驾驶工程师的招聘占比分别达到6.24%、6.10%和5.39%，而电池工程师的招聘占比为4.70%，这显示出新能源汽车行业对能源动力类专业人才的高需求。

（三）相关产品类型

能源动力类的产品类型包括但不限于传统能源设备、新能源设备、能源转换与存储设备、流体机械设备、动力机械和热工设备及制冷与低温工程设备等。

在《中国制造2025》战略规划中，能源动力与工程领域的产品类型对于实现制造业的转型升级具有重要作用。这些产品不仅广泛应用于日常生活和工业生产，而且在推动能源结构优化、提高能源利用效率、保障国家能源安全等方面发挥着关键作用。

表8-3为能源动力类产品举例及介绍。

表8-3 能源动力类产品举例及介绍

产品分类	产品举例	介绍
传统能源设备	火力发电站设备	包括锅炉、汽轮机、发电机等，利用化石燃料燃烧产生电能
新能源设备	水力发电站设备	包括水轮机、发电机、水库控制系统等，利用水力发电
	核能发电设备	包括核反应堆、蒸汽发生器、冷却系统等，利用核能发电
	太阳能设备	包括太阳能电池板、太阳能热水器等，利用太阳能发电和供热
	风能设备	包括风力发电机、风力涡轮机等，利用风能发电

产品分类	产品举例	介绍
新能源设备	生物质能设备	包括生物质锅炉、生物质气化炉等，利用生物质能发电和供热
能源转换与存储设备	燃料电池	包括氢燃料电池、燃料电池发电系统等，将化学能转换为电能
	电池	包括锂电池、铅酸电池、镍氢电池等，用于电能的存储
电动汽车与混合动力汽车	纯电动汽车（BEVs）	仅使用电能作为动力源，用于交通运输
	插电式混合动力汽车（PHEVs）	结合电动汽车和燃油汽车，用于交通运输
氢能与燃料电池相关设备	氢气生产设备	包括电解水制氢装置等，用于氢能生产
	燃料电池	发电并作为动力源，用于移动电源和固定电站
热能设备	热泵	用于供暖和制冷
	热交换器	用于热量交换和传递，属于工业应用
制冷与低温工程设备	制冷压缩机	包括活塞式、涡旋式、离心式等，用于制冷系统的压缩
	蒸发器	包括直接膨胀、空气冷却等，用于制冷系统的蒸发
	冷凝器	包括空气冷却式、水冷却式等，用于制冷系统的冷凝
节能设备	高效照明产品	包括 LED 灯等，用于提高照明效率
	节能家电	包括节能冰箱、空调等，用于提高家用电器的能效
环境保护设备	废气处理设备	包括脱硫、脱硝装置等，用于减少工业废气污染
	废水处理设备	包括膜过滤、生物处理等，用于减少工业废水污染
智能能源设备	智能电网设备	包括智能电表、配电自动化系统等，用于智能电网的运行和管理
	智能家居能源管理系统	包括家庭能源监控与控制等，用于家庭能源管理
可再生能源集成系统	风光互补系统	结合风能和太阳能的发电系统，用于可再生能源
	微电网系统	包括小型、独立的电力系统，用于电力供应
核能相关设备	核燃料循环设备	包括铀浓缩、核燃料棒制造等，用于核能产业链

能源动力类

产品分类	产品举例	介绍
核能相关设备	核废料处理和储存设备	用于核能安全
海洋能设备	海洋能发电装置	包括波浪能、潮汐能发电等，用于海洋能源利用
动力设备	动力发生设备	蒸汽锅炉、蒸汽机、锅驼机、汽轮机、汽油机、柴油机、发电机等
	动力输送及分配设备	变压器、配电盘、整流器等
	动力消费设备	电动机、电炉、电解槽、风镐、电焊机、电气器械等

根据中国汽车工业协会的数据，2024 年 1 月至 6 月，我国新能源汽车产销量分别达 492.9 万辆和 494.4 万辆，同比分别增长 30.1% 和 32%，市场占有率达 35.2%。新能源汽车的发展离不开动力电池，从市场角度来看，在新能源汽车的高速发展趋势下，新能源动力电池是能源动力类专业毕业生一个很好的发展方向。

能源动力类产品在现代社会的应用极为广泛，它们不仅在工业生产中为电力、石化、冶金和建材等行业提供核心动力，而且在交通运输领域推动电动汽车、轨道交通和船舶航空的发展，同时在日常生活中为家用电器、采暖通风、照明和热水器等设施提供高效能源支持，成为推动我国经济社会发展和实现绿色生活的重要力量。

（四）相关岗位及薪资

能源动力类专业在央国企单位中的工作岗位主要包括研发、技术管理、设备运维、项目管理等，而在民营企业中的工作岗位除了电力相关岗位（火电、风电、水电等），其他相关工作岗位主要集中在新能源行业。新能源行业不仅在就业市场上表现出色，其薪资待遇也颇具吸引力。此外，各大企业普遍提供住宿或房补、餐补等福利，为求职者提供了良好的就业环境。

《2024 年中国本科生就业报告》数据显示，2019—2023 届能源动力类专业本科毕业生的起薪呈现稳步增长的趋势。2019 届能源动力类专业本科毕业生的月收入为 5,424 元，略低于全国本科平均水平（5,440 元）；而 2023 届能源动力类专业本科毕业生的月收入已达到 6,620 元，相比于全国本科平均水平（6,050 元）高 570 元。能源与动力工程专业的毕业生在一线城市的起薪水平较高，可达每月 1 万 ~2 万元；在二、三线城市，该专业毕业生的起薪水平相对较低，一般在每月 7,000~10,000 元。此外，新能源行业的平均月薪在 2023 年一季度达到了11,233 元，这一数字在所有行业中排名前 10 位。

根据《2024 年新能源行业薪酬报告》，电力行业人均薪酬为 36.79 万元 / 年，风电行业人均薪酬为 25.54 万元 / 年，汽车行业人均薪酬为 14.14 万元 / 年，锂电行业人均薪酬为 13.63 万元 / 年，光伏行业人均薪酬为 13.81 万元 / 年，电池行业人均薪酬为 12.77 万元 / 年。

根据薪酬网的《薪酬报告》，新能源汽车行业的 2024 届平均校园招聘薪资达到了 26.95 万元 / 年，处于行业的中上游水平。储能行业的研发岗位在薪资方面表现亮眼，平均校招薪资超过 30 万元 / 年，光伏行业人均薪资为 14 万元 / 年。[1]

（五）就业前景

近年来，我国持续对能源动力行业提供政策支持，并设定了明确的发展目标。

《"十四五"现代能源体系规划》中提出：展望 2035 年，能源高质量发展取得决定性进展，基本建成现代能源体系。能源安全保障能力大幅提升，绿色生产和消费模式广泛形成，非化石能源消费比重在 2030 年达到 25% 的基础上进一步大幅提高，可再生能源发电成为主体电源，新型电力系统建设取得实质性成效，碳排放总量达峰后稳中有降。

《"十四五"可再生能源发展规划》中提出：着重于可再生能源的发展，包括大力推进风电和光伏发电基地化开发、积极推进风电和光伏发电分布式开发、统筹推进水风光综合基地一体化开发、稳步推进生物质能多元化开发，以及积极推进地热能规模化开发。

《2024 年能源工作指导意见》旨在深入贯彻落实党中央、国务院的决策部署，持续推动能源高质量发展。它强调了能源工作的重要性，并指导相关部门和地方政府在能源领域的工作方向和重点。

---

[1] 信息来源于薪酬网。

在地域分布上重点关注新能源产业基地。新能源汽车产业在全国范围内都具有显著影响，特别是在一些重要的汽车产业基地，如北京、上海、广州、深圳、武汉、重庆等城市。这些城市不仅拥有强大的汽车制造基础，在新能源汽车的研发、生产和销售方面也具有明显优势。

配套产业地区同样具有优势。新能源汽车产业链的上下游企业协同发展，从上游的锂、钴等关键原材料的开采和供应，到中游的电池、电机等核心部件的制造，再到下游的整车生产和销售，形成了一个完整而高效的产业生态系统。这意味着除了传统的汽车制造城市，一些在原材料供应和核心零部件制造方面具有优势的地区也将成为能源动力行业就业的重要地域。例如，拥有奇瑞、蔚来、江淮等公司的工厂的安徽省，就是能源动力类专业就业较好的地区。

以"新能源之都"常州市为例。近年来，常州市围绕新能源产业布局，推动人才政策、人才服务、人才资源向新能源领域倾斜，全力打造新能源产业人才集聚区，以人才"硬内核"驱动"新能源之都"建设能级再跃升。

为提升产业引才质效，常州市密集开展"名城名校合作行·创新创业赢未来"活动，奔赴国内多个重点城市推介"龙城英才计划"，持续强化"以赛引才"。它通过举办"龙城英才计划"新能源产业邀请赛，不断积蓄创新创业的人才力量。2023年，常州市累计引进新能源产业人才项目177个，占常州全市人才项目总数的36%，且其项目总数和占比连年上升；同时，新能源重点企业引进人才2.3万人，占常州全市引进人才的1/5。[1]

二、抓取当下典型企业

（一）比亚迪企业介绍

本章以全球最大纯电动车制造商比亚迪为例。比亚迪成立于1994年11月18日，总部位于广东省深圳市，是在中国香港和深圳两地上市的世界500强企业。其业务横跨汽车、电子、新能源、轨道交通四大产业，从能源的获取、存储，再到应用，全方位构建零排放的新能源整体解决方案，致力于用技术创新，满足人们对美好生活的向往，助力为地球降温1℃。

---

[1] 信息来源于中共江苏省委组织部。

比亚迪已在全球设立 30 多个工业园区，实现全球六大洲的战略布局。该企业在国内的深圳市、西安市、长沙市、常州市、抚州市、合肥市、济南市和郑州市布局了八大生产基地 。

比亚迪业务板块及产品或服务详见表 8-4。

表 8-4 比亚迪业务板块及产品或服务

业务板块	对应产品或服务	详细介绍	实际应用举例
动力电池系统	电芯、模组/电箱、电池包	提供具有高能量密度、长循环寿命、高安全性能的动力电池系统，满足各类新能源汽车的需求	应用于比亚迪"秦""唐""宋"等系列电动汽车及电动巴士等
储能电池系统	储能电池系统	开发应用于电网调峰、通信基站备用电源、工商业储能和家庭储能的电池系统	用于光伏发电和风力发电的储能配套，以及智能电网的能源管理
电子业务	智能手机部件及组装、笔记本电脑部件、新型智能产品	提供包括但不限于手机部件、组装服务及笔记本、平板电脑等电子产品的 ODM（委托设计与制造）服务	比亚迪生产的手机部件广泛应用于多款智能手机，其笔记本电脑部件服务于多个知名品牌
汽车业务	新能源乘用车、新能源商用车、传统燃油车	生产包括纯电动和插电式混合动力乘用车、商用车，以及传统燃油车	比亚迪"汉""元"等系列乘用车，以及"K"系列电动巴士，在公共交通和私人领域均有应用
新能源业务	太阳能光伏产品、储能系统	开发太阳能电池板、储能逆变器等光伏产品，提供完整的太阳能发电解决方案	太阳能电站的建设和家庭屋顶光伏系统的安装
轨道交通业务	云轨、云巴	研发并制造中、小运量的轨道交通系统，提供城市交通解决方案	比亚迪云轨、云巴系统在多个城市投入运营，以缓解城市交通压力

能源动力类

///// 157 /////

2024年3月26日，比亚迪发布其2023年年报。报告期内，比亚迪实现营业收入6,023.15亿元，同比增长42.04%，实现归母净利润300.41亿元，同比增长80.72%，均为历史新高。[1]

（二）比亚迪招聘信息

比亚迪在招聘时会通过实习招聘、校园招聘和社会招聘来聘请合适的工作和研究人员。对于学生来说，上学期间参加一些与就业方向相关的项目（如锂电新能源项目等）可以有效帮助自己将大学所学专业知识与社会岗位需求相结合，以便自己可以更好地实现对口就业。

表8-5是比亚迪2024年能源动力类专业岗位招聘信息。

表 8-5 比亚迪 2024 年能源动力类专业岗位招聘信息

招聘种类	岗位	工作地点	岗位要求
校园招聘	组合电池（PACK）、车辆结构设计、储能系统、传热与流体、电池安全、电池仿真、电池工艺开发、电机电控、电极工艺开发、电气自动化、电芯、动力工程、多物理场耦合分析、发动机、仿真分析、工程热物理、机械结构、激光光路设计、激光焊接方向机理研究、流动与传热、流体、能量管理、热管理、热设计、热学仿真、散热、整车性能、制冷、智能制造、自动化设备、多相流传热、流场仿真、等离子体应用与仿真、两相流、动力保电、能耗排放分析等	国内：深圳、西安、惠州、上海、重庆、绍兴、成都、合肥、深汕、阜阳、长沙、扬州、郑州、芜湖、抚州等；出差/外派：巴西、匈牙利、墨西哥、马来西亚、澳大利亚、智利、印度尼西亚、土耳其、越南、泰国、荷兰、乌兹别克斯坦等	1. 本科及以上学历；2. 能源动力类专业

---

[1] 来源于经济观察网。

招聘种类	岗位	工作地点	岗位要求
社会招聘	高级产品规划工程师	深圳市	1. 本科及以上学历； 2. 车辆类、自动化类、电气类、机械类、电子类、能源动力类相关专业； 3. 大专 5 年以上相关工作经验；本科应届生 1 年以上相关工作经验
	可靠性工程师	西安市	1. 本科及以上学历； 2. 汽车类、机械类、电子电气类、材料类、工业工程类、能源类与动力类相关专业
	技术规划工程师	西安市	1. 本科及以上学历； 2. 机械类、电气类、工商管理类、电子类、交通运输类、能源动力类相关专业
	高级工艺工程师	上海市	1. 本科及以上学历； 2. 高分子类、新能源类、机械类、电化学类、化学类、材料学类、锂电池类、物理学类、金属材料类、流体力学类相关专业

能源动力类

　　能源动力类专业的岗位往往不仅限于招聘该专业的学生。从以上招聘信息中可以看出，能源动力类专业的学生未来能够涉足的行业和岗位，同样对许多其他专业的学生开放。这表明能源动力类专业的就业方向非常宽泛，但对学生的专业能力要求也更高。

　　比亚迪与多所高校建立了校企合作。例如，西安交通大学和比亚迪合作的产教融合人才培养围绕先进能源转换与存储、储能系统与可靠性、新型储能与光伏材料、多模态能源互联等方向，致力于深入培养新能源汽车领域的技术人才，推动产教融合和校企合作的发展。

三、认清各类专业差异

（一）专业一览表

能源动力类专业信息详见表8-6。

表 8-6 能源动力类专业信息

一句话介绍专业	研究能源的获取、转换、利用和储存，以及能源工程及其自动化技术，培养学生在能源领域的设计、研发、管理和创新能力
基础课程	高等数学、大学物理、大学化学、理论力学、机械制图
专业课程	工程热力学、燃烧学、传热学、工程流体力学、自动控制原理
推荐书目	《能源重塑世界》[美]丹尼尔·耶金 著 《能源战争》余胜海 著
适合哪些学生	对物理和数学感兴趣，愿意从事实践性工作
选科建议	物理 + 化学
考研建议	工程热物理、动力机械及工程、热能工程等方向

（二）专业怎么选

能源是经济发展的基础。在工业革命和现代化进程推进的背景下，人类对能源的需求急剧增长，需要专门的人才来研究、开发和利用各种能源。能源技术处于快速发展中，要求有更专业的人才来进行研究和应用。随着环境问题的日益严重，如何高效、清洁地使用能源成为一个重要议题。这些促使了能源动力类专业的产生，以培养能够在能源利用和环境保护之间找到平衡的专业人才。

能源动力类专业的选科要求是"物理 + 化学"。

能源动力类专业涵盖了化石能源、核能、太阳能、风能等多种能源类型，每种能源类型都有其独特的技术要求和科学原理，且不同的行业对能源动力的需求不同，因此需要不同专业方向的人才来进行深入研究。例如，电力行业需要电力系统及其自动化方面的专业人才，而汽车行业则可能侧重于内燃机或新能源汽车技术等方面的专业人才。能源动力技术涉及物理学、化学、材料科学、环境科学等多个学科。

能源动力大类属于工科范畴，表8-7是《普通高等学校本科专业目录（2024年）》中能源动力类专业目录。

表8-7 《普通高等学校本科专业目录（2024年）》中能源动力类专业目录

专业代码	专业名称	专业介绍
080501	能源与动力工程	能源方面致力于能源的开发和如何更高效地利用能源；动力方面则包括内燃机、锅炉、航空发动机、制冷及相关测试技术
080502T	能源与环境系统工程	主要学习能源与环境系统工程的基本理论，以及各种能量转换与有效利用及环境保护的理论与技术，进行现代工程师的基本训练，培养能源与环境系统工程及设备的设计、优化运行、研究创新的综合能力
080503T	新能源科学与工程	主要学习新能源的种类和特点、利用的方式和方法、应用的现状和未来的发展趋势；具体内容涉及风能、太阳能、生物质能、核电能等；不同院校的方向不同
080504T	储能科学与工程	属于国家战略性新兴产业专业，面向国家能源革命战略需求和"碳达峰""碳中和"战略目标；研究通过介质或设备把能量储存起来并在需要时释放出来的过程
080505T	能源服务工程	是智慧能源管理领域的一个应用型本科新专业；该专业将各种传统和新能源技术、工程建设运维和服务管理，包括自动控制技术、节能环保技术、大数据与智能建造管理等融合在一起，形成一种应用于综合能源建设管理的专业
080506TK	氢能科学与工程	该专业以培养氢能专业化、多元化且具备前瞻性思维的复合型人才为目标
080507TK	可持续能源	研究和开发清洁、可再生、高效的能源技术，以实现能源的可持续利用和环境保护

院校中常见的招生专业为能源与动力工程、新能源科学与工程、储能科学与工程，其他专业仅有少部分院校开设，就业方向比较局限。

能源动力类专业在能源、电力、汽车、船舶、航空航天等多个领域都具有广泛的就业前景，如果考生对物理和数学有浓厚兴趣、积极关注能源问题，并可以结合创新思维动手解决实际问题，那么能源动力类专业不失为一个很好的选择。具体到不同院校的不同能源动力类专业对应的领域，可以从能源动力类

能源动力类

专业的几个方向进行基本判断。

热能工程是能源与动力工程专业的核心方向之一。该方向主要研究热能的产生、转换、传输和利用。学生将学习燃烧学、锅炉原理、热力发电厂等课程，了解燃料的燃烧过程、锅炉的结构和工作原理，以及热力发电厂的系统组成和运行方式。该方向的毕业生可以在电力、冶金、化工等行业从事热能设备的设计、运行和管理工作。

动力机械及工程方向关注各种动力设备的设计、制造和运行。学生将学习内燃机原理、汽轮机原理、燃气轮机原理等课程，了解不同类型动力机械的结构、工作原理和性能特点。这个方向的毕业生可以在汽车、航空航天、船舶等领域从事动力机械的研发、制造和维护工作。

制冷与低温工程方向主要研究制冷技术和低温技术。学生将学习制冷原理与设备、低温技术、空气调节等课程，了解制冷循环、制冷剂的性质和选择，以及低温系统的设计和应用。制冷与低温工程专业的毕业生可以在制冷空调、食品加工、生物医药等行业从事制冷设备的设计、安装和维护工作。

在全球对可再生能源的需求不断增加的背景下，新能源科学与工程方向成为能源与动力工程专业的热门领域。学生将学习太阳能、风能、水能、生物质能等新能源的开发和利用技术，了解新能源发电系统的设计和运行原理。这个方向的毕业生可以在新能源企业、科研机构等单位从事新能源技术的研发、推广和应用工作。

不同院校的能源动力类专业设有不同的研究方向，考生及家长可以根据将来想要从事的职业选择能源动力类专业的方向，再结合匹配院校的能源动力研究方向来选择专业。如果暂时没有考虑明确的就业方向，可以优先选择开设院校最多、基础课程更全面的能源与动力工程专业。

能源动力类专业毕业生的成长方向主要包括动力工程师和新能源工程师。动力工程师方向常见的职业技能证书包括注册动力工程师证书和能源动力工程师职业技能证书，而新能源工程师方向需要获得新能源工程师证书，这也是能源行业中含金量较高的证书之一。

（三）院校怎么报

在我国的高等教育体系中，能源动力类专业享有广泛的研究和应用，各院校凭借自身特色和优势，在能源动力领域取得了显著成就。在选择能源动力类专业时，应优先选择学科评估靠前的院校，而这些院校的能源动力类专业各有特色。例如，西安交通大学的能源与动力工程专业实力在全国领先，并在国际上享有较高声誉；清华大学以其在清洁能源技术、环境保护和流体力学等研究领域的特色而闻名；天津大学的内燃机专业不仅是全国最早开设的专业之一，在地热能领域也展现出其独特的优势。

除了能源动力类专业排名靠前的顶尖强校，结合能源动力类专业的几个深入研究方向，考生及家长在选择院校时也可以考虑以下几类院校。

选择电气类比较强势的院校，这类院校的能源动力类专业也比较强，主要专注于热力发电方向。

选择原航空航天工业部直属院校，这类院校的能源动力类专业一般也比较强，主要专注于发动机方向。

选择船舶较为突出的院校，这类院校的能源动力类专业也比较强，主要专注于船舶动力方向。

选择原煤炭工业部直属院校，这类院校的能源动力类专业一般历史悠久且深具特色，主要专注于热动力方向。

选择交通运输部直属院校，这类院校的能源动力类专业具有鲜明的行业特色和优势，主要专注于动力机械方向。

学生在选择能源动力类专业时，可以根据自己的兴趣和职业规划，选择最适合自己的院校和专业。

四、热门问答

Q1 能源动力类专业的学生毕业后是去"烧锅炉"吗？

不是。

能源动力类专业具有广阔的就业前景，在通常情况下，"烧锅炉"这一说法只是一种对该专业毕业生工作内容的夸张表述。这一说法通常和一些传统能源动力行业的专业设备有所关联，如火力发电厂和冶金厂等。但在现代技术高速发展的背景下，能源动力类专业毕业生已经不仅是操作和维护锅炉那么简单了。

Q2 能源动力类专业的学习难度大吗？

相对较大。

能源动力类专业涉及热力学、流体力学、传热学、动力机械、工程热物理等多个学科领域，要求学生掌握扎实的理论基础。此外，该专业在学习过程中需要应用高等数学、线性代数、概率论与数理统计等数学知识，以及物理学中的力学、热学、电磁学等原理，且专业课程中包含大量的实验和实践环节，要求学生能够将理论知识应用于实际问题的解决中。

Q3 能源动力类专业的对口岗位出差多吗？

跟岗位和工作阶段有关。

在能源动力行业中，技术研发、项目管理、工程建设和维护等职位可能需要较多出差，而办公室文职、数据分析等职位可能出差较少。

在职业生涯的早期阶段，特别是作为项目工程师或现场工程师时，出差的可能性会更高，因为需要在现场监督项目进展并解决问题。

Q4 能源动力类专业深入研究的方向有哪些？

能源动力类专业在本科阶段学习的内容涉及从传统化石能源到新能源的开发、利用、优化及其环境影响和管理等多个方面，在研究生阶段学习的内容则包括热能工程、流体机械、制冷低温、新能源科学、核能与核技术、动力工程热物理、汽车工程、能源环境工程及能源经济与管理等多个深入的研究方向。

第九章

航空航天类、
兵器类、核工程类

——铸就强国之盾

·导言

　　航空航天类、兵器类、核工程类专业是支撑起强大军事力量的基石，也是国家战略安全的关键所在。

　　航空航天类专业，"飞天揽月看今朝，航天为民看中国！"

　　从第一颗人造卫星"东方红一号"的成功发射到如今的载人航天、星际探测；从早期简陋飞机的艰难升空到如今国产大飞机的全球翱翔、高超声速飞行器的探索突破，航空与航天领域技术的每一次突破都在拓展人类的认知边界。

　　兵器类专业，"尊严只在剑锋之上，真理只在大炮射程之内！"

　　从古老的冷兵器历经沧桑的锋刃，到现代高科技武器的高精尖科技之光；从古代战争中投石机投掷巨石时的呼啸震空，到装甲坦克如钢铁巨兽般在战场上纵横驰骋、冲锋陷阵，兵器的演进宛如一部波澜壮阔的史诗，始终与科技进步的脉搏同频共振，书写着我国国防事业的传奇与辉煌。

　　核工程类专业，"有剑不用和无剑可用是两回事！"

　　从核武器的威慑到核技术的和平利用，从核的发现到核电站的建设及对核医学的应用，核物理学家、工程师、医生以严谨的科学态度和高度的责任感，确保核技术的安全、高效运用，为人类的可持续发展提供强大动力。

　　航空航天、兵器、核工程这三类专业虽各自专注于不同的领域，但它们均紧密围绕国防事业展开，也可被统称为军工类专业，编者因此将其整合阐述。

一、了解未来就业形势

航空航天类行业

航空航天的市场规模正在不断扩大。根据《2024 至 2030 年中国航空航天行业运行态势及未来发展趋势预测报告》，全球航空航天的市场预计将在未来几年保持稳健增长，年复合增长率有望达到 4%。在我国，航空航天事业正迅猛发展，尤其是在商用飞机、通用航空[1]、低空经济[2]、航天发射等关键领域，展现出巨大的发展潜力，对专业人才的需求也在不断攀升。

以低空经济为例，在 2024 年全国两会上，这一概念首次被写入政府工作报告。近期，工业和信息化部、科学技术部、财政部及中国民用航空局联合印发了《通用航空装备创新应用实施方案（2024—2030 年）》（以下简称《方案》），该《方案》明确提出，到 2030 年，将推动低空经济发展为万亿级市场规模的产业。

航空航天类企业人才招聘需求正日益增长。以中国航天科工集团有限公司（以下简称航天科工集团）为例，该企业在飞行器设计、航空发动机、航空宇航制造工程等专业方向上都有大量的招聘计划，每年的招聘人数可达数百，甚至更多。以南京航空航天大学为例，根据《南京航空航天大学 2023 届毕业生就业质量年度报告》，2023 届南航毕业生总体毕业去向落实率为 95.4%，其中到航空、航天等国防科技工业就业及深造的人数占就业总人数的 42.6%，到民航就业的人数占就业总人数的 12.8%。该校的航空航天类专业毕业生进入央国企的比例非常高，其中，航空学院、能源与动力学院、民航学院、通用航空与飞行学院的本科毕业生的就业单位性质为央国企的比例，分别高达 64.1%、77.8%、63.6%、67.6%。实际上，许多优秀毕业生在毕业前就被用人单位提前预定。

此外，随着我国大飞机项目的推进、商业航天的兴起及太空探索的不断深化，对航空航天类专业人才的需求将进一步增加。例如，在民用大飞机领域，预计未来数年内将需要数千名专业技术人才参与飞机的研发、制造、试飞等关键环节。在航天领域，随着卫星互联网、深空探测等项目的开展，航天工程、

---

[1] 通用航空是指使用民用航空器从事公共航空运输以外的民用航空活动，包括从事工业、农业、林业、渔业和建筑业的作业飞行，以及医疗卫生、抢险救灾、气象探测、海洋监测、科学实验、教育训练、文化体育等方面的飞行活动。

[2] 低空经济是指以低空空域为依托，以通用航空产业为主导的经济活动，涉及低空飞行、航空旅游、科研教育等行业和应用场景，产品包括无人机、直升机等。

空间科学等专业人才的需求量也在急剧增长。而在低空经济领域，这一发展方向早已被各大省会城市和经济发达城市纳入其城市建设规划，预示着未来将出现大量的人才需求。

兵器类行业

现代化武器研发需要推进。随着我国军队现代化建设的推进，对新型武器装备的需求不断增加，如精确制导武器、智能化武器系统、高性能弹药等。这就需要大量兵器类专业的技术人才参与到武器装备的设计、研发、制造和测试等工作中。

需提升军工产品的国际竞争力。我国的军工产品在国际市场上具有一定的竞争力，兵器类产品的出口量逐年增加，这不仅为兵器类专业人才提供了新的就业机会和发展空间，也催生了对此类专业人才在国际市场开拓、产品技术支持等领域的迫切需求。

另外，随着我国军民融合发展战略的深入实施，兵器类专业人才在民用领域的就业前景愈发广阔。例如，在民用爆破、安全防护、特种装备制造等领域，需要具备兵器类专业知识的人才来提供技术支持和解决方案。

核工程类行业

核相关人才缺口巨大。在能源需求不断增长的背景下，核能作为一种清洁、高效的能源，在全球能源结构中的地位日益凸显。我国也在积极推进核电建设，国家原子能机构网站发布的文章显示，到2035年，我国核电在运和在建装机容量将达到2亿千瓦左右（《中国核能发展报告（2024）》显示，中国商运核电机组共55台，额定装机容量5,703万千瓦，位居全球第3名；在建及已核准核电机组38台，总装机容量4,480万千瓦，在运、在建及已核准总装机规模超过1亿千瓦）。

这将催生大量的核工程类专业人才需求。例如，每新建一座核电站，从前期的设计、建设到后期的运营维护都需要大量的专业人才，仅运营维护每个项目就需要600~800名核工程类专业技术人员。其中，对专业的需求包括核反应堆工程、核技术应用、辐射防护等方向。

核工程应用领域较广。核技术在医疗、工业探伤[1]、辐照加工[2]等领域的应用越来越广泛。以医疗领域为例，核医学技术在疾病诊断和治疗方面发挥着重要作用。然而，目前我国从事核医学科相关工作的专业人员数量相对较少。国家八部门联合发布《医用同位素中长期发展规划（2021—2035年）》提出，**到2025年，核医学科将覆盖全国全部三级医院；到2035年，全国2,800个县市区需实现"一县一科"。**

由此看来，在2035年前，全国2,800个县市区需至少增加2,500个核医学科，按照每个科室至少配备6人计算，未来至少需要增加24,000名相关专业人员。

《健康时报》指出，截至2020年，全国核医学从业者仅有12,578人，若要达到2025年的目标，当前核医学人才缺口可达10,000人以上，人才缺口巨大，未来需要更多核工程类专业背景的人才进入这些领域。

核相关科研人才需求较大。在科研创新上，各科研机构和院校对核工程类专业的科研人才需求也在增加。例如，全球首个通过国际原子能机构通用安全审查的小型模块化压水反应堆"玲龙一号"等重点科研项目，需要大量核物理、核工程与核技术等专业的硕士和博士参与，以开展前沿性的研究工作，提升我国在核工程领域的技术水平和创新能力。

（一）就业信息一览表

航空航天类、兵器类、核工程类专业就业信息详见表9-1。

表9-1 航空航天类、兵器类、核工程类专业就业信息

一句话介绍就业	就业主要面向国防军工企业、科研院所、部队、政府相关部门及部分民用高科技企业，从事武器装备研发、生产制造、技术管理、军事技术应用、国防科研、军事指挥、国防教育等工作			
就业方向	军工类央国企或民营企业			
热门岗位	飞行器设计工程师、武器系统工程师、核安全工程师			
工作压力	★☆☆☆☆	前期收入	★★★☆☆	政策结合度 ★★★★★

[1] 工业探伤是指探测金属材料或部件内部的裂纹或缺陷。

[2] 辐照加工是指利用电子加速器产生的电子线（β射线）或放射性同位素产生的γ射线，对食品、农产品、药品等进行辐射照射，射线使微生物细胞发生电离等效应而死亡，达到灭菌、保鲜、延长食用期的目的；或对工业产品进行辐射照射，使被辐照物质的物理性能和化学组成发生变化，达到改良产品性能的目的。

加班强度	★★☆☆☆	出差频率	★☆☆☆☆	建议就业起点	硕士
公考优势	★☆☆☆☆	就业壁垒	★★★★☆	优势就业区域	二/三线城市

（二）就业方向及企业

　　航空航天类、兵器类、核工程类专业的就业垂直性高，业务范围广泛，但是这类专业的毕业生可以选择的就业方向及企业相对有限，多以对口的军工央企为主。表9-2为航空航天类、兵器类、核工程类专业相关就业方向及企业举例。

表 9-2 航空航天类、兵器类、核工程类专业相关就业方向及企业举例

专业领域	就业方向	具体介绍	相关企业
航空航天类	飞行器设计	参与新型飞行器设计，如战斗机、无人机的气动布局设计；负责航空航天发动机的研发与改进，提高发动机性能和可靠性；进行航天器轨道设计与控制，确保卫星、飞船等准确入轨和稳定运行	中国航天科技集团、中国航天科工集团、中国航空工业集团等
	飞行器制造	从事飞行器零部件加工、装配和调试工作，严格把控质量，保证飞行器结构完整性和安全性；参与航天器制造，包括舱体制造、太阳能帆板安装等	波音（中国）、空客（中国）、中国商飞等
	飞行器运营与管理	负责航空公司航班计划制订、调度安排，保障飞行安全和准点率；参与机场运营管理，包括跑道维护、地勤服务协调等；对航空航天项目进行成本预算、进度控制和资源管理等	中国国际航空、东方航空、南方航空、首都机场集团等
	航空航天测试与维护	使用专业设备对飞行器进行地面测试、飞行测试，收集数据并分析解决问题；负责航空航天设备的日常维护、故障检修和定期保养等，确保设备正常运行	各大航空公司维修部门、中国民航局下属维修单位、航空航天制造企业售后维修部门等

专业领域	就业方向	具体介绍	相关企业
兵器类	兵器研发	参与新型枪炮、弹药、导弹等武器装备的设计，进行武器系统的性能测试和优化；研发先进的装甲防护技术、武器隐身技术等	中国兵器工业集团、中国兵器装备集团
	兵器制造	负责兵器零部件加工、武器装备总装调试，确保产品质量符合军事标准；参与兵器制造工艺改进，提高生产效率和质量稳定性	北方工业公司、重庆长安工业公司等
	兵器试验与鉴定	对新研制的兵器装备进行各种环境试验、实弹射击试验等，收集数据评估武器性能；参与兵器装备定型鉴定工作，为装备列装提供依据	中国人民解放军各军兵种试验训练基地、兵器工业集团试验场
	军事装备保障	负责军队现役兵器装备的维护保养、故障维修，保障部队日常训练和作战使用；参与军事装备的现代化改装和升级工作	各军区装备保障部队、军队装备修理厂
核工程类	核电站运行	在核电站控制室操作监控系统，调整反应堆参数，保障核电站稳定发电；负责核电站系统和设备的日常巡检，及时发现并处理潜在安全隐患	中核工业集团、中广核集团下属核电站
	核技术研发	参与新型核反应堆设计研发，提高核燃料利用效率和安全性；开展核辐射探测技术、核成像技术等研究，开发先进核仪器设备	中国科学院核能安全技术研究所、清华大学核能与新能源技术研究院等
	核废物处理	制定核废物处理方案，对放射性废物进行分类、收集、处理和储存，降低对环境的危害；参与核设施退役过程中的放射性清理和环境恢复工作	中核工业集团核环保工程有限公司等
	核医学应用	协助医生使用放射性药物进行疾病诊断和治疗，操作核医学成像设备；负责核医学科辐射防护和放射性物质管理	各大医院核医学科、专业医学影像中心

根据表 9-2，航空航天类、兵器类、核工程类专业的毕业生在就业选择上，往往优先考虑央国企，因为这些企业较为稳定且待遇优厚。在航空航天领域，

中国航天科技集团等央企承担着重大项目，为专业人才提供了广阔的发展平台。在兵器领域，中国兵器工业集团有限公司（以下简称中国兵器集团）等央企致力于兵器研发和装备现代化建设，为兵器专业人才提供了施展才华的空间。在核领域中，中国核工业集团有限公司（以下简称中核工业集团）等企业在核技术研发等方面发挥着主导作用，为核专业人才提供了可靠保障与钻研机会。

央国企在军工领域的主导地位不仅体现了国家对国防建设的高度重视，也为毕业生提供了稳定的职业发展路径和优厚的薪资待遇。

（三）相关产品类型

在航空航天类、兵器类、核工程类的这些央国企中，其丰富多样的产品为该行业提供了可持续性的发展。

在航空航天领域，像航空发动机、航电系统等产品的研发与制造，吸引着专业人才投身于中国航空工业集团、波音等航空航天企业，参与到飞行器的设计、生产和测试环节。

在兵器领域，武器装备主体产品，如主战坦克、战斗机、导弹等的研发和生产，从武器的设计、制造到试验，每一个环节都需要兵器类人才的专业技能。

在核工程领域，像中核工业集团、中广核集团等企业需要大量掌握核反应堆物理、热工水力等知识的人才，以确保核反应堆的安全稳定运行。

这些行业的产品与就业方向和企业紧密相连，为相关专业人才搭建了广阔且有意义的职业发展平台。航空航天类、兵器类、核工程类产品举例及介绍详见表9-3。

表9-3 航空航天类、兵器类、核工程类产品举例及介绍

专业领域	产品分类	产品举例	介绍
航空航天类	航空航天飞行器部件	航空发动机	为飞机、航天器等提供飞行所需动力，是航空航天飞行器的核心动力部件，技术复杂且可靠性要求极高，不同类型发动机适用于不同飞行需求
		机翼（含襟翼、副翼等）	飞机产生升力的关键部件，其形状和结构设计均影响飞行性能，可操纵的襟翼、副翼等用于控制飞行姿态

专业领域	产品分类	产品举例	介绍
航空航天类	航空航天飞行器部件	航天器太阳能电池板	为航天器在太空中提供持续电能，需具备高转换效率、高可靠性和适应太空环境的能力，以保障航天器各系统正常运行
	航空航天航电系统	飞行控制系统	包括飞行管理计算机、传感器等，精确控制飞行器飞行姿态、高度、速度等参数，确保飞行安全并按预定航线飞行
		导航系统（如星基导航接收机、惯性导航装置等）	为飞行器提供准确的位置信息，多种导航方式相互备份和融合，保障在不同飞行环境下的导航精度
		通信系统（卫星通信终端、高频通信设备等）	实现飞行器与地面控制中心、其他飞行器之间的通信，保障飞行过程中的指令传输和数据交互
兵器类	兵器武器装备主体	主战坦克	集火力、防护、机动性于一体的重型武器装备，装备大口径火炮、先进的火控系统和复合装甲，用于陆地作战
		战斗机	具备高机动性、先进的武器系统和航电设备，可在空中进行格斗、拦截、轰炸等作战任务，是现代空战的核心力量
		导弹（巡航导弹、弹道导弹等）	依靠自身动力飞行，携带战斗部对目标进行精确打击，不同类型导弹具有不同的射程、速度和打击精度
	兵器火控与瞄准系统	坦克火控系统	包括激光测距仪、热成像仪、弹道计算机等，可快速准确地测量目标距离、识别目标，计算射击诸元，提高坦克射击精度
		舰载防空火控系统	安装在舰艇上，用于控制防空武器对空中目标进行拦截，具备目标搜索、跟踪和武器分配功能，保障舰艇对空防御能力
		狙击手瞄准镜	为狙击手提供高倍率、高精度的瞄准功能，通常具备测距、弹道补偿等功能，提高远距离射击精度

专业领域	产品分类	产品举例	介绍
核工程类	核工程反应堆核心设备	核反应堆堆芯	是核反应堆的核心部分，包含核燃料组件和控制棒等，核燃料通过发生链式反应释放能量，控制棒用于调节反应速率
		主冷却剂泵	驱动冷却剂在核反应堆内循环，带走堆芯产生的热量，确保反应堆在正常温度下运行，对材料和可靠性要求极高
		蒸汽发生器	将核反应堆产生的热量传递给二次侧的水，从而产生蒸汽推动汽轮机发电，是一次和二次侧热量交换的关键设备
	核工程辐射监测与防护设备	个人剂量计	实时监测核工作人员所受辐射剂量，保障人员安全，数据可用于评估辐射暴露情况，并及时调整工作安排
		区域辐射监测仪	对核设施周围环境辐射水平进行连续监测，及时发现异常辐射泄漏情况，保障环境安全和公众健康
		辐射防护屏蔽材料（铅板等）	用于在核设施内构建辐射防护屏障，减少辐射对人员和设备的照射，根据不同辐射类型和能量选择合适的材料和厚度

航空航天类、兵器类、核工程类行业所涉及的相关产品和这一类专业所学的内容密切相关，这就是编者所说的"专"。这种"专"不仅体现在知识体系与产品应用的直接对应上，更体现在对专业人才深度和精度的要求上。

这种"专"使得专业人才在进入相关行业后能够迅速适应工作内容，将所学知识转化为实际生产力，也为行业的持续创新和发展提供了源源不断的动力，确保航空航天、兵器、核工程行业在国家战略层面保持领先地位，为国家的安全和发展提供坚实的技术支撑。

（四）相关岗位及薪资

航空航天类、兵器类、核工程类相关的军工央国企除了工作稳定，企业招聘的方式也很"稳定"。央国企从精准选拔储备型技术人才、帮助解决应届生就业、促进招聘流程的公平性这三个方面出发，往往更倾向通过校园招聘吸纳人才，在招聘时对院校层次和学历层次有一定的要求。因此，拥有优秀院校的毕业证书和应届生的身份尤为重要。编者以部分军工央企的下属研究院为例，详细分析了其校园招聘时的薪资待遇情况，见表9-4。

表 9-4 部分军工央企的校园招聘薪资待遇情况

企业名称	硕士研究生待遇	博士研究生待遇
中国航天科工十院十部	第一年年薪 16.5 万 ~21.5 万元；第二年年薪至少 18 万元	第一年年薪至少 30 万元；安家费最多 70 万元
中国空空导弹研究院	前 3 年年薪至少 20 万元；安家费 10 万元；优秀硕士毕业生年薪可达 15 万元	前 3 年年薪至少 30 万元；安家费 55 万元；优秀博士毕业生年薪可达 60 万元
中国航天研究院	年薪 25 万 ~30 万元	年薪 35 万元起
航空工业空气动力研究院	年薪 20 万 ~25 万元；安家费 10 万元	年薪 35 万元起；安家费 20 万 ~35 万元
中国飞机强度研究所	年薪 18 万 ~22 万元；安家费 5 万元	年薪 30 万元起；安家费 10 万元
航空工业未来机载武器技术协同创新中心	年薪 25 万元起；安家费 15 万元	年薪 35 万元起；安家费 25 万 ~30 万元
航空工业济南特种结构研究所	年薪 16 万元起；安家费 5 万 ~15 万元	年薪 30 万元起；安家费 30 万 ~100 万元
中国兵器工业第 205 研究所	前 3 年年薪 20 万 ~25 万元	前 3 年年薪 25 万 ~40 万元；安家费 20 万
中国兵器工业通信科技股份有限公司	年薪 12 万 ~22 万元；安家费 10 万 ~20 万元（分 3 年发放）	年薪 30 万 ~40 万元；安家费 30 万元起（分 3 年发放）
中核工业集团	年薪 30 万 ~60 万元	
中广核集团	年薪 19 万元起；安家费 20 万	年薪 24 万元起；安家费最高 50 万元

军工企业、央企、国企涉及航空航天类、兵器类、核工程类等业务,其技术复杂性和高度保密性决定了对人才专业素养的极高要求。为了保证人才的稳定性、降低流动性及提高人才培养的效率,央国企通常会为员工提供安家费、成长性的薪酬体系及其他多样化的福利政策。对于刚毕业的硕士研究生或博士研究生而言,安家费极大地缓解了他们的生活压力,让他们能够迅速地在工作城市安定下来,并全身心地投入工作。

这些福利是许多私企难以提供的。由于私企以盈利为主要目标,它们往往更注重短期的经济效益和成本控制。在人才培养方面,私企可能缺乏长期规划,更倾向于招聘能够迅速带来效益的成熟人才,而在员工的生活保障和福利方面的投入相对有限。相比之下,军工央国企肩负着国家使命,更注重人才的长期发展和队伍的稳定性。它们通过完善的福利体系,打造一个让人才能够安心发展、积极创新的良好环境,从而吸引和留住优秀人才,确保国家重要战略行业的稳定发展。

(五)就业前景

2023 年 3 月 20 日,国资委党委召开扩大会议,强调要努力为提高一体化国家战略体系和能力做出更多贡献,积极服务于战略布局一体融合、战略资源一体整合、战略力量一体运用,以更大力度鼓励支持中央军工企业做强做优做大,指导中央企业立足自身所能,积极支持国防军队建设,助力实现国家战略能力最大化。

《关于推动国防科技工业军民融合深度发展的意见》从体制机制改革、军工开放、资源共享、技术转化等多个方面对军工企业给予支持。在体制机制上,推进军工企业股份制改造和混合所有制改革,激发企业活力。在技术创新方面,鼓励军工企业与民营企业、院校、科研机构等开展协同创新,共同攻克关键核心技术。同时,加强知识产权保护和技术转移工作,促进军工技术向民用领域转化,实现军民融合发展的良性循环。

《中华人民共和国国民经济和社会发展第十四个五年规划和 2035 年远景目标纲要》中关于航空航天类、兵器类、核工程类专业的相关内容如下。

航空:强调要推动航空产业的创新发展,建设现代化的航空运输体系和航空工业体系。目标包括打造具有国际竞争力的航空制造企业,提高民用飞机的自主研发和生产能力，推进航空发动机、航空材料等关键技术的突破，加强航空运输网络的建设，提高航空服务的质量和效率等。

航天：提出打造全球覆盖、高效运行的通信、导航、遥感空间基础设施体系，建设商业航天发射场等。将航天产业融入国家的现代化发展战略中，通过加强数字化和智能化技术的应用，构建新型基础设施。

兵器：明确了要不断提升自主创新能力、优化产业结构、推动智能化发展等方向。强调要加强关键核心技术攻关，提高兵器装备的信息化、智能化水平，以适应现代战争的需求。例如，加大对新型武器装备的研发投入，推动武器装备向高精度、高可靠性、高机动性方向发展。

核工程：推动核工业在能源、科技等领域的持续发展，强调了核技术创新、核安全保障等方面的重要性，为核工业的中长期发展提供了宏观指导。

《中国制造2025》提出将无人机作为重点发展领域，推进干支线飞机、直升机、无人机和通用飞机产业化，推动无人机产业的技术研发和生产制造能力提升，为无人机产业的长期发展奠定了基础。

就业优势区域因企业单位性质的差异而有所区别。对于那些毕业后希望加入央企的毕业生来说，以航天科工集团、中国兵器集团、中核工业集团等军工央企为例，这些企业的下属单位遍布全国，从一、二线城市到三、四线城市都有其下属的科研院所和企业分布，因此就业地点的选择相对广泛。对于那些倾向于加入民营企业的毕业生而言，相关民营科技型企业多集中在北京、上海、深圳等一线城市。

以低空经济为例，从民营企业人才紧缺的城市分布来看，无锡、宁波、合肥等长三角地区的城市呈现出人才供不应求的态势。根据《无锡市低空经济高质量发展三年行动方案（2024—2026年）》，无锡市政府提出了打造长三角低空经济产业发展高地，抢先布局电动垂直起降航空器（eVTOL）、飞行汽车、无人直升机、工业级无人驾驶航空器整机制造新赛道。

二、抓取当下典型企业

（一）航天科工集团、中国兵器集团、中核工业集团企业介绍

军工企业因其性质的特殊性，主要以央企为主体。央企身份不仅赋予了军工企业独特的优势和使命，还在国家战略层面扮演着核心角色。这些企业代表着国家力量，能够有效贯彻国家的军事战略规划。同时，它们凭借其稳定的职业发展路径、优厚的福利待遇及为国效力的荣誉感，成功吸引了大批优秀人才投身其中。

编者通过表格的形式，以航空航天类、兵器类、核工程类专业中极具代表性的企业——航天科工集团、中国兵器集团、中核工业集团为例进行企业介绍，三大企业的介绍详见表9-5。

表 9-5 三大企业的介绍

企业名称	性质与地位	业务领域	主要成就与贡献
航天科工集团	中央直接管理的国有特大型高科技企业，我国国防科技工业中坚力量	建立完整防空导弹等武器系统及固体运载火箭、空间技术产品开发研制生产体系，其国防产品涉及多领域，被誉为"导弹摇篮"	导弹武器装备整体水平国内领先，部分达国际先进，在国防建设和航天事业中发挥了重要作用，参与一系列导弹武器系统研制
中国兵器集团	中央直接管理的特大型国有重要骨干企业，属于中央企业、国家计划单位企业	民用产品形成重型装备与车辆、特种化工与石油化工、光电材料与器件三大军民结合高新技术产业	在兵器制造、装备研发方面实力雄厚，为国防建设提供大量武器装备和技术支持，在陆军装备等领域发挥重要作用，旗下有众多上市公司
中核工业集团	经国务院批准组建的特大型国有独资企业，由100多家企事业单位和科研院所组成	我国核电站主要投资方和业主，核电技术开发主体、设计供应商、核燃料供应商、运行技术服务商、核仪器仪表和非标设备专业供应商	在核能开发利用、核技术应用等方面取得重大成果，推动我国核工业发展，为国家能源安全和国防建设做出贡献，旗下有多家上市公司

从表9-5可以清晰地看到，这三家企业均为中央直接管理的国有大型企业，是国家战略性产业的重要力量，承担着大量的国家重点任务和项目。它们在国防安全领域构筑起了坚不可摧的防线，通过大量的科研投入和人才聚集，逐步巩固了我国在全球科技竞争中的地位。

航天科工集团在国防安全领域以其卓越的防空反导业务著称，其航天装备业务同样不容小觑，从运载火箭到各类卫星，再到先进的航天飞行器，都在各自领域大放异彩。

中国兵器集团则是我国陆军装备的坚实后盾，其陆军装备业务涵盖了主战坦克、装甲车、自行火炮、火箭炮、轻武器等一系列先进武器装备，它们在陆地战场上冲锋陷阵、捍卫领土安全。

中核工业集团作为核能领域的领军企业，其核能发电业务一直是核心板块之一。

三大企业业务板块及产品或服务详见表9-6。

表 9-6 三大企业业务板块及产品或服务

企业	业务板块	对应产品或服务	实际应用举例
航天科工集团	防空反导业务	防空导弹系统、反导拦截系统、预警雷达等	保卫国家领空安全，在军事防空体系中对来袭敌机和导弹进行探测、拦截
	航天装备业务	运载火箭、卫星、航天飞行器等	开展卫星通信、导航、气象观测等业务，例如，发射通信卫星用于广播电视信号传输、全球通信网络搭建；发射气象卫星用于天气预报和气候监测
	智能装备与工业互联网业务	工业自动化生产线、智能控制系统、工业互联网平台等	在汽车制造、机械加工等工业领域，实现生产过程自动化、智能化管理，提高生产效率和产品质量，如装甲车工厂的自动化装配线
中国兵器集团	陆军装备业务	主战坦克、装甲车、自行火炮、火箭炮、轻武器等	陆军作战训练、军事演习和边境防御，如主战坦克在陆地战场上执行冲锋陷阵、火力打击等任务

企业	业务板块	对应产品或服务	实际应用举例
中国兵器集团	弹药业务	炮弹、枪弹、导弹、炸弹、引信等弹药及火工品	装备于各种武器平台，在军事行动中进行火力投射，如炮弹用于火炮对目标的打击，导弹用于精确打击远距离目标等
	光电信息与导航控制业务	光学瞄准镜、红外热成像仪、激光测距仪、导航定位系统、火控系统等	提高武器装备的瞄准精度、目标探测能力和作战效能，如狙击手使用光学瞄准镜和红外热成像仪在复杂环境下进行精确射击；在舰艇上使用导航定位系统和火控系统进行海上作战等
中核工业集团	核能发电业务	核反应堆、蒸汽发生器、汽轮机、发电机组等核电站设备	建设核电站，为城市和工业提供大量电力，如秦山核电站、大亚湾核电站等为周边地区供电，满足经济发展对能源的需求
	核燃料业务	铀矿开采与加工设备、核燃料组件制造设备等	为核电站提供核燃料，保障核反应堆的持续运行，负责全球各地的铀矿开采，并在加工后制成核燃料组件运往核电站
	核环保与核技术应用业务	核废料处理设备、放射性废物处理系统	处理核电站产生的核废料，降低对环境的污染

这三家企业的业务板块、产品或服务都具有鲜明的行业特色和战略意义。尤为重要的是，这些产品技术含量都很高，无论是复杂的导弹系统、先进的航天飞行器，还是核能发电技术、武器弹药，都需要企业具备顶尖的科技研发能力和精湛的工程制造水平。这也进一步证明了，想要学习这类专业，或想在这些领域从事研发工作，院校及学历的层次是至关重要的。

（二）航天科工集团、中国兵器集团、中核工业集团招聘信息

航天科工集团、中国兵器集团及中核工业集团都是我国军工行业内的龙头企业，其薪资待遇都是比较高的，但它们会对学历、院校层次、个人能力等有一定要求，三大企业 2024 年航空航天类、兵器类、核工程类专业岗位招聘信息详见表 9-7。

表 9-7 三大企业 2024 年航空航天类、兵器类、核工程类专业岗位招聘信息

企业	专业类别	岗位	岗位要求
航天科工集团	航空航天类	飞行器设计与工程岗	1. 本科及以上学历； 2. 具备扎实的飞行器设计专业知识，掌握相关设计软件和工具； 3. 能够参与飞行器总体设计、气动布局设计等工作
		航空宇航推进理论与工程岗	1. 本科及以上学历； 2. 熟悉航空宇航推进原理，在发动机设计、燃烧技术、推进系统性能分析等方面有一定研究或实践经验
		飞行器动力工程岗	1. 本科及以上学历； 2. 掌握飞行器动力系统原理与设计，了解发动机结构、性能和控制等知识； 3. 有相关项目经验或实习经历，能够参与动力系统的研发、测试和改进工作
中国兵器集团	兵器类	武器系统与工程岗	1. 本科及以上学历； 2. 熟悉武器系统总体设计、结构原理和性能评估等知识，具备武器系统研发、改进和测试的能力
		弹药工程与爆炸技术岗	1. 本科及以上学历； 2. 掌握弹药设计、制造和爆炸原理等专业知识，能够进行弹药配方设计、装药工艺和爆炸性能研究等工作
		火炮、自动武器与弹药工程岗	1. 本科及以上学历； 2. 了解火炮、自动武器的结构和工作原理，在弹药工程方面有一定专长，能够参与武器装备的设计、制造和维护等工作
中核工业集团	核工程类	核反应堆工程岗	1. 本科及以上学历； 2. 熟悉核反应堆物理、热工水力等专业知识，掌握核反应堆设计、运行和安全分析等技能； 3. 有良好的计算机应用能力和团队协作精神
		辐射防护与核安全岗	1. 本科及以上学历； 2. 具备辐射防护、核安全相关专业知识，了解核设施辐射监测、安全评估和应急响应等工作； 3. 有责任心，对核安全工作高度重视

企业	专业类别	岗位	岗位要求
中核工业集团	核工程类	核化工与核燃料工程岗	1. 本科及以上学历； 2. 掌握核燃料循环、核化工工艺等方面知识，能够参与核燃料制备、后处理等相关工作

［数据来源：相关企业官方招聘平台数据（2024 年）］

根据表 9-7，我们可以大致了解对航空航天类、兵器类、核工程类专业毕业生的岗位要求。虽然大多数岗位要求本科及以上学历，但如前文所述，这一类央国企主要以校园招聘的形式吸纳优秀人才，而校园招聘的目标院校多为"985""211"名校及相关部属院校。本科生所能从事的岗位主要以专业技术岗位为主，如果考生志在从事设计研发工作，并且希望职业生涯有更高的发展空间，那么除了需要具备一定层次的院校背景，获得更高层次的学历也是必不可少的。

（三）民营企业介绍

很多考生及家长可能会想，学了这类专业是不是未来只能去央国企就业呢？

其实，航空航天类、兵器类、核工程类专业的毕业生并非只能去央国企就业，还有其他诸多就业途径。

部分有实力的民营航空航天企业也在崛起，它们在飞行器制造、航空零部件生产、无人机研发等领域发展迅速，为毕业生提供了设计、研发、生产等岗位。

一些具备一定技术实力和创新能力的民营军工企业，在兵器零部件制造、装备维修、技术服务等方面有一定的市场份额，同样为兵器类专业毕业生提供了相应的就业机会。

此外，一些大型能源企业也可能涉及核技术的应用，如新奥集团旗下的新奥科技发展有限公司，正在研发紧凑型核聚变技术，将核聚变能稳定可控地转化为清洁的电、热等能源。

❶ 相关民营企业及其业务

在当今时代，军民融合意义重大，已成为国家战略的重要组成部分。许多重大的科技进步往往源于军事需求，而后又广泛应用于民用领域，推动社会经济的发展。例如，互联网最初是为了满足军事通信的需要而诞生，如今已成为人们生活中不可或缺的存在；全球定位系统（GPS）是由美国军方研发的，现在在民用领域非常常见，为交通运输、物流配送、旅游探险等提供了精准的定位服务。表 9-8 中为航空航天、兵器、核工程领域部分民营企业的介绍。

表 9-8 航空航天、兵器、核工程领域部分民营企业的介绍

专业类别	民营企业名称	相关业务
航空航天类	道通智能	致力于多旋翼和倾转旋翼固定翼无人机的研发、生产和销售，如 model x/h/m 智能自主多旋翼无人机、龙鱼系列垂直起降固定翼无人机等
	天兵科技	从事火箭研发、制造及相关航天业务，如开展亚轨道飞行探索等
	大疆创新	主要从事无人机系统、手持影像系统、机器人教育等领域的研发、生产和销售
	天瑞达光电	该公司是激光冲击强化及其组合加工成套设备研制、生产、销售及加工服务的高新技术企业，为军队和地方承接航空发动机部附件、地面燃气轮机叶片等激光冲击强化加工服务和实验任务
	九天微星	该公司是小卫星全产业链服务商，掌握卫星总体设计、通信系统及终端研发、星座组网核心技术。在军工领域，它提供卫星通信解决方案服务，通过构建低轨物联网卫星星座，为相关方面提供高可靠数据链接服务
	江苏永瀚	该公司一直专注于航空发动机、燃气轮机用等轴、定向、单晶高温合金涡轮叶片及热端部件的研制和生产，是国家"两机"（航空发动机、燃气轮机）重大科技专项关键热端部件研制任务主要承接单位之一
兵器类	高德红外	作为民营防务企业，在兵器领域开展红外热成像技术及产品的研发、生产与销售，产品广泛应用于国防军工、安防监控、工业检测等领域
	广东宏大	民营防务企业，业务涵盖军工产品的研发、生产与销售，涉及弹药、爆破器材等兵器类产品及相关技术服务
	科泰防务	民营防务企业，在兵器领域有相关业务

专业类别	民营企业名称	相关业务
兵器类	中天科技	业务涉及精确打击弹药、智能弹药、无人机、无人车、信息化系统等兵器装备的研发、生产与销售，产品应用于国防军事等领域
核工程类	昱章电气	专注于核级电气设备的研发、制造与销售，产品涵盖核反应堆保护系统、核级中压开关柜等，为核电站等核工程提供关键电气设备及系统解决方案
	华东辐照	该公司主要从事工业辐照及其应用技术开发、技术咨询服务，以及辐射交联热缩制品、辐射硫化制品生产、销售等。在军工领域，辐照技术应用于一些特殊材料的处理、零部件的改性等方面

（数据来源：各企业官网介绍）

表 9-8 中提到的高德红外，是一家专业从事红外探测器芯片、红外热成像产品、综合光电系统及完整装备系统科研生产的民营上市公司，也是国内第一家拥有武器总体研制资质的民营企业，被外界誉为"高德军工"。其新产品包括 30 吨级的 QN-506"新陆战之王"火力支援车、TN-2 机动防空导弹发射车、QN-502C 智能反坦克导弹、QN-201 多用途经济型导弹、QN-202 单兵微型导弹、S-570 巡飞弹及 WS-30/WS-300 无人直升机等。

❷ 军民融合案例

（1）航空航天类

案例："长征十一号"固体运载火箭。它是中国航天科技集团有限公司下属中国运载火箭技术研究院研制的。

相关民营私企：一些民营企业为航空航天项目提供零部件制造、材料供应等。例如，西安天瑞达光电技术股份有限公司为航空航天领域提供高性能的光学元件和组件。还有一些企业参与到航天技术的转化应用中，如北京九天微星科技发展有限公司开展了卫星通信、物联网等业务，推动了航天技术在民用领域的应用。

（2）兵器类

案例：德邦快递与中国兵器集团有限公司的合作。德邦快递与中国兵器集团签订战略合作协议，参与到军用装备运输和国防交通战备活动中。

相关民营私企：在武器装备的零部件制造方面，一些民营企业具备先进的制造技术和工艺，为兵器工业提供高质量的零部件。例如，江苏永瀚特种合金技术有限公司为航空发动机、燃气轮机等高端装备提供高温合金零部件。在信息化技术应用领域，民营企业为兵器装备提供通信、电子、智能控制等方面的技术和产品，如武汉高德红外股份有限公司，其红外热成像技术不仅应用于军事侦察、制导等方面，还广泛应用于民用安防、消防、汽车等领域。

（3）核工程类

案例：中核工业集团与湖南衡阳打造核特色医疗产业项目。2018年，中核工业集团、衡阳市人民政府、中国中钢、天星资本、南华大学共同签约建设湖南白沙绿岛军民融合产业园和核特色医疗产业项目。

相关民营私企：在核技术工业应用方面，一些企业利用核技术进行材料改性、无损检测等。例如，苏州中核华东辐照有限公司开展了辐照加工服务，应用于食品保鲜、医疗器械消毒、高分子材料改性等领域。

❸ 民企岗位举例

表9-9列举了部分民营企业2024年航空航天类专业岗位招聘信息。

表 9-9 部分民营企业 2024 年航空航天类专业岗位招聘信息

企业名称	岗位	岗位要求
西安天瑞达光电技术股份有限公司	光学工程师	1. 本科及以上学历，光学工程等相关专业； 2. 熟悉光学设计原理和方法，具备光学系统设计和分析能力； 3. 掌握相关光学设计软件； 4. 有航空航天光学项目经验者优先
	机械设计工程师	1. 本科及以上学历，航空航天机械设计等相关专业； 2. 熟练使用机械设计软件，具备独立设计能力； 3. 熟悉机械加工工艺和流程； 4. 有航空航天机械部件设计经验者优先
北京九天微星科技发展有限公司	卫星总体工程师	1. 硕士研究生及以上学历，航空航天相关专业； 2. 熟悉卫星总体设计流程和方法，具备系统工程思维； 3. 有卫星总体设计项目经验，参与过卫星研制全过程； 4. 具备良好的团队协作和沟通能力

企业名称	岗位	岗位要求
北京九天微星科技发展有限公司	卫星通信工程师	1. 本科及以上学历，通信工程、电子信息等相关专业； 2. 掌握卫星通信原理和技术，熟悉通信系统架构； 3. 具备卫星通信设备调试和测试经验； 4. 有相关项目经验者优先
	卫星轨道设计师	1. 硕士研究生及以上学历，天体力学、轨道动力学等相关专业； 2. 熟悉卫星轨道设计理论和方法，能进行轨道计算和分析； 3. 掌握轨道设计软件； 4. 有卫星轨道设计经验者优先
江苏永瀚特种合金技术有限公司	航空发动机叶片设计师	1. 硕士研究生及以上学历，材料科学与工程、航空宇航推进理论与工程等相关专业； 2. 熟悉航空发动机叶片设计原理和方法，具备叶片结构设计和性能分析能力； 3. 掌握相关设计软件和模拟分析工具； 4. 有航空发动机叶片设计经验者优先
深圳市大疆创新科技有限公司	高级振动与强度工程师	1. 硕士研究生及以上学历，力学、航空航天、机械、机器人等相关专业； 2. 掌握振动理论、理论力学、固体力学（包括线弹性、黏弹性、塑性、冲击动力学、疲劳力学）、有限元理论、信号处理与数据分析、机器人动力学等理论； 3. 熟练掌握常用有限元软件，熟练掌握模态与振动测试方法； 4. 具有复杂结构有限元建模、模态与传递函数仿真，以及测试对标经验

从表9-9可以看出，相较于央国企，民营军工企业对学历和院校层次的重视程度较低，但是更注重应聘者的专业技能和相关经验。

央国企的薪资调整有较为明确的制度和流程，会根据员工的工作年限、职称评定、企业整体效益等因素进行调整，且调整的幅度和频率较为稳定。

民营军工企业的薪资调整则更加灵活，一般会根据企业的经营状况、市场行情、员工的个人表现等因素进行调整，调整的幅度和频率可能会更高。

三、认清各类专业差异

（一）专业一览表

航空航天类、兵器类、核工程类专业信息详见表 9-10。

表 9-10 航空航天类、兵器类、核工程类专业信息

一句话介绍专业	航空航天类、兵器类、核工程类专业是研究开发、制造、维护武器装备及相关国防技术，为国防安全和军事现代化提供技术支撑与人才保障的专业类别
基础课程	高等数学、大学物理、C 语言程序设计、工程制图、机械制图等
专业课程	航空航天类：空气动力学、飞行器结构力学、航空发动机原理、航天器轨道力学； 兵器类：弹道学、火炮设计原理、自动武器原理、兵器制造工艺学、火控系统原理； 核工程类：核物理基础、核反应堆热工分析、核反应堆安全分析、核电子学
推荐书目	《星际航行概论》钱学森 著 《横空出世》[美] 理查德·罗兹 著 《子弹的轨迹：枪炮如何改变世界》[英] 安德鲁·内厄姆 著
适合哪些学生	对国防军事抱有深厚的情怀和使命感、能够严格遵守纪律和保密规定、具有强烈的钻研精神和创新能力
选科建议	物理 + 化学
考研建议	航空宇航科学与技术、兵器科学与技术、核科学与技术等方向

（二）专业怎么选

航空航天类、兵器类和核工程类专业在选科要求上有着显著的共性——必选物理和化学。前文提到过，这 3 类专业的毕业生主要以军工企业为就业方向，而军工企业的招聘也主要以校园招聘的形式展开。因此，在选择航空航天类、兵器类、核工程类专业时，应首要考虑的因素是学生的兴趣和个性。表 9-11 为《普通高等学校本科专业目录（2024 年）》中航空航天类、兵器类、核工程类专业目录。

表 9-11 《普通高等学校本科专业目录（2024 年）》中航空航天类、
兵器类、核工程类专业目录

专业类别	专业代码	专业名称	专业介绍
航空航天类	082001	航空航天工程	主要研究航空电子系统、飞行器的设计、制造等，涉及多领域知识，进行飞行器总体等分析设计
	082002	飞行器设计与工程	致力于飞行器(包括航天器与运载器)的设计，涵盖整体设计、结构设计与研究等方面
	082003	飞行器制造工程	培养从事飞行器制造领域的设计、制造、研究、开发与管理的高级工程技术和管理人才
	082004	飞行器动力工程	从广义上讲是能源动力工程，主要针对飞机和火箭等飞行器的发动机，它是飞行器的关键部分
	082005	飞行器环境与生命保障工程	培养具备航空、航天环境模拟及控制、生命保障系统设计与研究能力的工程技术人才
	082006T	飞行器质量与可靠性	重点培养能运用系统工程理论和方法，掌握产品可靠性等设计与试验技术的高级工程技术人才
	082007T	飞行器适航技术	主要研究飞行器的适航性，确保飞行器满足安全性和可靠性要求，能够合法地在天空中飞行
	082008T	飞行器控制与信息工程	结合飞行器控制与信息领域知识，培养具备相关系统设计、开发与应用能力的专业人才
	082009T	无人驾驶航空器系统工程	针对无人驾驶航空器，进行系统设计、开发、应用等方面的研究与人才培养
	082010T	智能飞行器技术	专注于智能飞行器的技术研发与应用，培养适应未来航空航天智能化发展的专业人才
	082011T	空天智能电推进技术	涉及空天领域智能电推进系统的相关技术研究与应用，培养专业技术人才
	082012T	飞行器运维工程	主要培养能够从事飞行器运行维护、维修管理等方面工作的专业人才

专业类别	专业代码	专业名称	专业介绍
兵器类	082101	武器系统与工程	主要研究武器系统的工作原理、结构、设计、探测等，进行武器系统及其子系统的综合设计等
	082102	武器发射工程	致力于武器发射系统的设计、研发、测试等工作，涵盖发射原理、发射技术等方面
	082103	探测制导与控制技术	涉及探测目标、控制武器飞行并准确命中目标的技术，包括制导系统、控制系统等的研究与设计
	082104	弹药工程与爆炸技术	研究弹药的设计、制造、爆炸原理及相关技术，以实现弹药的高效能和安全性
	082105	特种能源技术与工程	聚焦特种能源的开发、利用和管理，为兵器等提供新型能源技术支持
	082106	装甲车辆工程	针对装甲车辆的设计、制造、性能优化等开展研究，提升装甲车辆的作战效能
	082107	信息对抗技术	主要进行信息对抗的理论与技术研究，包括电子对抗、网络对抗等，保障信息安全
	082108T	智能无人系统技术	围绕智能无人系统的研发、应用，涉及人工智能、自动控制等多学科知识，推动无人化作战发展
核工程类	082201	核工程与核技术	研究核能安全利用、核电站运行优化与自动控制等，培养具备能源、核动力工程等方面知识的高级专门人才
	082202	辐射防护与核安全	为保护人类与环境不受辐射损伤效应，解决核安全问题而设立，研究与辐射物理等相关的理论与技术
	082203	工程物理	学习内容包括近代物理电子学等多领域知识，课程设置面向新技术且工偏理，对数学、物理等课程要求高

专业类别	专业代码	专业名称	专业介绍
核工程类	082204	核化工与核燃料工程	是多学科交叉的新兴专业，培养能在核化工与核燃料及相近专业领域从事多方面工作的专门人才

在航空航天类、兵器类、核工程类专业中，院校普遍开设的核心专业包括航空航天工程、武器系统与工程、核工程与核技术，除了这些专业，学生还可根据兴趣和偏好选择其他专业。无论选择哪个专业，毕业生都是军工行业所需的宝贵人才。

（三）院校怎么报

由于航空航天类、兵器类、核工程类专业的特殊性质，因此能开设这类专业的院校往往拥有一定的军工背景，且数量相对有限。然而，这种稀缺性反而使得这些专业领域的院校在国家的科技发展和战略布局中扮演着举足轻重的角色。

航空航天类专业：首选"国防七子"（哈尔滨工业大学、北京航空航天大学、西北工业大学、北京理工大学、哈尔滨工程大学、南京航空航天大学、南京理工大学）；其次，可以选择原航天部11所院校中除上述之外的院校，如南昌航空大学、沈阳航空航天大学等。如果更倾向于航空方向，还可考虑民用航空局直属 / 共建院校，如中国民航大学、中国民用航空飞行学院等。

兵器类专业：首选"兵工七子"（北京理工大学、南京理工大学、中北大学、长春理工大学、沈阳理工大学、西安工业大学、重庆理工大学），以及西北工业大学、国防科技大学这类在国防科技领域实力强劲的"985"院校。除此之外，也可考虑一些在兵器类专业某一领域相对有特色的院校，如西南科技大学的特种能源技术与工程、安徽理工大学的弹药工程与爆炸技术等。

核工程类专业：从清华大学到成都理工大学工程技术学院，各个分数段都有相应院校开设此类专业。鉴于每年核电领域对人才的需求量大，学生可以根据自己的分数水平选择相应的院校进行报考。

四、热门问答

Q1 社会上普遍认为核工程类专业的工作既危险又对身体有害，是这样吗？

这种观点并不准确。

虽然核工程类专业的毕业生大多会进入核电站工作，但科学研究显示，核电站的辐射水平甚至低于飞机飞行时的辐射水平，核电站的工作人员人均职业照射剂量通常低于放射性天然本底剂量大小。此外，许多与"核"相关的工作岗位在实际操作中采用的都是模拟物质，并不直接接触"核"，因此不存在辐射风险，且核事故发生的概率极低。

Q2 学习航空航天类专业一定要去偏远地区工作吗？

不是的。

目前我国航空航天事业在软硬件条件上有极大改善，大多数研究机构都位于北京、上海、西安、武汉、沈阳、南昌、哈尔滨等大城市，并非都在偏远地区。

Q3 兵器行业未来的发展会没落吗？

兵器行业消失的概率极小。目前国防领域对各类型人才的需求量极大，随着科技的发展，兵器行业在智能化、精确化等方面还有很大的发展空间。

Q4 航空航天类、兵器类、核工程类专业的学习难度如何？

航空航天类专业：对数理基础要求高，需掌握高等数学、大学物理等知识，并将其运用于复杂的计算和分析中。并且，此类专业涉及众多领域的知识，如材料科学、机械设计、电子技术等，知识体系复杂且综合。

兵器类专业：涵盖方向众多，既需要理论指导，也要求实践验证。在硕、博阶段，即使是同一学科的硕士或博士，其研究方向也可能有较大差异。例如，有的学生可能在实验室写代码、进行武器可视化应用；而有的学生则可能在试验场进行炮弹试射、爆炸试验等。

核工程类专业：对数理基础的要求极高，需要学生扎实掌握高等数学、大

航空航天类、兵器类、核工程类

/// 191 ///

学物理等基础学科知识。在后续的专业课程中，如核物理、核反应堆物理分析等数理知识会被大量且深入地运用。例如，在核反应过程中的能量计算、粒子运动轨迹分析等，都离不开深厚的数理基础。

此外，这些专业还涵盖了工程力学、机械设计、电子技术、自动控制、计算机科学等多个领域的知识。这就要求学生具备广泛的知识面和较强的学习能力，能够将不同领域的知识融会贯通。

Q5 航空航天类、兵器类、核工程类考研考什么？

航空航天类、兵器类、核工程类专业的考研通常必考思想政治理论（101）、英语一（201）、数学一（301）。除此之外，还有一门专业课，而这门专业课因不同院校及不同研究方向而存在显著差异。

以航空航天类专业为例，在飞行器设计方向，部分院校可能考查空气动力学；在航空宇航制造工程方向，有的院校则会以机械制造技术基础作为考试科目。在兵器类专业中，对于武器系统与运用工程方向，有的院校会将兵器概论作为专业课考试内容；而在兵器发射理论与技术方向，工程力学则可能成为考试科目。在核工程类专业中，对于核反应堆工程方向，核反应堆物理往往是专业课考试的重点。

第十章

材料类

——引领未来科技的基石

·导言

解锁万物本质，塑造未来世界。

材料科学远不仅是一门基础学科，它已成为推动未来创新领域的核心动力。从古代的青铜器到铁器，材料的发现与进步刻录了人类文明的每一步。现如今，轻巧如羽毛、坚固胜钢铁的材料可以为航空航天事业带来革命性的变革。纳米级别精确操控的材料将引领电子产品进入一个全新的时代。

随着纳米材料、耐高温材料、半导体材料等前沿科技的蓬勃发展，材料科学的重要性越发凸显。无论是开发新型能源材料、推动智能制造，还是在生物医学领域探索新的可能，材料科学都打造了引领未来科技的基石。本章将从就业情况、行业分布、薪资待遇、职业发展路径等多方面探讨材料类专业的广阔发展前景。

一、了解未来就业形势

材料类行业发展态势良好，其应用范围广，涵盖传统基础工业（如钢铁、水泥、玻璃制造等）及新兴前沿科技领域（如芯片、三元电池、生物医学工程等）。在国家政策的支持下，新能源、航空航天、电子信息等高技术领域对人才需求旺盛，预计2025年的新材料市场规模将达10万亿元，年均增长率超20%，人才需求年增速约15%。[1]

在薪资方面，应届本科毕业生薪资适中，随着经验的积累，差距逐渐显出。传统材料制造行业基层岗位的薪资中位数为每月5,000~8,000元，新兴高技术领域相关岗位（如芯片制造、新能源研发等）的薪资中位数可达每月10,000~15,000元，甚至更高，且有较大上升空间。

在就业情况上，材料类专业毕业生就业适应性强、前景广阔。他们既可以进入大型传统制造企业从事多种工作，也能在高科技企业参与前沿研发创新项目。

（一）就业信息一览表

材料类专业就业信息详见表10-1。

表10-1 材料类专业就业信息

一句话介绍就业	材料类专业是目前最容易逆袭的专业，学历提升后的群体就业质量高，就业优势方向主要在新能源、航空航天、汽车、半导体等领域				
就业方向	5大类就业方向，包括金属材料方向、高分子材料方向、无机非金属材料方向、电子材料方向、新兴材料方向				
热门岗位	电池材料研究员、半导体材料工程师、生物材料工程师、品质控制工程师、核材料工程师				
工作压力	★★★★☆	前期收入	★★★☆☆	政策结合度	★★★★☆
加班强度	★★★★☆	出差频率	★★☆☆☆	建议就业起点	硕士/博士
公考优势	★☆☆☆☆	就业壁垒	★★★☆☆	优势就业区域	新一线城市

材料类

---

[1] 信息来源于人民网。

（二）就业方向及企业

材料类专业的毕业生在能源、航空航天、电子信息、生物医学、建筑材料等众多行业中都扮演着至关重要的角色。材料作为一种独立的存在，其价值往往被外界低估。然而，正如硅元素在半导体行业中的广泛应用所证明的那样，材料的价值得到了前所未有的提升。

编者将这些多样化的就业领域划分为两大类：一类是传统的材料行业，包括钢铁、玻璃、化工等基础材料的生产和供应；另一类则是面向未来的高新技术行业，涵盖了通信技术、新能源电池、芯片半导体及汽车制造等领域。

面对不同的就业方向，材料类专业的毕业生所走的职业路径也有所不同。从属性来看，材料可以分为 5 大类，包括电子材料、新兴材料、金属材料、高分子材料、无机非金属材料。表 10-2 是材料类专业相关就业方向及企业举例。

表 10-2 材料类专业相关就业方向及企业举例

行业分类	就业方向	具体介绍	相关企业
传统材料行业	钢铁	参与钢铁生产、研发和质量控制	宝武集团、鞍钢集团、河北钢铁集团
	铝业	从事铝材料的加工、研发和应用	中国铝业、南山铝业
	合金	开发和应用各种合金材料，用于航空航天等领域	航天科技集团、中航工业、中国兵器集团
	电缆、电力	从事电缆生产、电力系统维护和电网建设	国家电网、特变电工、远东电缆
	玻璃	从事玻璃制品的研发、生产和销售	福耀玻璃、中国南玻集团、信义玻璃
	木材	从事木材加工、家具设计和制造	大自然家居、宜家家居、中国木材集团
	化工	从事化工产品的研发、生产和销售	中国石化、巴斯夫、杜邦公司
高新技术行业	通信	从事通信设备的研发、生产和维护	华为、中兴通讯、爱立信

行业分类	就业方向	具体介绍	相关企业
高新技术行业	芯片	从事集成电路设计、半导体制造和芯片研发	中芯国际、高通、三星电子、台积电
	电池	从事电池材料的研发、电池生产和应用	宁德时代、比亚迪、特斯拉
	汽车	从事汽车材料研发、车身设计、汽车零部件制造	大众汽车、丰田汽车、福特汽车、吉利汽车
	生物材料	从事生物医用材料的研发和应用	强生、美敦力、赛默飞世尔科技
	纳米材料	从事纳米技术的研发和应用，包括纳米材料和纳米器件	3M、杜邦公司、IBM
	能源材料	从事太阳能电池材料、储能材料等新能源材料的研发和应用	First Solar、SunPower、隆基股份
其他行业	大学老师	从事材料科学的教学和科研工作	北京科技大学、武汉科技大学
	研究机构	在科研院所从事材料科学的基础研究和应用研究	中科院材料所、中国工程物理研究院
	质量检测	负责材料产品的质量检测和认证工作	中国检验认证集团、SGS、TÜV SÜD
	技术支持	提供材料应用的技术支持和咨询服务	博世、西门子、通用电气
	销售与市场	负责材料产品的市场推广和销售工作	阿尔卡特朗讯、施耐德电气、霍尼韦尔

表 10-2 提供了一个详尽的视角来观察不同行业细分领域内的典型企业和它们所提供的岗位类型，涵盖了从传统的制造业到高科技产业，乃至教育和研究机构等多个领域。

就业方向与所选专业方向紧密相关。 在传统材料行业中，从基础的钢铁制造到高精尖的材料研发和质量监控，若学生的专业研究方向集中于冶金领域，那么其毕业后自然会将就业目标锁定在那些知名的大型钢铁企业之上，很难进入高新技术企业。在薪资待遇方面，虽然大型钢铁企业有一定的规模优势，但整体薪资水平在行业内不算突出，且薪资增长较为缓慢，主要依赖企业效益和

材料类

个人职位晋升。

新材料的研发推动高新技术的进步。材料科学的发展推动了包括通信、芯片、电池、汽车、生物材料、纳米材料和能源材料在内的多个行业的进步。例如，在半导体芯片领域，材料科学的发展推动了通信技术的革新，使得通信设备更加高效、稳定；在新能源汽车领域，材料科学的发展使得电池材料更加先进。

材料加工与应用方向就业低迷，不会成为毕业生求职的首选。该方向涉及材料的加工成型、热处理、表面工程等，要求学生具备技术实践能力和工艺优化能力。这是制造业的传统方向，就业薪资并不高，该领域的工作环境与薪酬水平普遍较为一般，这使得众多学生在投身这一行业时表现出了谨慎和观望的态度。

院校科研工作成为高层次人才的优先选择。作为材料前沿院校，北京科技大学冶金方向的博士毕业生大多选择进入院校从事科研工作，享受人才补贴和寒暑假等福利。[1] 在院校工作，博士毕业生可以继续深入开展冶金领域的科研，为学科发展和行业技术进步贡献力量。需要注意的是，在院校工作也面临竞争压力大、科研任务重、职称晋升困难等挑战。部分博士毕业生也会选择进入企业工作，在企业中能够将科研成果快速转化为实际产品或技术，带来更大的商业价值。

（三）相关产品类型

材料类专业涵盖的产品类型极其广泛，从基础材料到高端材料，这些材料被广泛用于多个行业领域。

高端材料，如半导体、纳米材料、生物材料等，是现代科技的核心，它们在电子、医疗、能源等领域具有不可替代的地位。表 10-3 是材料类产品举例及介绍。

表 10-3 材料类产品举例及介绍

产品分类	产品举例	介绍
建筑材料	高强度钢筋	用于高层建筑和桥梁建设，提供结构支撑和强度

---

[1]　信息来源于《北京科技大学 2023 年毕业生就业质量年度报告》。

产品分类	产品举例	介绍
建筑材料	预制混凝土构件	用于快速建造房屋和桥梁，提高施工效率
	玻璃幕墙	用于建筑外墙，提供美观和现代感
航空材料	飞机铝合金板材	用于飞机机身和机翼，其轻质和高强度特性可提升飞行性能
	飞机复合材料	用于飞机结构部件，减轻重量，提高燃油效率
	航空润滑油	用于飞机发动机和机械部件，减少磨损，保证运行顺畅
航天材料	航天器用钛合金	钛合金用于制造航天器结构件，耐高温、耐腐蚀，适用于极端环境
	火箭发动机材料	用于制造火箭发动机，耐高温和高压
	航天服材料	确保宇航员在太空中的安全和舒适
电力传输	超高压电缆	用于远距离电力传输，减少能量损耗，提高输电效率
	输电塔	支撑和固定电缆，确保电力传输安全
建筑装饰	低辐射玻璃	具有良好的隔热性能，用于建筑窗户，降低能耗
	艺术瓷砖	用于室内外墙面和地面装饰，提供美观效果
家居用品	实木家具	采用天然木材制作，环保健康，具有自然美观的质感
	高性能床垫	提供良好的睡眠质量，促进健康
涂料化工	水性涂料	环保型涂料，不含有机溶剂，减少对环境和人体的危害
	防腐涂料	用于金属表面，防止腐蚀，延长使用寿命
	粉末涂料	用于家用电器和汽车，提供耐用和美观的涂层
电子元件	高性能中央处理器	作为计算机的大脑，处理速度快，性能强大
	存储芯片	用于数据存储，如固态硬盘等
	显示屏	用于各种电子设备，提供视觉输出

材料类

产品分类	产品举例	介绍
储能设备	动力电池	用于电动汽车，提供高效能源存储和长续航能力
	太阳能储能电池	存储太阳能电池板产生的电能，用于夜间或阴天供能
	移动电源	为移动设备提供便携式电源
汽车零部件	汽车轻量化铝合金轮毂	减轻车辆重量，提高燃油效率和操控性能
	汽车安全气囊	在碰撞时保护乘客，减少伤害
	汽车导航系统	提供路线规划和导航服务
医疗器械	人工关节	用于替代受损关节，恢复患者活动能力，生物相容性好
	心脏起搏器	帮助心脏维持正常跳动
	医用成像设备	如 CT 扫描仪等，用于诊断疾病
新能源	太阳能电池板	将太阳能转换为电能，用于可再生能源发电
	风力发电机	利用风力发电，提供清洁能源
	燃料电池	用于发电和为车辆提供动力，效率高且环保

电子、能源、纳米等研发方向大有可为。这些方向涉及先进材料的设计、合成和性能测试，要求人才拥有深厚的材料科学理论基础和较强的实验技能。例如，日常使用的空气净化器，其核心滤芯采用了纳米银、纳米钛等先进材料，这些材料具备高效的杀菌作用，并能有效去除空气中的异味，净化室内环境。

传统材料的研发改性潜力巨大，也可作为优势就业方向。该方向包括传统材料的改性、优化工艺参数、提升材料性能等，要求人才拥有扎实的材料学知识和创新能力。例如，中国宝武太钢集团精密带钢有限公司研发的超薄"手撕钢"，从 0.02 毫米到 0.015 毫米，实现了"一薄再薄"的技术突破。A4 纸大小的"手撕钢"，售价在 400 元左右。把这样的钢板做成引线框架，再搭载不同的集成电路，就可以成为手机、电脑、汽车等设备的"大脑"。

氮化镓技术在手机充电领域的创新应用，意味着更小巧、更快速充电的设备成为现实。氮化镓技术在手机充电领域的应用优势显著，一方面它能提高充电效率，凭借高电子迁移率和开关速度减少能量损耗，支持高功率充电，可快速为手机补充电量；另一方面它能减小充电器体积，其高功率密度及低发热特性使充电器能实现小型化、轻量化，且无需过多散热空间。例如，小米推出的氮化镓充电器，仅配置单一 USB-C 接口，却能为笔记本电脑提供最高 140W 的快充功能。

（四）相关岗位及薪资

❶ 岗位情况

材料类岗位的入行门槛因细分领域不同而有所差异，但掌握特定的材料合成技术或熟悉相关材料分析设备操作，通常能让毕业生顺利进入多家材料相关企业。随着行业内技术不断发展、分工日益细化，企业对各细分领域专业性的要求越来越高，这使得精通多方面材料技术的全能型人才变得较为稀缺。

国家大学生就业服务平台及各大招聘平台数据显示，在材料类专业可涉足的行业中，岗位种类大致分为电池材料工程师、半导体材料工程师、生物材料工程师等。在不同岗位种类中，本科、硕士及博士的就业比例各有不同。

其中，在电池材料工程师岗位中，本科生占比五成左右，硕士、博士占比两成左右。该岗位主要从事电池材料的研发、制备及性能优化等工作。例如，针对锂离子电池研发新型的正极材料，通过对材料的元素配比、合成工艺进行不断探索和改进，提高电池的能量密度、充放电性能及循环寿命等关键指标，使其能够应用于新能源汽车、储能电站等领域，满足长续航、高稳定性的使用要求。

在半导体材料工程师岗位中，本科生占比四成左右，硕士、博士占比两成半左右。该岗位主要负责半导体材料的研发、生长及质量检测等工作。例如，在集成电路制造领域研发高质量的硅基半导体材料，通过精准控制材料的晶体生长过程、杂质掺杂浓度等参数，保障材料具备合适的电学性能、良好的晶格结构，为后续芯片制造提供优质的基础材料，助力提升芯片的性能、降低功耗，满足电子设备对高性能芯片的需求。

在生物材料工程师岗位中，本科生占比三成半左右，硕士、博士占比两成左右。该岗位主要从事生物医用材料的设计、合成及生物相容性评价等工作。例如，设计一款新型的骨修复生物材料，选用合适的可降解高分子材料与具有生物活性的无机成分进行复合，使其既具备良好的力学性能，能够支撑骨组织的生长修复，又能应用于骨折修复、骨缺损填充等医疗场景中。

根据企业发展情况，材料类岗位所需要的能力也略有不同。一般来说，随着企业规模的扩大，岗位分工会变得更加细致。大型企业往往要求员工在某一材料细分方向有深入的专业能力，而中小型企业所需要的能力则比较宽泛，一般要求员工从材料的基本制备到简单的性能测试都能掌握，并熟悉相关生产设备的使用、维护与调试等一系列工作内容，以此来满足企业灵活多样的生产运营需求。

❷ 薪资情况

从材料类专业的起薪来看，《2024 年中国本科生就业报告》数据显示，2023 届材料类专业本科生的平均起薪为 6,474 元 / 月，在所有专业中排名第 9 位；2020 届材料类专业本科生毕业 3 年后的平均月收入为 9,564 元，相较于毕业半年的平均月收入 5,371 元，涨幅达 78%，在所有专业中排名第 9 位；2018 届材料类专业本科生毕业 5 年后的平均月收入为 11,334 元，相较于毕业半年后的平均月收入 4,973 元，涨幅为 128%，在所有专业中排名第 10 位。

从材料细分方向来看，在 2023 届材料类专业本科生毕业半年后的月收入排名前 50 位的专业中，新能源科学与工程专业的平均月收入为 6,684 元，排名第 20 位；材料科学与工程专业的平均月收入为 6,485 元，排名第 29 位；无机非金属材料工程和高分子材料与工程专业分别排名第 38 位和第 46 位。

从材料高相关的行业来看，2023 届材料类专业本科生毕业半年后月收入较高的行业包括半导体材料制造业、新能源电池制造业、航空航天材料应用业、生物医药材料研发业、高性能复合材料加工等相关制造业与研发行业。

（五）就业前景

国家对材料行业，尤其是新能源领域和高端制造领域，给予了大力支持，近年来出台了诸多政策鼓励其创新发展。例如，工业和信息化部发布的《前沿材料产业化重点发展指导目录（第一批）》明确了新材料产业重点发展方向，并强调了相关保险补偿机制及对企业的支持认定。此外，中国工程院发布的《面向 2035 的新材料强国战略研究》提出了总体思路，旨在构建创新体系，推动产业发展。这些政策有望提升材料行业的自主创新能力，助力产业朝高端、智能、绿色方向发展，为制造强国战略筑牢材料基础。

新材料产业基地初具规模，形成了江西赣州新型功能材料产业集群、湖南株洲硬质合金材料产业集群、河南郑州超硬材料产业集群等。

河南郑州的超硬材料产业集群在国内外占据重要地位。其发展历程始于1963年，当时的郑州磨料磨具磨削研究所有限公司研制出了中国首颗人造金刚石。该产业集群主要集中在郑州市、许昌市等地，规模约400亿元，规模以上企业约300家，亿元销售收入企业约30家，涵盖诸多知名企业。[1] 河南省在金刚石生产领域优势明显，其人造金刚石产量占全国八成，同时，八成的培育钻石产能也来自河南省。金刚石在诸多尖端技术领域应用潜力极佳，相关企业正积极推进其功能化产品开发应用。[2]

根据《郑州市重点产业急需紧缺人才需求指导目录（2023）》，郑州市新材料研发领域对专业人才需求强烈，电子信息技术等多个重点产业人才需求占比较高，学历以本科、硕士研究生为主，博士研究生就业年薪基本不低于20万元，岗位涵盖材料相关的多个领域。

二、抓取当下典型企业

（一）京东方企业介绍

京东方科技集团股份有限公司（以下简称京东方），创立于1993年4月，是一家专注于为信息交互和人类健康领域提供智慧端口产品及专业服务的物联网企业。其核心事业聚焦于3大板块：一是端口器件，涵盖显示与传感器件、传感器及相应的解决方案；二是智慧物联，包括智造服务、物联网解决方案及数字艺术；三是智慧医工，着重于移动健康和健康服务。

2020年，中国大陆液晶面板产量位居世界第1名，占世界总产量的四成左右，彻底摆脱了依赖进口的局面，并推动了彩电、显示器价格的下降。2023年，京东方在大客户新机OLED面板的出货量比重超过18%，较前一代系列产品的10%，呈现大幅增长。[3] 2024年，京东方生产的屏幕已经能够和三星旗舰

材料类

---

[1] 信息来源于《河南省加快材料产业优势再造换道领跑行动计划（2022—2025年）》。

[2] 信息来源于《中国人造金刚石产业地图（2023年）》。

[3] 信息来源于《2023年京东方A分析报告 OLED业务平稳增长，多条产线稳步扩产》。

屏幕平分秋色，中国在液晶显示技术（LCD）领域取得了显著胜利，至此，京东方已成为全球半导体显示产业的领军企业之一。

从全球布局来看，京东方有着强大的产业布局网络，遍布19个国家和地区，其服务体系全面覆盖欧洲、美洲、亚洲、非洲等全球主要地区，展现出强大的国际影响力与产业辐射能力。

（二）京东方招聘信息

京东方通过校园招聘和社会招聘两大渠道吸纳人才。对学生而言，积极参与各类竞赛并争取实习机会，是借助校园招聘较为顺畅地踏入企业大门的有效途径之一。表10-4是京东方2024年材料类专业岗位招聘信息，可方便学生深入了解其人才选拔的侧重点。

表 10-4 京东方 2024 年材料类专业岗位招聘信息

招聘种类	岗位	岗位要求
校园招聘	显示器件及物联网创新—新材料研究员（OLED）方向 量子点材料开发研究员	1. 硕士研究生及以上学历的应届毕业生； 2. 有机化学、纳米材料、材料化学等相关专业； 3. 有量子点等纳米粒子合成经验、有机合成经验者优先； 4. 具备英文文献的读写能力
	新材料/新工艺研究员（柔性技术）	1. 博士研究生及以上学历的应届毕业生； 2. 材料、化学、力学、结构设计、半导体等相关专业； 3. 熟悉液晶材料、弹性体材料、柔性导电材料等柔性材料相关知识，具有扎实的有机合成经验； 4. 熟练掌握有机弹性体材料相关测试方法，具有理论计算基础者优先； 5. 具有柔性电子方向力学仿真能力者优先； 6. 具备英文文献的读写能力

招聘种类	岗位	岗位要求
社会招聘	无机纳米材料合成岗	1. 博士研究生及以上学历，材料、化学、物理等相关专业； 2. 3 年以上有量子点等纳米材料合成经验者优先； 3. 有较高的英语水平，能够熟练阅读英文文献、撰写英文报告，并能够熟练使用英语进行交流； 4. 具有良好的团队领导力、团队合作精神、沟通协调能力和抗压能力
	刻蚀工艺工程师岗	1. 3~5 年以上微机电系统领域刻蚀工艺开发经验，有深反应刻蚀（DRIE）设备使用经验； 2. 自动化、测控、机械、电子、半导体、微电子、材料、物理、化学等理工类相关专业，硕士研究生及以上学历毕业； 3. 具备深反应刻蚀设备操作能力： （1）熟悉半导体深反应刻蚀设备，有博世工艺调试和诊断经验； （2）熟悉深反应刻蚀在微机电系统器件制程上的应用和工艺需求。 4. 语言要求为通过大学英语四级

材料岗位需求以硕士、博士研究生学历为主，且重视科研经历。在实际的招聘过程中，京东方有近 60% 的岗位标注本科及以上学历即可，但企业往往对应聘者的学历背景和工作经验有着更高的期待。仅有本科学历而没有相关工作经验的简历可能会在筛选过程中不被优先考虑。

若能精准地选择专业方向，往往能收获可观的收入。表 10-4 详细列明了京东方对材料类专业岗位招聘的需求，这些岗位涵盖了从新材料研发、工艺优化、质量控制到设备维护等关键领域。在岗位要求方面，研发类岗位普遍要求应聘者具备良好的英语基础，并有明确的专业领域要求。

三、认清各类专业差异

（一）专业一览表

材料类专业信息详见表 10-5。

材料类

表 10-5 材料类专业信息

一句话介绍专业	研究各种材料的性质、制造和应用，不同方向的对口行业完全不同；本科毕业生往往进入一线或销售岗位，而研发工作通常需要硕士或博士学历背景
基础课程	高等数学、材料科学基础
专业课程	材料物理、材料力学、物理化学、有机化学、电化学材料力学、理论力学、材料科学原理
推荐书目	《迷人的材料》[英]马克·米奥多尼克 著 《材料科学基础》潘金生、仝健民、田民波 著
适合哪些学生	喜爱数学和物理，对化学也充满热情，对科学实验感兴趣，且有读研、读博的打算，同时对材料有着浓厚的兴趣
选科建议	物理 + 化学
考研建议	新能源、复合材料、半导体材料、生物材料、材料仿真等方向

（二）专业怎么选

学习材料类专业，选科时必选"物理 + 化学"。在本科阶段，材料各方向的学习内存在一定差异，招生人数较多的专业包括材料科学与工程、材料物理、材料化学、金属材料工程、无机非金属材料、高分子材料科学与工程。也有个别院校，如淮北师范大学，其材料类专业的选科要求为"物理 + 化学 + 生物"。[1]

本科生在毕业时一般会掌握材料科学的理论基础知识，了解并熟练掌握一些相关设备的操作和原理。同时，他们也会对一些材料的原理有初步认识，例如，液晶为什么能作为显示材料，锂电池为什么能充放电能并作为电源使用，发光二极管的结构是怎样的，以及芯片制造的工艺流程等。表 10-6 是《普通高等学校本科专业目录（2024 年）》中材料类专业目录。

---

[1] 信息来源于淮北师范大学招生信息网。

表 10-6 《普通高等学校本科专业目录（2024 年）》中材料类专业目录

专业代码	专业名称	专业介绍
080401	材料科学与工程	材料的组成、结构、性能和应用，培养能在材料领域从事研发、设计和管理的高级工程技术人才
080402	材料物理	结合物理学原理，研究材料的物理性质和功能，培养方向偏重电子信息材料
080403	材料化学	学习材料的化学组成、结构及其变化规律，培养材料化学研究与应用人才
080404	冶金工程	专注于金属的提取、精炼和成型工艺，培养冶金行业的技术和管理人才
080405	金属材料工程	学习金属材料的制备、加工和应用，培养金属材料领域的技术和研发人才
080406	无机非金属材料工程	学习无机非金属材料的制备和应用，培养相关领域的技术和研发人才
080407	高分子材料与工程	学习高分子的合成、加工和应用，培养高分子材料领域的技术和研发人才
080408	复合材料与工程	学习不同材料的复合技术，培养复合材料领域的技术和研发人才
080409	粉体材料科学与工程	学习粉体材料的制备、性能和应用，培养粉体材料领域的技术和研发人才
080410	宝石及材料工艺学	研究宝石材料的鉴定、加工和应用，培养宝石和材料工艺领域的人才
080411	焊接技术与工程	研究焊接工艺和技术，培养焊接领域的技术和研发人才
080412	功能材料	研究具有特殊功能的材料，培养功能材料领域的技术和研发人才
080413	纳米材料与技术	研究纳米材料的制备、性能和应用，培养纳米材料领域的技术和研发人才
080414	新能源材料与器件	研究新能源材料及其器件，培养新能源领域的技术和研发人才
080415	材料设计科学与工程	研究材料的设计原理和方法，培养材料设计领域的技术和研发人才

材料类

专业代码	专业名称	专业介绍
080416	复合材料成型工程	研究复合材料的成型工艺，培养复合材料成型领域的技术和研发人才
080417	智能材料与结构	研究智能材料的性能和应用，培养智能材料领域的技术和研发人才
080418	光电子信息材料与器件	研究光电子信息材料及其器件，培养光电子领域的技术和研发人才
080419	生物材料	研究生物医用材料的制备和应用，培养生物材料领域的技术和研发人才
080420	材料智能技术	研究材料智能化的技术原理和应用，培养材料智能技术领域的技术和研发人才
080421	电子信息材料	研究电子信息材料的制备和应用，培养电子信息材料领域的技术和研发人才
080422	软物质科学与工程	研究软物质的物理和化学性质，培养软物质科学领域的技术和研发人才
080423	稀土材料科学与工程	研究稀土材料的制备、性能和应用，培养稀土材料领域的技术和研发人才

从材料类专业当前的招聘情况来看，学生大概率需要考研。在本科阶段，学生应先全面学习材料的通识课程，再根据兴趣意向进行目标定位，到了后期考研阶段进一步明确研究方向。因为在研究生阶段选导师的过程中，很有可能心仪专业的导师名额已满，学生会被推荐到其他方向的导师那里。这个时候，专业基本功扎实的学生将拥有更多的选择机会。

任何行业的进步都是从材料开始的，材料类专业几乎覆盖全行业，选择不同方向的学生，其发展结果也会大不相同。几乎每个工科专业都会遇到产业周期的问题，而现在正赶上行业变革的新机遇，特别是在新能源、智能制造、生物医学等领域。未来，高性能材料、绿色环保材料和智能材料等领域将会有广阔的发展前景。

（三）院校怎么报

材料类专业在中国与新能源、半导体、高端制造业等行业紧密相联，且在国家"十四五"规划中被明确列为重点发展领域。要成为这些行业中的佼佼者，关键在于学生能够进入"211"及以上级别的知名院校深造。由于材料科学研究高度依赖于先进的实验设施，因此，若无法加入一个经费充足的材料学院，那么想要取得显著的科研成果将面临较大挑战。

首先，应选择"211"及以上级别的理工类院校。需要注意的是，要明确院校的发展特色。例如，北京化工大学在化工材料方面比较突出，东华大学则以服装面料为特色，而合肥工业大学在研究新能源材料方面颇有建树。

其次，报考电子领域发展突出的院校。例如，杭州电子科技大学材料类专业的研究方向以电磁材料、新能源材料、电子薄膜材料、柔性电子材料为主。

最后，要注意院校的发展历史。如果院校的前身以钢铁为主，那么其研究重点一定会以冶金方向为主，学生将来可能在一些钢铁企业就业。

四、热门问答

Q1 材料类专业的就业范围广吗？

材料专业的就业范围比较广泛，涉及多个领域。在传统制造业中，金属材料工程专业的毕业生可在冶金、汽车等行业从事金属材料相关工作；无机非金属材料工程专业的毕业生能投身陶瓷、玻璃等行业；而高分子材料与工程专业的毕业生则有机会在塑料等相关企业就职。同时，高新技术产业也是重要的就业方向，半导体、新能源、电子信息材料等领域均有对应岗位。另外，在生物医药领域的生物医用材料方向，也有研发、应用等就业机会。

除了上述领域，化工行业中的化工材料研发及工艺设计与优化等岗位也可供选择。虽然材料类专业在其他领域也存在不少就业选择，但这些方向可能更多地作为毕业生在选择工作时考虑的备选项。

Q2 为什么建议材料类专业的学生读研深造？

从材料类专业的广泛性可以看出，本科阶段的学习通常广泛且浮于表面。因此，对于追求专业深度的学生来说，考研几乎成了一种必然选择，不论是在

材料类

"985"院校还是普通二本院校，大家的起跑线相对统一。当前，我国正处于从"中国制造"向"中国创造"转型升级的关键时期，如果中国仅仅停留在材料的基础生产层面，本科学历或许能够满足就业基本要求；然而，若要将中国建设成为研发创新的中心，那么对材料的深入研究则必不可少。

Q3 材料类专业毕业生就业时怎么选企业？

优先选择规模大的企业。由于基础研究投入大、周期长，一般企业难以承担高投入的研发经费，这意味着研发岗位数量有限，且对人才的要求会越来越高。此外，部分就业岗位对工程背景要求较高，可能会对从事研究岗位的人才提出较高的实践能力要求。

第十一章

药学类

——白衣天使手中之剑

·导言

药石之力可以创造生命奇迹。

自古以来，药物便是人类抵御疾病、延长寿命的宝贵武器。从神农尝百草的神话传说，到现代生物技术的精准医疗，随着全球健康意识的觉醒、老龄化社会的加速到来及新型疾病的不断挑战，我国药学领域正面临着空前的考验与机遇。

医药行业主要包括药品研发、生产、流通和应用 4 个环节。近年来，我国医药行业市场规模逐年扩大，已成为全球第二大医药消费市场[1]，对于药学人才的需求也在不断增长。

本章旨在深入探讨药学类专业的就业前景、专业特色、学习路径及未来发展趋势，从行业现状出发，分析药学人才的市场需求。

---

[1] 信息来源于中华人民共和国中央人民政府网。

一、了解未来就业形势

医药是高附加值^[1] 的产品，创新药毛利可达 70%~90%。^[2]

国内市场庞大且增长速度较快。 我国作为人口大国、经济强国，老龄化现状严峻。《2023 年度国家老龄事业发展公报》显示，我国已正式步入"中度老龄化"社会，并且老龄化趋势愈发明显，高龄老人可能面临更为严峻的健康问题。可见，医药行业拥有较大的国内市场，且市场增速远超全球水平。根据国际著名的市场研究机构弗若斯特沙利文（Frost&Sullivan）预测，中国医药市场将从 2020 年的 14,480 亿元增长到 2025 年的 22,873 亿元，复合年增长率为 9.6%，远高于同期全球和美国医药市场的复合年增长率，分别为 5.7% 和 5.2%。2018 届药学类专业本科毕业生毕业 5 年后的平均月收入达到 9,945 元，相较于毕业半年后的平均月收入 4,751 元，涨幅达 110%，该薪资在本科专业中属于中上水平。

医药行业体量庞大，企业中的岗位更是丰富多样。 相较于固有印象中从事药物研发的实验室、形状各异的器皿、高精尖的表征仪器等工作环境，占比更多的是药品的生产流通和营销等岗位。在此行业从事非研发岗位需要个人具备较强的综合能力，因为药品不同于其他商品，多数岗位要求从业者有医药背景，因此，专业背景也可以说是该行业的准入条件之一。

（一）就业信息一览表

药学类专业就业信息详见表 11–1。

表 11–1 药学类专业就业信息

一句话介绍就业	药学类专业相关岗位分布于药品的研发、生产、运输、销售 4 个环节
就业方向	医院、药房、医药企业等
热门岗位	医药代表、生产操作员、临床药理研究员、临床监察员、分析研究员

---

[1] 附加值是指在产品的原有价值基础上，通过生产过程中的有效劳动新创造的价值，即附加在产品原有价值上的新价值。这种新创造的价值通常源于智力劳动，如技术创新、设计优化、品牌建设等，使得产品的价值远超其原始材料或生产成本。

[2] 信息来源于《创新药行业 2023 年报及 2024 一季报总结》。

药学类

工作压力	★★★☆☆	前期收入	★★★☆☆	政策结合度	★★★★☆
加班强度	★★★☆☆	出差频率	★★☆☆☆	建议就业起点	硕士
公考优势	★☆☆☆☆	就业壁垒	★★★★☆	优势就业区域	一/二线城市

（二）就业方向及企业

医药作为关乎民生的"巨无霸"行业，编者特将药学相关内容单独进行介绍。医药行业根据不同的企业特色和商业战略布局，细分为中药制药、化学制药、医疗器械、生物制药、医药外包、食品保健、医疗美容、医药流通8个领域，药学类专业相关就业方向及企业举例详见表11-2。

表11-2 药学类专业相关就业方向及企业举例

就业方向	具体介绍	相关企业
中药制药	常与"内调外养""长期用药"等词语一起出现在大众视野	广州医药集团、华润三九、中国中药、步长制药
化学制药	主要包括化学原料药和化学药品制剂两个子行业	齐鲁制药、四川科伦药业、石药集团
医疗器械	是指直接或者间接用于人体的仪器、设备、器具、体外诊断试剂及校准物、材料，以及其他类似或者相关的物品	强生、迈瑞医疗、鱼跃医疗、威高股份、联影医疗
生物制药	在肿瘤、重大传染性疾病、神经精神疾病、慢性病及罕见病等领域展现出良好的治疗前景	复星医药、恒瑞医药、信达生物、百济神州、中国生物制药
医药外包	行业包括委托研究机构（CRO）、合同生产组织（CMO）和合同研发生产组织（CDMO）等，产业链涉及研发外包、生产外包、销售外包等多个环节	药明康德、康龙化成、凯莱英
食品保健	保健品行业的发展受益于消费者健康意识的增强	汤臣倍健、东阿阿胶、哈药股份、康宝莱
医疗美容	医疗美容行业的产业链包括上游的医美原料和器械供应商、中游的医美机构，以及下游的广大消费者	爱美客、昊海生科、华熙生物、瑞丽医美、新氧、朗姿股份

就业方向	具体介绍	相关企业
医药流通	在"健康中国"战略背景下，国家加大对医药行业的支持力度，推动医药流通行业规范化和高质量发展	益丰药房、一心堂、药易购、瑞康医药、国药一致、国药股份

接下来，编者将对其中几个就业方向进行详细说明。

在中药制药方向，人们对传统医学的认识加深，市场需求持续增长，心脑血管疾病是中药最大的应用领域，其次是呼吸系统领域，常见的包括中成药、中药饮片等。

在医疗器械方向，整体国产替代发展相对较弱，但其附加值很高，尤其在高值医用耗材领域，国产替代程度整体相对较低。药学类专业在该行业就业的主要岗位是检测试剂、需要医药背景的临床技术支持、耗材销售及生产运营管理等，这些都是发展前景非常好的方向。

医药外包涵盖了药品从研发到销售的各个环节：药物设计合成、临床前研究、临床试验、药品生产、药品流通、上市销售等。因为医药公司规模有限，大多数公司无法全线负责公司产品的各个阶段，所以衍生出了每一个环节的外包企业，各环节可流水线式地高效配合。

生物制药近年发展势头强劲，国内生物医药新兴技术 CRISPR–Cas[1] 基因编辑技术、酶促脱氧核糖核酸合成、药物递送系统、微生态疗法、mRNA 药物、抗体偶联药物（ADC）、异种器官移植和双特异性抗体等新技术的发展将对未来生物制药产业的研究方向产生重大影响。细胞基因治疗（CGT）研发热潮不断提升，CAR–T 产品、溶瘤病毒产品、腺相关病毒（AAV）产品等细胞基因治疗临床试验持续增加，这些突破都象征着我国生物制药行业的先进发展。

医药流通是细分就业方向之一，除了提供产品，还提供药学服务和平台，链接药企生产和供应，优化药品供应链管理。这个方向专注于医药渠道和运营，确保用药质量安全。

[1] CRISPR–Cas 是一种存在于大多数细菌和所有古菌中的天然免疫系统，用于抵抗噬菌体或质粒的外源遗传元件的入侵。该系统由两个主要部分组成：CRISPR 序列和 Cas 蛋白。

药学类

（三）相关产品类型

药品可以根据其不同的性质分为中药、化学药品、生物制品，不同性质药品的具体示例详见表 11-3。

表 11-3 不同性质药品的具体示例

药品性质	说明	介绍
中药	中药是指来源于自然界的植物、动物和矿物，经过加工炮制后用于治疗疾病的药物，是中国传统医学的重要组成部分	如茯苓、当归、丹参、马钱子、黄芩等
化学药品	化学药品是指通过化学合成方法制备的药物，包括有机合成药物和部分无机药物，通常具有明确的化学结构和成分	如青霉素、左氧氟沙星、布洛芬、吗啡、物奥美拉唑等
生物制品	生物制品是指利用生物技术，如基因工程、细胞工程等方法制备的药物，通常来源于生物体，包括蛋白质、抗体、疫苗等	如人乳头瘤病毒（HPV）疫苗、降糖药胰岛素、人血白蛋白、人凝血因子等

从本质上来讲，中药主要来源于天然植物、动物或矿物，如以三七为主要成分的活血化瘀类药物，阿胶、安宫牛黄丸等传统经典中药品种，以及荣获"诺贝尔生理学或医学奖"的抗疟疾药物——青蒿素等。中药更适用于慢性疾病的调养。

化学药品是通过化学合成或从天然产物中提取并进一步化学修饰而制成的。化学药品在国内市场占据重要地位，涵盖了抗生素、解热镇痛药、心血管药物等多个品类，占据药品行业近 50% 的市场份额[1]，同时涉及了数量更多的工作岗位。

生物制品则源于生物体，如细胞、组织等，或者通过生物技术手段生产，如基因工程、细胞培养等。常见的生物制品包括疫苗、血液制品、重组蛋白类药物等。这些产品在预防疾病、治疗肿瘤、治疗免疫系统疾病等方面应用广泛，是我国医药创新、国产替代化的战略要地。

市面上能见到的药品无一不是经过了严谨的实验论证，它们在问世之后拥有相当长的生命周期，甚至可以形成某一领域的垄断态势。以阿司匹林为例，

---

[1] 信息来源于《全球与中国医药市场发展趋势及竞争格局评估预测报告（2024版）》。

阿司匹林是一种历史悠久的解热镇痛药，由德国拜耳公司的科学家在 1897 年开始研究，并于 1899 年以"阿司匹林"为名在全球销售，与青霉素、安定并称为医药历史上的三大经典药物。

自上市以来，阿司匹林已销售百年之久，时至今日也依然是热销药品之一。2022 年，在中国公立医疗机构，阿司匹林相关药品市场规模达到 32.83 亿元，同比增长 4.86%。在药店端方面，2022 年阿司匹林市场规模达到 8.77 亿元，同比下降 4.7%，品种及厂家竞争格局与医院端一致，阿司匹林肠溶片为主要销售品种，市场占有率达 97.35%，拜耳则是主要生产厂家，市场占比达 70.64%。[1]

由此可见，某种药物一旦有了长时间的用药历史，医生积累了充足的用药经验，并形成一定的用药观念后，便很难被取代。所以在这一行业，无论是从研发还是从市场推广的角度来看，先人一步都至关重要。

（四）相关岗位及薪资

从各招聘平台发布的就业岗位来看，药学类专业相关岗位大致分为研发型、市场型和生产运营管理。

研发型岗位包括研发方向的试验技术员、分析测试员、病理研究员、临床研究员等，其中本科生占一至二成，硕士研究生以上学历约占六成以上，主要从事药物上市前的工作。这类岗位对学历要求高，以其作为个人的科研能力证明。

市场型岗位包括医药代表、医药学术专员、市场专员等，其中本科约占八成，主要工作内容是在各地医药市场负责学术推广，完成市场销售指标，更看重从业者的市场敏感度、人际交往和应变能力等综合能力。

生产运营管理岗位包括药品生产、质量管理、药品注册等，这些岗位对学历要求不高，本科生占大部分，需要从业者更具细心、耐心，并具有合规与风险管理能力。

虽然部分药企招聘时将本科学历作为准入门槛，但它们更看重的是其医药相关的教育背景。对于那些以硕士、博士为准入门槛的岗位而言，其薪资待遇有显著提升，特别是在从事研发、合成、分析方面的工作时，对学历的要求较

---

[1] 信息来源于《2024 年阿司匹林市场规模分析》。

高，通常情况下建议以硕士为就业起点。

除以上列举的岗位外，还有质检员、药店店员等岗位可供选择。虽然这些岗位的薪资水平相对较低，但工作时间较为规律，压力也相对较小。

从招聘数据来看，薪资较高的岗位多为销售岗位，研发岗位次之，而生产、流通等处于微笑曲线中间段的岗位薪资相对较低。从工作地点选择的角度来看，医药代表岗位基本遍布全国，较为分散，而研发岗位呈现出的聚集效应较为明显，多聚集于江浙一带。

《2024 中国本科生就业报告》数据显示，2023 届药学类专业本科毕业生毕业半年后的平均月收入为 5,851 元，2020 届药学类专业本科毕业生毕业 3 年后的月收入达到 8,415 元，2018 届药学类专业本科毕业生 5 年后的月收入上升至 9,945 元，2018 届药学类专业本科毕业生 5 年后的月收入涨幅达 110%。虽然药学类专业本科毕业生在全专业中的收入水平属于中等，但就业满意度位居全专业前 5 名，而且随着学历提升，薪资待遇的涨幅相当可观。

（五）就业前景

医药行业的前景与其行业特征息息相关，例如，行业发展受政策影响很大。近年来，大批药物专利到期，政策大力推行国产化替代，国内医药企业积极转型，抢占市场，竞争激烈。同时，行业发展需要专业扎实的人才来支撑。另外，药物的研发素有"双十"定律之称，即一款药物从研发到上市需要 10 亿美元和 10 年时间，故而创新型药物的研发有着长周期、高投入、高回报的特点。以下是对医药行业特点的总结。

受到高度监管：医药行业受到严格的政府监管，以确保药品和医疗器械的安全、有效。国内医药受政府政策、医疗保险制度、市场需求变化的影响显著，且国内对专利问题愈发重视，国内药企逐渐从仿制药转向创新药。

新药研发密集：新药和医疗器械的研发需要大量的研发投入和漫长的时间。虽然产品毛利高，但存在生命周期。由于专利存在过期问题，众多厂家开始大量生产以分食市场，导致相应的营业收入会受到重大影响，因此创新型药企的研发压力较大。

知识驱动：行业发展依赖于生物学、化学、医学等领域的最新科学发现，因此对从业者学历的要求相对较高，本科学历者想从事研发岗位比较困难。

高风险与高回报：药物研发过程可能面临失败的风险，但成功的新药可以带来巨大的经济回报，这一过程可以用"十年磨一剑"来形容，甚至时间投入会更长。

全球化：医药行业是一个全球性的市场，许多大型药企在全球范围内运营。同时，因其高附加值的属性，探索创新往往是取得先机的必经之路。

中国的生物医药产业在创新能力方面与国际领先国家相比仍有较大差距。这主要体现在原始创新能力薄弱，本土创新药以跟随式创新为主，缺乏如细胞治疗、基因编辑、合成生物学等前沿和颠覆性技术研究。此外，中国在顶级学术期刊《自然》《科学》《细胞》上发表的论文数量比例远低于欧美国家或地区，仅占 0.17%，而欧美国家普遍高于 0.6%。[1] 医药行业的困境可见一斑。

鉴于生物医药产业的高科技含量与高附加值特性与我国发展战略规划的高度契合，以及促进国内产业结构升级的迫切需求，我国已经将生物医药产业提升至国家战略高度。

《"十四五"生物经济发展规划》将"面向人民生命健康的生物医药"作为生物经济四大重点领域之一，并对推动医疗健康产业发展作出专门部署。《"十四五"医药工业发展规划》也提出了重点支持一批城市，打造医药产业创新高地的目标。这些政策都明确提出了对生物医药产业的支持，鼓励企业开展原始创新，大力培育重磅产品。

中国制药正在处于变革期。随着全球范围内大量"重量级药物"专利的密集到期，尤其是在生物医药领域中的高附加值的生物制剂板块，行业正经历从中国制造到中国创造、从仿制到创新的转变。近年来纳入医保目录的药品以 5 年内获批的新药为主，且新药从上市到纳入医保目录的时间大幅缩短。这体现了医保政策对创新药的支持。这一转变恰逢近年流行病多发，唤醒了公众对健康的重视，同时也直观地揭示了疫苗、血液制品及关联检测试剂市场的广阔市场。

中国医药市场不断增长。权威预测显示，中国生物医药行业在 2023—2028 年将以约 6.4% 的稳健复合年增长率持续扩张，预计到 2028 年，该行业市场规模将突破 2.7 万亿元大关，展现出可观的增长前景。[2]

在国家政策不断制定行业规范、鼓励创新的科学规划优待背景下，在全国

---

[1] 信息来源于《时代周报》。

[2] 信息来源于《2023 年生物制药行业发展前景报告》。

药学类

范围内催生了一批生物医药产业。

为了构建专业分工紧密且相互联结的产业链，实现采购本地化以降低成本，各地依托各自独特的城市特色，形成了生物医药产业的聚集效应，并与周边地区的专业市场形成了互动发展。通过竞争，这一产业链促进了效率提高与创新发展，最终带动了区域经济的繁荣，并展现出显著的学习效应，加速了集群内企业的快速成长与扩张。

这些生物医药产业集群推动了技术创新和产业升级。在中国，环渤海、长三角、川渝和粤港澳大湾区形成了四大生物医药产业优势就业区域。

对于医药行业的商业环节，如销售、市场、上市后医学部及临床开发等，主要集中在北京和上海两个城市，其他城市，如成都、广州等新一线城市则相对较少。由于上海市和北京市具备高效的咨询服务、国际化的环境及优质的人才资源，大多数以商业为主体的外资药企选择将总部设在这两个城市，其中，上海市尤为突出。例如，罗氏、赛诺菲、默沙东、诺华、葛兰素史克、阿斯利康、武田、BD、优时比等公司均将总部设在上海市。

各省份针对环渤海、长三角、川渝和粤港澳大湾区四个生物医药产业优势就业区域的优待政策也各有侧重。

天津市实施了《天津市生物医药产业发展三年行动计划》，提供产业扶持资金，支持企业技术创新，提供研发补贴和人才引进政策，并建立生物医药产业园区，提供一站式服务和优惠政策。

上海市出台了《上海市加快生物医药智造空间建设行动计划》，推动产业集群发展，提供金融支持和税收优惠，鼓励企业上市和融资，同时支持研发和产业化，提供专项资金和政策支持。

江苏省实施了《江苏省"十四五"医药产业发展规划》，提供产业扶持和资金支持，建立产业创新平台，支持产学研合作，并提供土地、税收和人才引进等优惠政策。

重庆市实施了《重庆市推动生物制造产业发展行动计划（2024—2027年）（征求意见稿）》，提供产业扶持和资金支持，建立产业基地，提供土地和税收优惠，并支持企业与院校、科研机构合作，推动技术创新。

广东省出台了《广东省生物医药产业发展规划》，提供产业扶持和资金支持，支持企业参与国际合作和市场拓展，提供政策支持，并建立产业园区，提供土地、税收和人才引进等优惠政策。

二、抓取当下典型企业

（一）信达生物企业介绍

信达生物制药（苏州）有限公司（以下简称信达生物），是一家成立于2011年的生物制药企业，集研发、CMC（化学、制造和控制）、临床开发及商业化能力于一体。2018年10月31日，该公司在香港联合交易所主板挂牌上市。其总部位于中国苏州工业园区，经营范围包括研发、生产抗体类及蛋白类药物、药品、生物医药制品，并提供相关产品的销售、进出口业务、技术转让、技术咨询和技术服务。信达生物拥有强大的研发实力和丰富的产品管线，致力于为患者带来高质量、价格合理的生物制药产品。其产品链覆盖肿瘤、自身免疫、代谢、眼科等多个疾病领域，已有多个产品获得批准上市，信达生物部分产品介绍详见表11-4。

表11-4 信达生物部分产品介绍

产品名称	适应证	类型
信迪利单抗注射液（达伯舒®）	抗肿瘤	创新药
阿达木单抗注射液（苏立信®）	类风湿关节炎、强直性脊柱炎	生物类似药
利妥昔单抗注射液（达伯华®）	CD20靶点类似药	生物类似药
佩米替尼片（达伯坦®）	抗肿瘤	创新药
奥雷巴替尼片（耐立克®）	抗肿瘤	创新药
贝伐珠单抗注射液（达攸同®）	晚期非小细胞肺癌和转移性结直肠癌	生物类似药
雷莫西尤单抗注射液（希冉择®）	晚期胃癌和肝癌	生物类似药
塞普替尼胶囊（睿妥®）	抗肿瘤	创新药
伊基奥仑赛注射液（福可苏®）	复发难治多发性骨髓瘤（成人患者）	CAR-T疗法
托莱西单抗注射液（信必乐®）	原发性高胆固醇血症及混合型血脂异常	Pcsk9抑制剂

信迪利单抗注射液（达伯舒®），已于2019年11月成功进入国家医保目录，成为全国首个也是当年唯一进入国家医保目录的PD-1抑制剂。该公司虽然成

立时间不久，但是科研实力强大。在受到资本青睐的同时，它得益于自己扁平的组织结构。一个典型的例子是从事早期研究的信达国清院。据财经报道，在信达国清院中，每个实验室的负责人就是自己实验室的"首席执行官"，在招聘、财务、科研自由度等方面有一定程度的自由决策权。在项目推进过程中，由于不需要过多部门协调，一条线能打通到底，因此能够在多个研发方向上迅速超越对手。2024年8月21日，公司产品达伯特（氟泽雷塞片）作为首个国产KARS G12C抑制剂上市。

信达生物的愿景是成为国际一流的生物制药公司，公司在创新和全球化方面持续发力。信达生物的创新成果成功入选2015年度"中国医药与生物技术十大进展"，并在2021年获得中国专利金奖。

（二）信达生物招聘信息

信达生物官网招聘中包括校园招聘和社会招聘。

该企业的校园招聘包括"信启航"项目和常规的校园招聘。"信启航"项目通过双导师带教等特色培养方式助力新员工的发展。

以信达生物在上海市的招聘岗位情况为例，信达生物2024年药学类专业岗位招聘信息详见表11-5。

表 11-5 信达生物 2024 年药学类专业岗位招聘信息

招聘种类	岗位	岗位职责	岗位要求
校园招聘	工艺实习生	1. 细胞株方向：熟练掌握聚合酶链反应、质粒构建、质粒抽提、基因组抽提、核糖核酸抽提等分子生物学实验； 2. 细胞培养方向：进行项目细胞培养研究，包括培养基优化、小试工艺开发、中试生产和晚期工艺开发； 3. 纯化方向：从事纯化实验工作、实施各纯化步骤实验工作，完成所有实验工作的记录，准备并分析样品、送样、整理分析结果，同时完成一些其他实验方向的内容	1. 本科、硕士研究生、大专应届生，药学、生物学、制药工程相关专业； 2. 具有良好的细胞生物学及分子生物学基础知识背景； 3. 娴熟的办公设备及办公软件操作技能； 4. 良好的英语阅读、书写及沟通演讲能力

招聘种类	岗位	岗位职责	岗位要求
校园招聘	代谢学助理研究员	1. 建立药物研发所需 assay（含量测定）支持分子，并研究其作用机制； 2. 针对已有靶点，进行创新分子的筛选，找到 lead 分子，并推向临床开发； 3. 实验数据分析及报告撰写，分析实验数据，完成规范完整的实验报告； 4. 协助管理团队项目和其他事宜，完善实验流程，完成技术培训及管理公共事务，解决工作中遇到的科学问题； 5. 参与实验室日常维护和管理	1. 硕士研究生学历，代谢学、免疫学、分子生物学、药学等相关专业； 2. 2024届应届生或1~2年生物医药早期研发工作经验，有代谢领域项目经验者优先； 3. 具有真核细胞培养、分子生物学等相关实验操作经验，熟悉蛋白科学、内分泌、生理学及代谢疾病者优先； 4. 具有扎实的动手能力和免疫实验操作技能，掌握荧光素酶、蛋白质印记、流式细胞、实时定量聚合酶链反应、细胞增殖分化、免疫荧光、ELISA（酶联免疫吸附分析）、荧光显微镜等，完成细胞株及原代细胞功能学实验，以及分子生物学实验等； 5. 诚实守信，善于学习，机敏肯干，性格开朗，勇于发现问题并解决问题
	2025届 CRA（肿瘤）	1. 负责调研、选择、提供试验中心和研究者相关信息，根据试验进度及时提供试验相关信息； 2. 协助在项目计划时限内获得各项临床试验文件及伦理委员会批件，并对伦理委员会批件进行初步审核； 3. 组织筹备和参加研究者会议，并在会上作相应的会议记录，负责本中心研究者的联络与接待工作	1. 本科学历，临床医学或药学专业优先； 2. 获得英语四级证书、药物临床试验质量管理规范（GCP）证书； 3. 熟知中国药物临床试验质量管理规范、ICH-GCP（国际药物临床试验质量管理规范）、法规对药物临床研究的要求

药学类

招聘种类	岗位	岗位职责	岗位要求
社会招聘	高级 CRA II/I（肿瘤）—北京市	1. 负责调研、选择、提供试验中心和研究者相关信息，根据试验进度及时提供试验相关信息； 2. 协助在项目计划时限内获得各项临床试验文件及伦理委员会批件，并对伦理委员会批件进行初步审核； 3. 组织筹备和参加研究者会议并在会上作相应的会议记录，负责本中心研究者的联络与接待工作； 4. 严格按照药物临床试验质量管理规范、相关标准作业程序、试验方案和中国法律对所负责的研究中心进行全面管理、法规，并在项目计划时限内按时完成研究中心的选择、启动、常规监查和中心关闭	1. 本科学历，临床医学或药学专业优先； 2. 至少 3 年注册肿瘤临床项目监查工作经验，有项目管理经验者优先，必须具备项目管理经验和技能（计划、执行及跟踪），能始终遵循相关标准作业程序、工作指南等要求； 3. 熟知中国药物临床试验质量管理规范、国际药物临床试验质量管理规范、法规对药物临床研究的要求

　　在该企业所有招聘途径中，校园招聘岗位遵循先轮岗再定岗的原则。部分校园招聘岗位以实习的形式招聘，学生可以选择在大学期间投递简历，以便提前积累经验。社会招聘则是直接入职招聘岗位。在大多数企业招聘中，校园招聘相较于社会招聘更容易进入企业。因此，有就业打算的学生应尽早做好准备，以便更顺利地进入目标企业。

　　信达生物的校园招聘覆盖的院校范围较广，包括北京大学、清华大学、吉林大学、苏州大学、杭州师范大学、中国药科大学、哈尔滨医科大学、重庆医科大学、西安交通大学、郑州大学、河北医科大学、山西医科大学、内蒙古医科大学等。

三、认清各类专业差异

（一）专业一览表

　　药学类专业信息详见表 11–6。

表 11-6 药学类专业信息

一句话介绍专业	专注于药物研发、生产、质量控制、临床应用及药事管理等全方位知识与技能培养的学科,确保药物安全、有效地使用
基础课程	有机化学、无机化学、微分子生物学、医学免疫学
专业课程	药代动力学、药物化学、药剂学、药理学、中药学
推荐书目	《阿司匹林传奇》[英]迪尔米德·杰弗里斯 著 《药物发现:从病床到华尔街》[美]塔马斯·巴特菲[英]格兰姆·V.李著
适合哪些学生	对化学、生物感兴趣,想投身于人类健康行业
选科建议	物理 + 化学
考研建议	药物分析、药物化学、生物制剂等方向

(二)专业怎么选

在专业报考时,学生可以选择药学类、中药学类、化工与制药类等。药学类专业(1007)属于医学大类,在《普通高等学校本科专业目录(2024 年)》中包含 8 个二级学科;中药学类专业(1008)下设 6 个二级学科;化工与制药类专业(0813)下设 8 个二级学科。《普通高等学校本科专业目录(2024 年)》中药学类、中药学类、化工与制药类专业目录详见表 11-7。这些专业的选科要求一般为"物理 + 化学",少数院校要求"物理 + 化学 + 生物",如中南大学、青海大学、新疆医科大学、福建医科大学、内蒙古医科大学、哈尔滨医科大学等。

表 11-7 《普通高等学校本科专业目录(2024 年)》中药学类、中药学类、化工与制药类专业目录

专业类别	专业代码	专业名称	专业介绍
药学类	100701	药学	专注于药物的发现、开发、制备、分析、配伍、质量控制、药效学、药代动力学、临床应用和监督管理等
	100702	药物制剂	研究药物的剂型设计、制备工艺、质量控制、药效评价及合理使用
	100703TK	临床药学	结合临床医学与药学,专注于药物在临床治疗中的应用,包括药物选择、剂量调整、药物相互作用等

专业类别	专业代码	专业名称	专业介绍
药学类	100704T	药事管理	涉及药品的法规、政策、市场准入、药品注册、药品监管等管理活动
	100705T	药物分析	研究药物及其制剂的质量控制方法，包括化学分析、生物分析、仪器分析等
	100706T	药物化学	研究药物的化学结构、合成方法、构效关系及药物设计
	100707T	海洋药学	专注于海洋生物资源中活性物质的发现、提取、合成和应用
	100708T	化妆品科学与技术	研究化妆品的配方设计、生产工艺、质量控制、安全性和功效评价
中药学类	100801	中药学	研究中药的来源、采集、鉴定、炮制、制剂、质量控制、临床应用等
	100802	中药资源与开发	专注于中药资源的调查、评价、保护、开发和可持续利用
	100803T	藏药学	研究藏医药的理论体系、药物资源、制剂工艺、临床应用等
	100804T	蒙药学	研究蒙医药的理论体系、药物资源、制剂工艺、临床应用等
	100805T	中药制药	涉及中药的提取、分离、纯化、制剂工艺和质量控制
	100806T	中草药栽培与鉴定	研究中草药的栽培技术、品种改良、品质鉴定和资源保护
化工与制药类	081301	化学工程与工艺	专注于化学工业生产过程中的科学原理和工程技术，旨在优化和设计化学产品的制造过程
	081302	制药工程	涉及药品的研发、生产和质量控制，将化学、生物学和工程学原理应用于药品制造
	081303T	资源循环科学与工程	专注于自然资源的高效利用和循环再生，以实现可持续发展和环境保护
	081304T	能源化学工程	结合化学工程和能源科学，致力于开发和优化能源转换、储存和传输技术

专业类别	专业代码	专业名称	专业介绍
化工与制药类	081305T	化学工程与工业生物工程	融合化学工程和生物技术，专注于生物基产品的生产和生物过程的工业应用
	081306T	化工安全工程	专注于化工生产过程中的安全问题，包括风险评估、安全设计和事故预防
	081307T	涂料工程	涉及涂料的研发、生产和应用，专注于提高涂料的性能和环保特性
	081308T	精细化工	专注于小批量、高附加值的化学产品的研发和生产，如医药、化妆品和特种化学品等

一般学校的本科阶段开设的常见专业包括药学、中药学、临床药学和制药工程，而其他专业往往只于少数院校本科阶段开设，更细分的专业方向则会在研究生阶段根据学院师资配置来设定。其中，药学专业侧重于化学领域的知识；中药学专业专注于药用植物、动物、矿物的研究；临床药学专业更侧重于药物在临床治疗中的应用，对应医院中的临床药师一岗；而制药工程专业则偏向于制药工艺优化，常用于大规模的药物生产。值得一提的是精细化工专业，它在化妆品、日用品等方向的就业情况也很不错。在本科就业市场上，药学、中药学、制药工程专业的就业差异不大，一般要求本科专业具备医药背景即可。那些涉及产品研发等专业性较强的岗位则会有较明确的专业背景要求，这类岗位往往倾向于招聘硕士研究生及以上学历的专业人才。

因药学主要研究药物在人体内的吸收、分布、代谢等过程，这涉及药物的具体化学成分及其在人体内的转化，所以药学专业的课程设置重视生物和化学。药学专业对于对生物学和化学有浓厚兴趣的学生来说是理想之选。

如果以后有意向于从事药品生产、经营、使用等工作，则需要有2年医药行业工作经历后考取执业药师资格证书。如果从事临床实验相关的工作，可能需要获得药品临床试验质量管理规范证书。

药学类

（三）院校怎么报

优秀的人才离不开好的学术平台的培养。国内院校各有其强势专业，而在药学类专业拥有优秀的学科实力、强大的师资力量、优秀的合作企业的院校不在少数。

在考虑药学类专业的院校时，可以着眼于以下 4 类。

第一类，"全面型选手"，如浙江大学、复旦大学、天津大学等，这些院校学科实力全面，是以化学、生物见长的综合类院校。

第二类，以药科大学、中医药大学为名的院校，如被冠以"南药北药"之名的中国药科大学和沈阳药科大学，此外还有广东药科大学、上海中医药大学等。

第三类，医科类院校，如北京协和医学院、海军军医大学、空军军医大学和首都医科大学等，它们在药学领域同样拥有显著的实力。

第四类，部分以化学专业见长的院校，如兰州大学、北京化工大学、浙江工业大学等院校的药学专业也较为强势，值得考生在报考时予以考虑。

四、热门问答

Q1 药学类专业对数学的要求高吗？

不高。

在本科阶段，药学类专业的学生除了要学习本科培养方案中基础的高等数学，通常不再学习其他关于数学的课程。在考研课程中也不涉及数学，其公共课只考英语和政治。

Q2 药学类专业本科毕业生就业情况如何？

一般。

药学类专业本科毕业生每年就业最多的岗位是医药代表。除此之外，还有质量保证、品质控制、药物警戒、药品注册、临床监察等岗位可供选择。研发岗位较少，本科毕业生一般在研发组内从事一些基础投料工作，上升途径有限。由于药学类专业的学科交叉程度高，若想从事研究工作，对学历的要求通常较高。研发工作一般需要硕士研究生学历作为入门条件，而博士研究生则往往成为带团队进行研发的中坚力量。

Q3 医药岗位想赚取高薪需要具备什么样的能力？

要有强大的探索精神，以及持续不断的学习能力。

医药行业发展迅速，前沿技术更新很快。因其是一个非常重视知识产权的行业，所以创新药物往往能开拓蓝海市场，占得先机者通常能赚取最大的利润。

Q4 药学类专业学生、中药学类专业学生的考研方向有哪些？

药学类专业学生的考研方向大致分为设计、合成、药理、市场 4 大方向，在市场中的相关岗位也相对较多。除了这些方向，药学类专业在硕士研究生阶段也有转向基础医学、材料、生物制剂方向的情况。此外，还有一些比较小众但目前市场前景不错的行业，如化妆品、香料香精等。中药学类专业学生的考研方向和中药材密切相关，资源开发、分析炮制、分离提纯都是比较热门的研究方向选择。

药学类

第十二章

数学类、统计学类

——用数字推演世界规律

·导言

万物皆数，用数字语言表达世界！

数学是支撑人类认知、描述世界的基础，推动了人类文明的进程。作为基础学科，数学类与统计学类在基本逻辑和就业方向上存在高度重合性，很多院校将这两类专业放在同一个学院里共同培养，如浙江大学[1]、东南大学[2]和湘潭大学[3]等。因此，编者将这两个专业放在本章一起进行讲解。

除了学术研究与教育行业，数学类和统计学类这两类专业也能链接到很多就业机会。本章将以企业就业为主，深入探讨与数学、统计学相关的行业领域、企业、薪资、岗位、专业等多个方面，帮助考生及家长全方位了解这两类专业。

---

[1] 信息来源于浙江大学官网。
[2] 信息来源于东南大学官网。
[3] 信息来源于湘潭大学官网。

一、了解未来就业形势

数学与统计学的就业方向广泛，可细分为学术研究、教育培育、产业实践三大路径。

在学术研究领域，主要聚焦于高等学府和研究机构，诸如中国科学院数学与系统科学研究院、南开大学数学科学学院、山东大学国家应用数学中心等。此方向对学术水平的要求极为严苛，普遍要求应聘者拥有博士学位乃至博士后研究经历。在实际工作中，虽然会面临着持续的科研压力，但此类岗位提供的优厚待遇及相对灵活的工作时间，也为有志于深耕学术领域的人才提供了极具吸引力的选择。

在教育培育领域，主要涵盖中小学教职岗位及市场中的各类教育培训机构。高中数学教师的岗位通常要求应聘者具备硕士研究生以上学历，而本科学历的求职者可能会局限于小学阶段的教职机会。教育培训行业一般不作过高要求，本科学历基本能够满足需求。尽管教育行业的薪酬待遇相对有限，但胜在稳定性高、职业前景明晰，因此成为追求平稳生活的理想选择。

在产业实践领域，数学作为一门基础学科，跨学科应用十分广泛，涉及金融、科技、国防军工、管理等多个领域。这些行业也为数学类与统计学类专业人才提供了多种就业机会。

《南京大学数学系 2023 届毕业生就业质量报告》显示，在南京大学 2023 届数学类、统计学类专业毕业生中，38.4% 的本科毕业生从事教育工作，占比最多，其次是金融，占比 15.4%；硕士毕业生从事软件类行业占比最多，达 34.8%，其次是金融，占比 26.1%；81% 的博士毕业生从事教育工作，其次是科研和技术服务业、制造业，占比都是 11.1%。大部分其他院校的数学类、统计学类专业毕业生去向类似。对于层次不高的院校而言，其毕业生去往金融方向的占比相对偏低，而步入教育行业的占比增加。

《2024 年中国本科生就业报告》显示，2019 届数学类、统计学类专业的本科毕业生 3 年后的平均月收入为 8,717 元。因为数学、统计学是理学学科，所以在所有本科毕业生中，选择考研深造的比例也相对较高。数学类专业的平均月收入在所有本科专业中属于中等偏上水平。

高薪工作方向需要提前洞悉市场需求。如果数学类、统计学类专业毕业生想拓展自身的就业宽度，建议交叉学习其他知识技能，如编程技能、数据处理能力、金融分析能力等。数学类、统计学类专业毕业生如果能用企业需要的知识技能解决实际问题，其就业方向将相当广泛，这需要学生提前确定自己的就业方向，做好准备，丰富自己的技术面，增强在高薪岗位上的竞争力。

（一）就业信息一览表

数学类、统计学类专业就业信息详见表12-1。

表 12-1 数学类、统计学类专业就业信息

一句话介绍就业	优秀就业岗位往往出现在其跨学科应用方向之中			
就业方向	人工智能、大数据、自动化、经济金融			
热门岗位	数学教师、数据科学家、保险精算专员、数据分析师、调度算法工程师			
工作压力	★★★★☆	前期收入 ★★★☆☆	政策结合度	★★☆☆☆
加班强度	★★★★☆	出差频率 ★★☆☆☆	建议就业起点	硕士
公考优势	★★☆☆☆	就业壁垒 ★★★★☆	优势就业区域	一／二线城市

（二）就业方向及企业

数学类与统计学类专业作为解决问题的工具，其岗位分布于多种行业。从直接对口的教育培训、数据分析、咨询服务，到工科领域的生物医药、工程制造、航空航天、算法优化，再到经济领域的金融、快消、传媒等，都有广阔的就业空间。

在数据分析领域，数学统计可以为各行各业提供精准的数据分析和决策支持。该领域的头部专业机构包括麦肯锡、波士顿咨询、微软的数据科学部等。

在算法领域，商汤科技、旷视科技、依图科技、地平线机器人和第四范式等公司均享有盛誉。它们凭借在计算机视觉、深度学习、人脸识别、图像识别等人工智能子领域的深入研究和创新成果，以及在边缘计算和企业级平台服务上的专业能力，共同推动着算法技术的进步和应用，成为人工智能领域的领军企业。

在金融领域，广发证券、国泰君安证券是中国领先的证券公司。其他知名企业包括摩根士丹利、华鑫证券、中信证券、中国建设银行、中国工商银行、平安银行等。

数学类、统计学类专业相关就业方向及企业举例详见表12-2。

表 12-2 数学类、统计学类专业相关就业方向及企业举例

就业方向	具体介绍	相关企业
教育	教授初中、高中、机构或大学的数学课程，包括数学基础知识的讲解、习题解答、学生辅导等	新东方、学而思、初高中学校
数学建模	运用数学方法建立实际问题的数学模型，进行理论分析和数值计算，为科学研究、工程设计、经济管理等提供定量分析和预测	中国航天科技集团、比亚迪、中国科学院、中国社会科学院
业务分析	运用数据分析方法对业务数据进行深入挖掘和分析，为业务决策提供数据支持和优化建议	腾讯、字节跳动、京东、美团、拼多多
数据分析	运用统计学、计算机科学和数学建模等知识，处理和分析大量数据，为业务决策提供数据支持	麦肯锡、波士顿咨询、微软的数据科学部、国家统计局、尼尔森、益普索
算法	专注于开发和优化算法，以解决实际问题。在人工智能、机器学习、计算机视觉等领域有广泛应用，如图像识别、自然语言处理、推荐系统等	百度 AI Lab、商汤科技、旷视科技、依图科技、地平线机器人、第四范式
风险管理	负责评估公司或项目面临的各种风险，包括市场风险、信用风险、操作风险等，并运用数学模型进行量化分析，制定风险应对策略	中国工商银行风险管理部、中国平安风险管理中心、中国建设银行
精算	主要负责保险产品的定价、风险评估和准备金计算，确保保险公司的财务稳健	中国银行、工商银行、中国平安、中国人寿、泰康保险
量化交易	运用数学和计算机编程技能，开发并执行量化交易策略，在金融市场中进行高频交易或套利操作	文艺复兴科技公司、桥水基金、中信证券、国泰君安证券

在表 12-2 所列的就业方向中，数据分析岗、数学建模岗是数学类和统计学类专业毕业生较为对口的就业选择。然而，在工作内容差距不大的前提下，

此类岗位的薪资水平和岗位所在的行业有非常强的相关性。职友集的数据显示，数学类、统计学类专业毕业生若选择计算机方向就业，薪资在总体上会更高一些，且有些企业会对有数学背景的人才更加青睐。

以数学建模为例，它在社会科学领域，尤其是经济学、管理学、市场营销等方面发挥着重要作用。例如，通过构建GDP增长模型、通货膨胀预测模型等经济计量模型，政府可以评估政策效果，指导经济发展方向。

数学在物理科学中的应用也非常普遍，数学分析、数值计算和计算机模拟等方法被广泛用于天体物理学、量子力学等各种领域。数学建模被用于探索自然界中未知的物质或核心问题，模拟自然现象，如天气预报、大气污染扩散等。

数学在医学领域的应用日益广泛，成为医学研究和疾病防控的重要工具。通过构建生物系统动力学模型、疾病传播模型等，数学建模揭示了生物体内部复杂的相互作用机制，为疾病诊断、治疗方案的制定提供了新思路。例如，在传染病防控中，通过建立SIR（易感者—感染者—移除者）模型等，研究人员可以预测疫情的发展趋势，评估防控措施的效果，为公共卫生政策的制定提供科学依据。

在工业制造领域，数学建模在产品设计、生产和质量管理中起着关键作用。通过建立力学模型、热力学模型等，工程师可以对产品进行优化设计，提高产品质量和生产效率。

在金融领域，数学建模用于定价金融衍生品、风险管理、投资组合优化和信用评分等。通过建立股票价格预测模型、投资组合优化模型等金融模型，投资者可以在控制风险的同时实现资产的保值和增值。

在交通运输领域，数学建模用于交通流量预测、路径规划、信号灯控制等方面。通过建立交通流模型、路径优化模型等，交通管理部门可以预测未来的交通状况，从而优化交通网络设计，减少交通拥堵，提高出行效率。

此外，数学建模还应用于生活中常见的软件个性化推送。通过收集用户在平台上的交互数据，如观看视频、点赞、评论、分享等行为，以及用户的年龄、性别、地域等基本信息，构建用户的兴趣标签，并通过算法从海量信息中提取出用户潜在感兴趣的内容进行推送。

（三）相关产品和服务

在了解数学类、统计学类专业毕业生的就业方向和相关企业之后，接下来，编者将聚焦于数学、统计学领域的重要产品进行介绍。

数学、统计学是强大的工具，它们处理的核心内容都是数据。由于数据都以数字的形式出现，所以数学和统计学所能提供的大部分产品都是无形的资产，其中最主要的是为市场提供数学服务。数学类、统计学类产品举例及介绍详见表 12-3。

表 12-3 数学类、统计学类产品举例及介绍

产品或服务	举例	介绍
产品	数学统计教材与参考书	《深入浅出统计学》《微积分学教程》等
	模型与算法	这些创新的模型和算法有助于在数据分析、数据挖掘、机器学习等领域提高生产效率，具有广泛的应用前景
	数据分析工具与软件	在提高数据分析效率的过程中，数据从业者会不断开发数据分析软件，如 IBM SPSS Modeler。这是一款由 IBM 公司开发的数据挖掘和预测分析工具，它主要用于从大量数据中提取有价值的信息，并通过建立预测性模型来指导商业决策
服务	市场调研	市场调研公司利用统计学方法对消费者行为、市场需求和竞争态势等数据进行深入分析，为企业提供市场洞察和决策支持
	风险评估与管理	在企业管理和金融投资中，风险评估与管理是至关重要的一环。利用数学和统计学的方法对市场、项目或投资组合进行风险评估，可以帮助决策者制定更为科学合理的决策方案
	数据分析服务	为各种机构提供定制化的数据分析服务，包括数据清洗、建模、预测和可视化等，帮助团队从海量数据中提取有价值的信息和规律

以模型与算法产品为例，微软、谷歌、百度、阿里巴巴等知名企业纷纷投入人工智能领域，这一业务板块的重要性不言而喻。无论是机器学习、深度学习，还是强化学习等核心技术，都是通过算法来实现对数据的分析、处理和决策的。

数学类、统计学类

例如，在语音识别领域，深度学习算法能够模拟人脑的神经网络结构，从而实现对语音信号的准确识别和理解。而在推荐系统领域，协同过滤算法能够根据用户的历史行为和偏好，为用户推荐个性化的内容。

数学与其他学科的交叉融合为算法模型提供了新应用场景。例如，数学与物理学的结合催生了量子计算这一新兴领域；数学与生物学的结合推动了生物信息学的发展。

了解了数学、统计学产品和服务的多样性和发展之后，接下来再了解一下就业岗位的薪资情况。

（四）相关岗位及薪资

数学类、统计学类专业的毕业生可以选择较为稳定的教育行业和公共事业方向，也可以进入相对高薪的行业。

综合招聘信息来看，应届毕业生在教育行业担任初、高中老师的薪资范围在 6,000~10,000 元，这一行业稳定且有相当不错的社会地位，工作环境也相对简单。追求更高的学术研究或者教育环境的毕业生可以选择大学教育领域，但这需要更高的学历和一定的学术能力。

公共事业是指政府部门或非营利组织，它们需要数学专业的人才进行政策分析、统计分析等工作，薪资情况和当地财政收入情况挂钩。

数学类、统计学类专业的毕业生可以进入高薪行业，如互联网行业、咨询行业、金融行业（基金证券、期货、投资、银行、保险等）、航空航天研究与制造业等，这些行业的薪资排名前 10 位。[1] 在这些行业中，计算机、信息技术服务、金融相关方向的收入稳居前三，毕业生毕业 3 年后的薪资涨幅都超过70%[2]，具有比较大的发展潜力。但这些行业对个人能力的要求较高，工作压力也相对较大。这些行业招聘的岗位不仅要求数学类、统计学类专业背景，还要求应聘者具有岗位相关专业背景。例如，数据分析师一般要求应聘者的专业为数学、统计学、计算机学、物理学等。其他常见的岗位包括统计程序员、量化研究员、精算师等。

在信息技术方面，数学类、统计学类专业毕业生可从事算法设计、数据分

---

[1]　信息来源于薪智和锐仕方达发布的《2024 全行业薪酬白皮书》。

[2]　信息来源于《2024 年中国本科生就业报告》。

析、软件开发等工作，尤其是在大数据和人工智能领域。这些就业方向都与计算机紧密相关，需要应聘者具备基础计算机能力。总体来说，算法岗和交易员岗的薪资较高。

各大公司在招聘数学类、统计学类专业人才时，大部分岗位会要求应聘者具备市场所需的个人技能、证书及项目经验。同时，众多岗位几乎都要求应聘者掌握编程知识，熟悉 Java、C++、Python 等编程语言。其中，数据岗位会要求掌握 SQL、Python、R 等数据分析语言；算法岗则要求必须具有建立数学模型等知识。因此，本类专业的学生在大学期间应努力拓展计算机技能。如果学生考虑深造，那么研究方向越贴近市场需求，就越容易争取到高薪岗位。此外，很多公司还希望应聘者有相关竞赛奖项或证书，以及大公司的实习经验来证明其个人能力。

从城市分布的角度出发，由于大部分岗位都具有信息处理的特性，且一般集中度高，主要聚集于公司研发中心或总公司，因此这些岗位多集中在一线城市。

（五）就业前景

国家为了支持数学类、统计学类专业的发展，出台了很多文件，主要体现在利用数学类、统计学类专业的技能促进数字经济、数据科学、法治经济建设等方面的发展。

《国务院关于全面加强基础科学研究的若干意见》（以下简称《意见》）指出，我国基础科学研究短板依然突出，数学等基础学科仍是最薄弱的环节，重大原创性成果缺乏，基础研究投入不足、结构不合理，顶尖人才和团队匮乏，评价激励制度亟待完善，企业重视不够，全社会支持基础研究的环境需要进一步优化。该《意见》还包括国家划拨资金支持数学实验室的建设等多项措施，争取到 2035 年，我国基础科学研究整体水平和国际影响力能大幅跃升。

《关于加强数学科学研究工作方案》由科技部、教育部、中国科学院、自然科学基金委四部门联合制定，指出持续稳定支持基础数学科学，加强应用数学和数学的应用研究，持续推进和深化高层次的国内外交流与合作。

教育部发布的《关于在部分高校开展基础学科招生改革试点工作的意见》，国家为支持数学等理学专业的发展提出了强基计划。强基计划是中国高等教育领域的一个重要项目，旨在选拔和培养具有数学天赋和潜力的学生，为国家的

数学类、统计学类

基础学科研究和发展提供人才支持。强基计划数学专业培养内容介绍详见表
12-4。

表 12-4 强基计划数学专业培养内容介绍

角度	内容
培养模式	大三通过转段考核，可以免考研（统考），直接读研；部分院校针对特别优秀的学生，给出了本硕博衔接培养方案，如哈尔滨工业大学等
培养目标	培养能够推动数学学科发展、满足国家战略需求的顶尖人才
适合什么样的学生	如果学生对数学或相关基础学科真正有兴趣和热情，并有志于从事相关领域的科研工作，那么强基计划是一个很好的选择
强势学校举例	这个计划部署在"985"院校，如北京航空航天大学、同济大学、中国科技大学、兰州大学等。这些院校的数学专业实力都非常强，其中，北京航空航天大学的数学学科在 QS 世界大学排名中位列第 12 名
分数情况	数学强基入围分数比较高，近年来基本和这些院校在普通批次招生的分数持平

数学专业的强基计划是中国高等教育体系中的一个重要项目，其满足国家
在基础学科领域的战略需求，旨在选拔和培养数学领域拔尖人才，为高端芯片
与软件、智能科技、新材料、先进制造和国家安全等关键领域奠定数学基础。

同时，国内设立了很多奖项，以鼓励数学和统计学领域的科研人员持续潜
心钻研。这些奖项包括华罗庚数学奖、陈省身数学奖、钟家庆数学奖等。除此
之外，国家自然科学奖和高等学校科学研究优秀成果奖也是数学和统计学科研
人员的重要荣誉。

二、抓取当下典型企业

（一）第四范式企业介绍

第四范式技术有限公司（以下简称第四范式），成立于 2014 年 9 月，是
企业级人工智能领域的行业先驱者与领导者，是中国智能决策市场的最大参与

者。该公司致力于实现企业级人工智能快速规模化落地，为企业提供以"决策型 AI""生成式 AI"为核心的技术、产品及解决方案，推动传统企业的数字化转型进程。该公司的产品现已广泛应用于金融、零售、制造、能源与电力、电信及医疗保健等领域。

在 2023 年 7 月，权威市场研究机构 IDC 发布的《中国智能决策解决方案市场份额》显示，第四范式蝉联了智能决策市场占有率第一，且其市场份额持续扩大，在决策型企业级 AI 市场中排名第一。

第四范式的业务范围广泛，覆盖多个行业。第四范式业务板块及产品或服务详见表 12-5。

表 12-5 第四范式业务板块及产品或服务

业务板块	对应产品或服务	详细介绍	实际应用举例
数据分析与挖掘	数据挖掘、统计分析	包括关联规则学习、聚类分析、预测建模等，用于从大量数据中提取模式和洞察	零售行业中的销售趋势分析，金融市场中的股价预测
自动特征工程	特征选择、特征提取	自动识别和构建对预测任务最有用的特征，提高模型性能	信贷风险评估中的客户特征分析
自动模型搜索	算法选择、超参数优化	自动选择最适合数据集的算法和最优的超参数配置，以获得最佳的模型效果	在线广告中的点击率预测
实时数据分析	流式数据处理	处理和分析实时数据流，支持快速决策和动态系统优化	金融市场交易监控，物联网设备实时监控
数据处理与准备	数据清洗、数据预处理	包括数据去噪、缺失值处理、异常值检测、数据标准化等，用于确保数据质量	金融行业中的客户数据分析，医疗行业中的患者信息预处理
预测技术	自动机器学习（AutoML）	包括自动特征工程、自动模型搜索等，用于提高预测准确性	银行、保险、证券等行业的风险评估
感知技术	计算机视觉（AutoCV）、自然语言处理（AutoNLP）、语音识别（AutoSpeech）	包括文本识别、图像分类、语音识别等，用于增强数据感知能力	零售业的商品识别，医疗行业的语音诊断

数学类、统计学类

业务板块	对应产品或服务	详细介绍	实际应用举例
决策技术	强化学习（Reinforcement Learning）、环境学习（Environment Learning）	包括自动神经网络结构生成、样本高效强化学习等，用于优化决策过程	能源管理、智能制造
AI 基础架构	系统框架、异构计算、分级存储	提供强大的 AI 计算和存储支持	大规模数据处理和存储
其他领域	隐私安全、边缘计算、人机交互	包括多方安全计算平台、联邦学习等，关注数据安全和计算效率	跨行业的数据安全和智能交互应用

第四范式的这些业务模块已广泛应用于银行、保险、零售、能源、医疗、制造等行业。

以智慧医疗领域为例，基于领先的 AI 技术和代谢性疾病样本库，第四范式建立了中国慢性病高精准筛查系列产品，可同时对心脑血管、心血管、脑卒中、糖尿病和高血压 5 种常见高发慢性疾病进行风险评估。在国家标准化代谢性疾病管理中心内举办的"AI+ 医疗"战略合作发布会上，国内首款基于人工智能实现的糖尿病及并发症管理产品"瑞宁知糖"，引起众多关注。据悉，该产品由中国工程院院士、瑞金医院副院长宁光院士团队与人工智能独角兽企业第四范式共同研发，可预判人们未来 3 年罹患糖尿病及糖尿病心血管并发症等代谢疾病的潜在风险、提供专业评估报告及个性化干预方案。

第四范式在整个医疗领域的业务都表现卓越，其慢病预测的准确率相较于专业医生基于临床经验的标准预测提高了 2~3 倍，新型冠状病毒肺炎高危人群的筛查准确率提高了 16 倍，胰腺癌术后生存分析预测的精度绝对值提升了 12%。

（二）第四范式招聘信息

第四范式官网招聘分为校园招聘和社会招聘。校园招聘方向大致分为算法、机器学习、产品经理、软件开发岗。截至 2024 年 9 月，其官网的社会招聘有

30 个岗位发布，编者比较关注的主要为技术类、咨询类、产品类。

表 12-6 为第四范式 2024 年数学类、统计学类专业岗位招聘信息。

表 12-6 第四范式 2024 年数学类、统计学类专业岗位招聘信息

招聘种类	岗位	岗位要求
校园招聘	应用算法科学家	1. 统计、计算机、应用数学、物理等工科专业优先； 2. 熟练掌握主流机器学习算法，有推荐系统、运筹优化相关经验者优先； 3. 熟练使用 SQL 及数据分析相关语言，如 Python、R 等
	机器学习算法实习生	1. 硕士研究生及以上学历，计算机、数学、软件工程或相关专业； 2. 熟练使用 Python 及 SQL，有较强的编码能力； 3. 熟练掌握常见的机器学习算法（LR、树模型等）
	产品经理（实习岗）	1. 国内外重点院校理工科专业全日制本科及以上学历； 2. 具备人工智能相关领域或者 ToB 领域的产品实习经验
社会招聘	商业分析专家	1. 统招本科及以上学历，数据分析、商业管理、经济学等具备开展定量研究相关专业背景； 2. 4 年以上数据分析 / 战略分析相关工作经验，有 TMT 领域、市场策略咨询服务、战略规划领域从业经验者优先
	数据科学家	1. 统计、计算机、应用数学、物理或相似工科专业优先，1 年及以上算法实践经验； 2. 熟练掌握主流机器学习算法，有推荐系统、运筹优化相关经验者优先； 3. 熟练使用 SQL 及数据分析相关语言，如 Python、R 等
	机器学习算法工程师	1. 本科及以上学历，熟悉机器学习、深度学习、数据挖掘、强化学习等方向之一； 2. 具备良好的编程能力，熟练掌握 Python、C++ 等编程语言； 3. 掌握以下任一技术方向对应的算法：自动机器学习、强化学习、迁移学习、对抗学习、凸优化、搜索、推荐、神经网络、知识图谱等
	语音算法工程师	1. 本科及以上学历，具备语音识别、声纹识别、语音评测、语音合成等方向相关经历； 2. 具备良好的编程能力，熟练掌握 Python、C++ 等编程语言，具备较强的算法实现能力，熟悉深度学习平台，如 TensorFlow/PyTorch 等

数学类、统计学类

从招聘情况可以看出，大部分招聘数学、统计学毕业生的岗位，要求应聘者具备编程技能。这家公司也提供了很多算法岗位，应聘者可以朝着机器学习、深度学习、数据挖掘、强化学习等方向提升自己。校园招聘采用线上投递方式，有意向的学生需要注意当年官网发布的招聘信息。

三、认清各类专业差异

（一）专业一览表

数学类、统计学类专业信息详见表12-7。

表 12-7 数学类、统计学类专业信息

一句话介绍专业	数学是研究数量、结构、变化及空间等概念的一门学科，它通过抽象和逻辑推理来探索和解释现象。统计学类专业专注于数据收集、分析、解释及预测
基础课程	解析几何、高等代数、数学分析、拓扑学等
专业课程	数学模型、微分几何、数理方程等
适合哪些同学	对数学很感兴趣，或者希望通过选择一个就业情况相对不错的理科专业，以确保未来可以进入工科领域
推荐书目	《数学之美》吴军 著 《赤裸裸的统计学》[美] 查尔斯·惠伦 著
选科建议	物理 + 化学
考研建议	应用统计学、工商管理、运筹学、计算机等方向

（二）专业怎么选

数学类专业是一门研究数量、结构、空间、信息等概念的抽象性质的学科；统计学类则是应用数学的一个分支，主要通过利用概率论建立数学模型，收集所观察系统的数据，进行量化分析、总结，做出推断和预测，为相关决策提供依据和参考。两类专业要求的高中选科都为"物理 + 化学"，且多数院校将这两类专业开设在同一个学院——数学与统计学院。

以下列举的是本科阶段数学、统计学大类的专业。在选择专业时，学生需要结合本章内容考虑本专业的就业发展是否符合自己的期望。在《普通高等学校本科专业目录（2024年）》中数学类、统计学类专业属于理学大类，其专业目录详见表12-8。

表12-8《普通高等学校本科专业目录（2024年）》中数学类、统计学类专业目录

专业类别	专业代码	专业名称	专业介绍
数学类	070101	数学与应用数学	研究数学理论及其在各领域的应用
	070102	信息与计算科学	结合信息科学和计算数学，研究信息处理与计算的交叉型学科
	070103T	数理基础科学	探索数学和物理的基本理论，为现代科学技术提供理论基础和数学工具
	070104T	数据计算及应用	专注于数据处理的算法、技术及其在各领域的应用
统计学类	071201	统计学	通过收集、分析、解释数据来推断总体特征，为决策提供依据
	071202	应用统计学	将统计学原理和方法应用于特定领域，如经济、生物、工程等，解决实际问题
	071203T	数据科学	综合运用数学、计算机科学和统计学知识，挖掘数据价值的学科
	071204T	生物统计学	应用统计学方法于生物医学领域，分析和解释生物数据，支持健康科学研究

　　院校常见的专业为数学与应用数学、信息与计算科学、统计学、应用统计学。其中，部分院校会在信息与计算科学专业中增设一些与计算机相关的专业课。其他专业仅有少部分院校开设。实际上，同一个专业大类下面的4个专业，在本科阶段学习的内容在同一所院校中不会有特别大的差异。对于非常喜欢数学又对代码感兴趣的学生来说，可以优先考虑信息与计算科学专业。

　　当然，也有部分院校会依托自身的学科优势或者周边企业的就业优势对学科培养方案做出个性化调整，提供一些可供学生选择的选修科目，如金融、算法或与院校特色相结合的课程。

　　数学类、统计学类专业之间有非常紧密的联系，它们相互推动，相互影响，

数学类、
统计学类

数学类专业与统计学类专业的对比详见表12-9。

表 12-9 数学类专业与统计学类专业的对比

区别	数学类专业	统计学类专业
学科基础	数学的核心是进行数学理论的研究，为统计学提供了基础	统计学依赖于数学的方法和技术，但也为数学带来了实际应用的场景
主要关注点	探究数学现象的本质和定理规律，进行逻辑推理和公式证明	数据的收集、分析、解释和预测
核心课程设置	高等数学、线性代数、微积分、微分方程、概率论、数学分析等	概率论与数理统计、统计学原理、数据分析、回归分析、数理统计等
学习难度	学习难度较大，需要对数学有深厚的兴趣和扎实的数学基础	学习难度适中，需要一定的数学基础
考研去向	数学专业学生考统计学专业研究生的人数很多，还可以跨考金融、计算机等专业	统计学专业学生往数学专业跨考的比较少，还可以跨考金融、计算机、工商管理等专业
技能培养	逻辑推理、证明能力、抽象思维、问题解决能力等	数据处理与分析、统计软件应用、实验设计、假设检验等

数学类专业以数学理论研究为核心，为统计学提供基础，主要探究数学现象本质及定理规律，学习难度大。在考研时，除了数学、统计学方向，还可跨考金融、计算机、生物等多个方向，着重培养逻辑推理能力。数学是理论基础，而统计学则可以视为一种数学工具，总之，二者相互依存，相互促进。

统计学类专业依赖于数学的方法和技术，为数学提供实际应用场景，主要关注数据收集、分析、解释和预测等方向。其核心课程包括概率论与数理统计等，学习难度适中。在考研时，统计学类专业学生跨考数学的情况较少，但跨考金融、计算机、生物信息等专业则较为常见，统计学类专业注重培养数据处理与分析等技能。

（三）院校怎么报

2020 年 2 月 26 日，《科技部办公厅关于支持首批国家应用数学中心建设的函》公布了首批 13 个国家应用数学中心和建设院校名单。学生可以选择数学中心参与建设的院校进行报考。

另外，数学的报考主要分为 3 种情况：理论研究方向、理工交叉方向、教育师范方向。

如果打算攻读纯理论研究方向，在填报院校时，考生及家长可以优先注意文理综合性院校，尤其是在学术评估角度比较突出的院校，此时应将学科评估和专业实力作为首要选择标准。如果本科院校实力较强，可以选择本硕博连读，"985"院校的强基计划可以作为比较优先的选择。对于实力排名一般的院校，需要在考研时提升院校层次，这有助于后期发展。

如果打算攻读理工交叉方向，考生及家长可以优先选择一些理工类强校，并在本科阶段参加一些与数学应用相关的竞赛或实验，同时旁听或选修相应的工科课程，为考研跨考工科做准备。

如果打算攻读教育师范方向，考生及家长可以优先选择师范类院校。这类院校的数学比较侧重于数学教学，应用实践较少，与其他类型院校的数学专业相比，会开设一些关于教育学、教育技术相关的课程。此时，提前批公费师范生政策是一个比较好的选择。

统计学类专业的报考目前主要推荐财经类院校，如上海财经大学、中央财经大学、江西财经大学、东北财经大学、浙江工商大学等。在这些财经大学或工商大学中，统计学类专业实力都比较强。另外，作为与数学强相关的专业，考生及家长可以优先报考数学专业实力雄厚的院校，选择时可以参考数学专业的报考逻辑。

四、热门问答

Q1 数学类、统计学类专业的学习难度如何？

数学类、统计学类专业的学习难度大。

这两类专业的学习难度大，尤其是数学类专业，包含许多高难度的课程，如微分几何、泛函分析、离散数学等。这些课程对学生的逻辑思维、抽象思维和问题解决能力都有很高的要求。统计学类专业需要一定的数学基础，特别是概率论和微积分等课程。如果学生在这些领域有较强的基础，那么学习统计学会相对容易一些。

Q2 以高端岗位为目标需要学生具备什么能力？

在金融、人工智能等高薪领域，数学类、统计学类专业的毕业生往往需要和其他专业（如金融工程、计算机科学等）的优秀人才一起竞争高端职位。从本章岗位举例及薪资情况板块可以了解到，编者强烈建议学生培养计算机编程、算法、数据分析等岗位的刚需技能，如编程语言、数学建模等贴合市场需求的技能，并通过参加竞赛、实验、实习等方式来增加实战经验，提高自己适应市场的能力。

Q3 数学类、统计学类专业的考研方向怎么选？

数学类专业考研可分为两种情况：第一种是学生有志于基础学科研究，那么继续选择本专业领域即可，建议尽量选择高层次院校；第二种是以就业为导向，建议如本章中就业方向所述，尽早确定自己的目标发展方向，并在研究生阶段选择结合目标岗位需求的专业方向。

第十三章

医学类

——健康之船的守护者

·导言

　　医，精义也，重任也。

　　医学类专业的道路充满挑战，对那些坚定不移投身医学事业的学生来说，这些挑战并未动摇他们的决心。

　　医学领域宽广的专业体系容易让学生在专业选择上面临不小的困惑，因此，编者将从医学类专业的就业情况出发，以终为始，对医学类专业进行深入探讨。本章的内容将针对医生就业领域、医院组织架构、医生职业发展前景，以及医学类专业的选择与深造方向等多个维度，进行全面的解析和梳理。

从 2017 年开始，随着《国务院办公厅关于深化医教协同进一步推进医学教育改革与发展的意见》政策的落实，不少省市的临床类专业录取分数在逐年升高。从就业角度来看，医生是一个多元化且专业性强的职业，涉及多个工作领域和科室。医生作为关键的医疗资源，其职业前景依然乐观。然而，医生也面临着工作压力大、责任重的挑战。

《2024 年中国本科生就业报告》数据显示，2023 届医学类专业毕业生的工作与专业相关度为 92%，明显高于全国"双一流"院校平均水平。这表明医学类专业的毕业生在社会上有着较高的需求。在这些因素的共同推动下，医学类专业已成为众多考生及家长心目中的热门意向专业。

（一）就业信息一览表

医学类专业就业信息详见表 13-1。

表 13-1 医学类专业就业信息

一句话介绍就业	医学类专业的毕业生主要集中在医疗卫生系统内，包括综合医院、基层医疗卫生服务机构及医学相关领域。2024 年 9 月出台的三明医改模式 [1] 或将改变国内医疗卫生体系				
就业方向	就业地域性极强，以公立医院为主，其次是卫生系统。研究生学历已成为这类领域的入职门槛；医学生的主要深造方向为卫生系统领域的医院、疾控中心等稳定性强的就业主体				
热门岗位	口腔医生、眼科医生、内科医生、麻醉医生、骨科医生、中医医生				
工作压力	★★★★★	前期收入	★★☆☆☆	政策结合度	★★★★★
加班强度	★★★★★	出差频率	★☆☆☆☆	建议就业起点	硕士 / 博士
公考优势	★☆☆☆☆	就业壁垒	★★★★★	优势就业区域	一 / 二 / 三线城市

医学类

---

[1] 信息来源于中华人民共和国中央人民政府网。

（二）就业方向及企业

医学类专业毕业生的就业方向主要集中在医疗卫生系统内,包括综合医院、基层医疗卫生服务机构、制药公司、健康管理公司、保险公司,以及医学相关领域。

数据显示[1],临床医学类专业的就业率呈现下滑趋势。2019届临床医学类毕业生就业率为94%,到2023届下降至83.8%,形成这一结果的原因是临床医学类本科毕业生的就业空间被医学生硕士生逐步压缩,未就业的毕业生基本都在准备考研。

近年来,医学类专业毕业生选择继续深造的比例持续攀升,而毕业5年后工作与专业相关度为90%,其中口腔医学、临床医学、医学影像学、麻醉学相关度最高,达到了95%[2]。这反映出医疗行业专业程度高、职业岗位专业性强,以及从业者职业发展稳定的特点。

医学类专业毕业生的就业去向大多为公立医院。在就业选择上,大多数医学类专业毕业生首选的地点是省会城市或直辖市,其次是国内一线城市和地级市。他们普遍倾向于在公立医院工作,这一选择的比例高达60%。紧随其后的就业选择是在大城市的私立医院工作,私立医院诱人的高薪待遇成为吸引医学类专业毕业生的重要因素。

近年来,全科医生[3]也成为医学类专业毕业生青睐的方向。北京、上海、广州、深圳等城市比较重视社区医疗服务的发展,在这些城市中,全科医生的收入可观且工作较为轻松,不需要值夜班,大多数享有双休日,不用面对危重症、急症,医患矛盾发生的概率也比较低。

在慢性疾病的调理过程中,针灸推拿方向的就业前景广阔。随着人们对健康生活方式的追求和慢性疾病负担的增加,针灸推拿以其独特的非药物疗法优势,逐渐受到更多患者的青睐。特别是对于一些慢性胃病、心血管疾病等,采用中医手段调理更有性价比。

表13-2是医学类专业相关就业方向及企业举例。[4]

---

[1] 信息来源于《2024年中国本科生就业报告》。

[2] 信息来源于《2024年中国本科生就业报告》。

[3] 全科医生也称为家庭医生或普通科医生,是指接受过全面医学培训,能够提供初级医疗保健服务的医生。

[4] 信息来源于全国医学教育发展中心《2022年中国医学生培养与发展调查报告—临床医学专业》。

表 13-2 医学类专业相关就业方向及企业举例

行业分类	就业方向	具体介绍	相关企业
医院及卫生院	内科、外科、妇科、儿科等临床科室	负责病人的诊断、治疗和手术等临床工作	人民医院、市中心医院、妇幼保健院、各专科医院等
	心电图、放射、检验等医技科室	负责医疗设备的使用、维护和医疗数据的分析	
	基层卫生院所	提供基本医疗服务,包括预防、治疗和康复等	乡级、村级卫生院、社区医院
公务员及事业单位	疾控中心、卫健委	负责疾病预防控制、卫生监督和健康政策的制定与执行	各地疾控中心
	120 急救中心、中心血站	提供紧急医疗救援服务和血液供应管理	各地急救中心
私立医院及诊所	私立医院	提供医疗服务,可能包括更高端或专科化的医疗服务	上海明州医院、西安长安医院等
	体检中心、月子中心	提供健康体检服务和产后恢复服务	爱康国宾、美年大健康、禧月阁等
	私人诊所	提供基础医疗服务,可能更注重个人化和便捷性	牙博士口腔等
医美行业	医疗美容	提供整形手术、皮肤治疗等医疗美容服务	美莱集团、华韩整形、北京丽都医疗美容医院等
其他行业	狱医	负责监狱内部人员的基础健康和日常医疗咨询	各地监狱
	校医	负责学校师生的健康检查和日常医疗咨询	中小学校医
药企及医疗器械公司	医学顾问、临床试验相关岗位(临床检查员、临床协调员、数据经理等)	提供医学咨询、临床试验管理和数据管理服务	葛兰素史克(中国)等
	医疗器械研发、制造、销售等	负责医疗器械的研发、生产和销售,以及相关技术支持	齐鲁制药等

医学类

行业分类	就业方向	具体介绍	相关企业
远程医疗、人工智能医疗	远程医疗服务、人工智能医疗研发等	提供远程医疗服务并利用人工智能技术进行医疗健康领域的研发	人工智能医疗相关企业

医学类毕业生的就业方向以公立医院为主，其次是卫生系统，研究生学历已成为入职门槛。医学类专业毕业生的深造主要聚焦于卫生系统内的医院、疾控中心等稳定就业机构，然而这些岗位的竞争异常激烈。医生这一职业特有的长工作时间性质、有限的岗位数量，以及对个人能力要求的逐年提高，进一步加剧了行业内的竞争压力。

应届生的就业地点与最高学历呈现出强相关趋势。在我国，本科阶段注重通识教育，而研究生阶段则采用大内科、大外科[1]的师徒制培养模式。在这种模式下，学生的导师可能同时担任主治医师和硕士研究生导师的角色，因此学生毕业后有很大概率会加入导师所在的科室工作。由于是导师亲自培养，这些学生通常被认为更符合科室需求，工作起来更为得心应手，也更能获得导师的信赖，所以医学类专业毕业生的就业方向主要是院校的附属医院。

（三）医院科室分类

在现代医疗体系中，科室的分类构成了医院运作的核心框架，它将复杂的医疗服务细化为多个专业领域，以确保患者能够获得精准、高效的诊疗。医院科室的分类不仅涵盖了基础的"内外妇儿"（即内科、外科、妇科、儿科）四大系统，还包括了更为专业化的分支，形成了多层次、多角度的医疗网络。

从急诊科到康复科，从传统中医到现代介入治疗，每个科室都有其独特的职责和治疗范畴。编者将为考生详细介绍医院科室的情况，包括科室分类、具体科室，以及它们各自的专业功能和治疗重点，旨在为考生及家长提供一个全面而深入的医疗科室概览。医院科室的介绍详见表13-3。[2]

---

[1] 大内科和大外科是指医院中不细分专业的大型综合科室，大内科涵盖多种内科疾病的治疗，如心内科、呼吸内科等，主要采用药物治疗和非手术方法；而大外科则包括多种外科专业，如普通外科、心胸外科等，主要采用手术治疗。这两个科室在小型医院或诊所中提供较为全面的医疗服务，与大型医院中的专科相比，其更侧重于综合性和普遍性。

[2] 信息来源于中华人民共和国国家健康卫生委员会网站。

表 13-3 医院科室的介绍

科室分类	具体科室	主要职责	治疗疾病举例
内科系统	呼吸内科	诊断和治疗呼吸系统疾病	慢性阻塞性肺病、哮喘
	心血管内科	诊断和治疗心脏和血管疾病	冠心病、高血压、心律失常
	消化内科	诊断和治疗消化系统疾病	胃炎、胃溃疡、肝胆疾病
	神经内科	诊断和治疗神经系统疾病	脑梗塞、帕金森病、癫痫
	内分泌科	诊断和治疗内分泌系统疾病	糖尿病、甲状腺疾病
	血液科	诊断和治疗血液系统疾病	白血病、贫血
	肾脏内科	诊断和治疗肾脏疾病	肾炎、肾功能衰竭
	风湿免疫科	诊断和治疗风湿免疫疾病	类风湿关节炎、系统性红斑狼疮
外科系统	普外科	进行各类手术治疗	胃肠道手术、肝胆手术
	心胸外科	进行心脏和胸腔手术	冠脉搭桥、心脏瓣膜手术
	神经外科	进行脑部和脊髓手术	脑肿瘤、脑出血手术
	骨科	进行骨折、关节置换等手术	骨折、关节置换
	泌尿外科	进行泌尿系统手术	肾结石、前列腺疾病
	烧伤科	进行烧伤治疗和修复	烧伤治疗、烧伤整形
	整形外科	进行整形修复和美容手术	整形修复、美容手术
妇产科系统	妇科	进行妇科疾病的诊断和治疗	妇科炎症、妇科肿瘤
	产科	进行孕产妇的医疗保健和分娩	产前检查、分娩
	计划生育科	提供计划生育服务和咨询	节育手术、避孕咨询
儿科系统	新生儿科	进行新生儿疾病的诊断和治疗	新生儿疾病、早产儿护理
	小儿内科	进行儿童内科疾病的诊断和治疗	儿童呼吸道疾病、消化系统疾病
	小儿外科	进行小儿外科疾病的诊断和治疗	小儿疝气、先天性畸形矫正
眼耳鼻喉科	眼科	进行眼部疾病的诊断和治疗	白内障手术、屈光不正矫正
	耳鼻喉科	进行耳鼻喉疾病的诊断和治疗	鼻炎、咽炎、中耳炎

医学类

科室分类	具体科室	主要职责	治疗疾病举例
中医系统	中医科	运用中医的四诊（望、闻、问、切）方法进行疾病诊断	慢性胃炎、高血压、糖尿病、哮喘、妇科炎症、小儿感冒
	中西医结合科	进行中西医结合治疗	中西医结合治疗
	针灸推拿科	运用中药、针灸、推拿、拔罐、食疗等多种治疗手段进行治疗	针灸推拿治疗腰肌劳损
口腔科	口腔科	进行口腔疾病的诊断和治疗	牙齿矫正、口腔修复
皮肤科	皮肤科	进行皮肤疾病的诊断和治疗	皮肤病治疗、皮肤美容
精神心理科	精神心理科	提供心理评估和治疗	心理咨询、精神障碍治疗
传染科	传染科	进行传染病的预防和治疗	传染病
医技科室	检验科	进行血液、尿液、生化检验等	血液、尿液、生化检验
	影像科	进行X射线、CT、核磁共振、超声检查等	X射线、CT、核磁共振、超声检查
	药剂科	进行药物配发、临床药学服务等	药物配发、临床药学服务
	病理科	进行病理切片、细胞学检查等	病理切片、细胞学检查
	输血科	进行血液制品、输血服务等	血液制品、输血服务
其他科室	急诊科	进行病情紧急处理、创伤救治等	病情紧急处理、创伤救治
	重症医学科（ICU）	进行重症监护、器官支持等	重症监护、器官支持
	康复科	进行康复治疗、功能训练等	康复治疗、功能训练
	预防保健科	进行健康体检、预防接种等	健康体检、预防接种
	营养科	进行营养咨询、治疗饮食等	营养咨询、治疗饮食
	护理部	进行护理服务、护理管理等	护理服务、护理管理

　　临床医学与护理学岗位需求量最大。医院各科室的岗位需求与高考招生人数因地区和医院类型而异。普遍而言，临床医学与护理学专业招生人数较多，以满足医院对医生和护士的大量需求；而医学技术专业和其他专科，如中医学、

口腔医学等，招生人数相对适中或较少，但逐年稳定增长。

急诊科、重症医学科、儿科、麻醉科、影像科和精神科等科室的岗位需求尤为突出。由于这些科室对专业人才的要求高，培养周期长，且面对的患者情况复杂，工作强度大，因此人才供应不足。这些科室的紧缺状况正促使医疗机构采取措施，如提升薪酬、改善工作条件、加强培训等，以吸引和保留专业人才。

口腔医学和临床医学专业依然是热门之选。在高考这场人生的重要考验中，医学领域的一批专业因其行业前景广阔和社会需求旺盛，成为众多考生的首选，竞争尤为激烈。随着人们对口腔健康的重视，口腔医学的报考人数连年攀升，竞争异常严峻；而因全球对心血管疾病的高度关注，对心血管病学毕业生的需求量大，竞争热度居高不下；神经医学则以其研究领域的复杂性和挑战性，成为优秀考生的竞技场。

中医科就业工作强度相对较低。在医疗行业中，中医医院的数量通常是西医医院的五分之一，且中医医院的规模普遍较小。在就业市场上，中医专业毕业生的就业机会往往更依赖于机遇。女性学生对中医学表现出较高的兴趣，尤其是针灸专业方向。从收入水平来看，中医临床工作的收入略低于西医临床。许多中医专业的毕业生选择在中医馆就业，这也为他们未来的创业提供了可能性。相比之下，西医专业毕业生除了口腔科，基本上不太可能自行创业。

（四）相关岗位及薪资

❶ 岗位情况

根据国家医疗卫生人才服务平台及各大招聘平台的数据，临床医学、口腔医学、中医学相关岗位的招聘信息显示出这些领域在招聘时更看重专业技能、临床实践经验等专业能力，而学历仅是基础条件之一。同时，数据显示这些医疗领域的岗位种类丰富多样，且在不同专业岗位中，本科、硕士及博士的就业比例各有差异。

在临床医学方面的住院医师岗位中，本科生占比三成左右，硕士、博士生占比六成左右。内科住院医师、外科住院医师等具体岗位，主要负责对各类疾病患者进行初步诊断、拟订治疗方案，以及参与病房的日常诊疗、病情监测等工作，需要从业者扎实掌握各科医学知识，并能熟练运用到实际临床操作中。

医学类

在口腔医学领域的口腔全科医生岗位中，本科生占比三成左右，硕士、博士生占比三成左右。该岗位涵盖了龋齿治疗、牙周疾病诊治、简单牙列正畸等基础口腔诊疗工作，需要从业者熟练掌握口腔内科、外科、修复等多方面基础技能。在口腔正畸医生岗位中，本科生占比两成左右，硕士、博士生占比六成左右。该岗位要求从业者对各类牙颌面畸形有深入研究，精通不同矫治技术，能为患者制定个性化的正畸方案。

在中医学范畴内的中医内科医生岗位中，本科生占比三成左右，硕士、博士生占比接近五成。该岗位从业者负责运用中医理论，通过望、闻、问、切等手段辨证论治，为患者开具中药方剂、提供养生调理建议等，他们需要对经典中医典籍及方剂配伍等知识了然于心。

在各大医院及医疗相关机构发布的招聘信息中，还有一部分岗位与医学专业紧密相关，如医学影像学、医学检验学、康复治疗学等。这类专业在大学阶段的课程中都会包含一定的临床医学基础知识及专业核心课程，这使得毕业生能够在医疗行业中找到适配岗位，如影像科的影像技师、检验科的检验技师等，他们辅助临床医生完成疾病的诊断与监测工作，也能顺利进入医疗行业就业。

❷ 薪资情况

科室的选择与未来的工作待遇关系紧密，学生在选择时应综合考虑个人兴趣、职业前景、工作性质、压力、薪资、继续教育机会、工作地点、团队合作、患者关系和职业满意度等因素。与医生交流、参加实习和志愿活动有助于学生了解每个科室的实际工作和生活。表 13-4 列出了医院不同科室不同职级医生的年薪收入，供学生参考。[1]

表 13-4 医院不同科室不同职级医生的年薪收入（单位：元）

科室	正高	副高	中级	初级	平均收入
肿瘤科	267,958	242,081	195,464	166,781	221,586
普通内科	283,791	224,743	186,056	157,185	211,856
心血管内科	273,125	229,892	186,815	156,261	211,203
内分泌科	274,569	220,995	194,120	154,413	206,624

---

[1] 信息来源于《2022 年中国医院薪资调研报告（非一线城市医院）》。

科室	正高	副高	中级	初级	平均收入
神经外科	270,335	225,609	181,315	149,957	205,067
口腔科	282,594	227,954	178,436	146,861	204,229
妇产科	270,940	222,525	180,428	145,819	203,609
骨科	268,892	225,012	177,916	147,872	202,940
普通外科	268,109	217,821	180,800	150,505	202,885
神经内科	267,191	221,024	178,684	149,548	202,804
消化科	260,900	217,979	178,650	149,500	200,704
康复科	266,241	226,761	175,952	146,378	200,346
皮肤科	273,872	221,801	171,662	144,443	198,288
眼科	270,541	217,683	170,787	142,202	197,558
影像放射科	269,209	216,858	173,348	141,476	196,515
检验科	269,589	224,500	168,584	140,214	194,361
儿科	255,649	206,148	169,307	140,585	190,849
超声科	264,474	209,531	165,666	140,670	190,804

从表 13-4 可以看出，肿瘤科、普通内科、心血管内科、内分泌科和神经外科是医疗界平均收入最高的 5 个科室。根据《2022 年中国医院薪资调研报告（非一线城市医院）》，肿瘤科的平均年薪收入为 22 万元，而儿科、超声科的平均年薪收入为 19 万元。这意味着，同一院校不同方向的医学类专业毕业生的收入有明显差距。

影像放射科医生的工作内容一直以高幸福感著称。根据美国医疗人力资源公司 AMN 的报告，影像放射科是全美最受医生欢迎的科室之一，顶级放射科专家的年薪超过 80 万美元。有人评价"无论是诊断还是做手术，如果没有影像，现代医疗系统几乎什么都做不了。"[1]

从医院科室收入排行来看，所有初级职称医生的年度薪酬都高于 2022 年全国城镇非私营单位就业人员的平均年薪 114,029 元 [2]，且普遍达到其两倍左

[1] 信息来源于美国医学媒体 Medscape 发布的《2022 年美国医生薪酬报告》。
[2] 信息来源于国家统计局网站。

右。这意味着，如果学生希望选择高收入职业路径，可以优先选择这些科室。如果从工作舒适角度来看，放射科医生、眼科医生、精神科医生、全科医生是工作舒适度较高的岗位。

在了解国内医生的薪资情况后，可以根据表 13-5 来观察不同国家医生的薪资情况。这里通过与人均 GDP(国内生产总值) 进行对比，可以更直观地了解医生收入所处的水平。[1]

表 13-5 不同国家医生的薪资情况

国家	医生平均年收入 （美元）	人均 GDP （美元）	比值 （%）
美国	352,000	76,400	5.7
英国	138,000	45,900	3.0
德国	163,000	48,400	3.4
法国	108,000	41,000	2.6
西班牙	63,000	29,400	2.1
巴西	58,000	8900	6.5
墨西哥	22,000	11,000	2.0

医生的薪酬与国家经济实力呈正相关，随着国家的发展，医生的薪资待遇还会逐渐提高。在经济较发达的国家，医生的薪酬通常更高。在美国等发达国家，医生的高薪酬反映了其在国内经济中的重要地位和专业价值。而在巴西这样的人力资源稀缺国家，为了吸引和留住医生，政府会提供更高的薪酬。

医生的薪酬在一定程度上反映了其专业价值和社会地位。通常，在经济发展达到一定水平时，医生的薪酬会是人均收入的 2~4 倍。随着我国经济的持续发展，可以预期的是，我国医生的薪酬也将逐步趋向这一国际普遍趋势。

---

[1] 国外医生收入数据，除美国外均来自 Medscape 发布的《2019 年世界医生薪酬报告》，各国 GDP 数据来源于中经数据。

（五）就业前景

从宏观政策层面来看，国家对医疗行业的支持日益增强。国家近期出台了一系列宏观政策以促进医疗行业发展，包括《关于进一步健全机制推动城市医疗资源向县级医院和城乡基层下沉的通知》，旨在提升基层医疗服务能力，从而增加县域、乡镇对基层医生的需求；《"健康中国 2030"规划纲要》旨在推动全民健康，提升医疗行业整体水平，并带动对医生需求的增长；2024 年 8 月，国家卫健委提出 5 年内实现"三明医改"全国覆盖目标，其核心在于通过"三医联动"改革降低药品价格和医疗费用，实现百姓、医院和医生的共赢，使医生收入更加阳光合理。

与发达国家相比，我国的医生缺口还很大。根据世界卫生组织的数据，2022 年我国每万人中只有 23.9 位医生，这一比例远低于其他主要发达国家。[1]2022 年 6 个国家每万人对应的医生数量如图 13-1 所示。这些数据反映了在医生资源分配方面，我国与发达国家存在明显差距。医生作为医疗服务的主要提供者，其数量的多寡直接关系到公众健康水平和医疗服务的可及性。

图 13-1 2022 年 6 个国家每万人对应的医生数量

从医生的工作时长来看，个人休息时间较少。对于年轻医生来说，他们的工作时间已经远远超出了常规的工作时长。中国医生每周工作时长如图 13-2 所示[2]，从中可以看出，年轻医生每周的工作时间普遍超过 50 小时，平均每天的工作时间接近 10.5 小时。而对于 46~55 岁的医生群体来说，虽然他们的工

---

[1] 信息来源于世界卫生组织。

[2] 信息来源于丁香园发布的《2022 年中国医院薪酬调研报告》。

作经验更为丰富，但工作时长并未显著减少，平均每周的工作时间与刚入职的年轻医生基本持平。

更为严峻的是，长时间的工作负荷并没有为医生带来应有的休息时间。数据显示，有将近一半的医生无法享受到完整的休假权利。

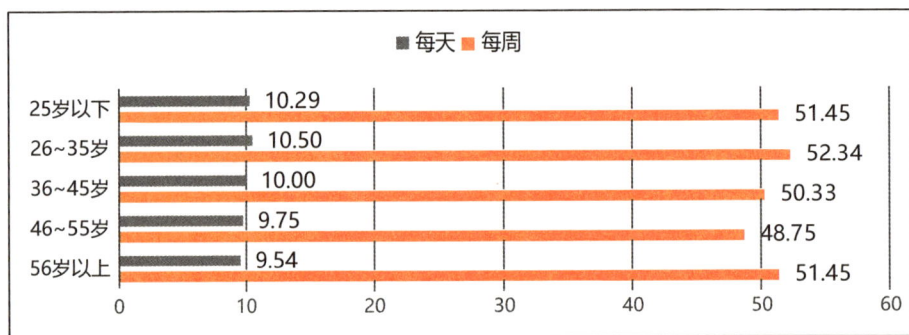

图 13-2 中国医生每周工作时长

二、抓取当下典型企业

（一）华西医院介绍

四川大学华西医院（以下简称华西医院），始建于 1892 年，是中国西部知名的医疗中心。在 1993 年，该医院实现医学院与医院的深度融合，成为集医疗、教学、科研为一体的高水平医疗机构。该医院在临床医学、护理学和医学技术等多个领域获得国家一级学科评估的高等级评价，拥有众多国家级重点学科和临床重点专科，连续 5 年在国家三级公立医院绩效考核中获评 A++，这体现了其在国内外的领先地位。[1]

在医疗服务方面，华西医院设施完善，拥有庞大的床位规模和多样化的门诊服务，每年处理大量的门急诊和手术病例，尤其在成人活体肝脏移植、肺癌早诊早治等高难度医疗领域处于国内乃至世界领先水平，展现了其强大的医疗能力和技术水平。作为四川大学医学院的重要组成部分，华西医院不仅承担着临床医疗工作，还承担着医学教育和科研任务，为全国乃至全球培养了大量的

---

[1]　信息来源于四川大学华西医院官网简介。

医学人才。

（二）华西医院临床部门的职能划分

华西医院的组织结构分为三大板块。

手术科室进行手术治疗，包括开刀、微创手术等，是医院中处理重大疾病和紧急情况的重要部门。

非手术科室包括内科、神经科、呼吸科、消化科等，负责对患者进行药物治疗、康复治疗、支持治疗等，是医院中处理非手术相关疾病的主要部门。

医技科室包括放射科、超声科、检验科、药房等，负责提供各种检查和治疗手段，如影像学检查、实验室检查、药物治疗等，为临床科室提供技术支持和辅助诊断。

（三）华西医院招聘信息

华西医院每年招聘大量的临床医生、科研人员及管理人员，要求人员具备执业医师资格证书，并有丰富的临床实践经验。

根据该医院 2024 年的招录公告，其招录需求涵盖了临床科室、医技科室、科研实验所／室、分院区等多个领域，涉及岗位包括医师、医技、护理、专职科研、科研技师等。该医院本部招录的基本条件根据不同的岗位和学历背景而有所不同。

在医师岗位方面，博士后需满足医院博士后出站留院条件；博士需达到博士学位获得条件且具有一项高水平学术成果，8 年制博士可直接申请；规培医师则需具有硕士及以上学历并完成专科医师培训。

在医技岗位方面，对博士后、博士、硕士和本科均有明确的招录条件。对于医生集团的招录，除了基本条件，还有特别说明，如招录对象、建立劳动关系方式、培训和考核标准等。

表 13-6[1] 为华西医院 2024 年医学类专业岗位招聘要求。

医学类

---

[1] 信息来源于四川大学华西医院官网。

表 13-6 华西医院 2024 年医学类专业岗位招聘要求

岗位	招聘对象	岗位要求
医师	博士后	达到医院博士后出站留院条件
	博士	达到博士学位获得条件且具有一项高水平学术成果
	8 年制博士	可直接申请，择优招录
	规培医师	以下条件均需具备： 1. 具有硕士及以上学位（麻醉科具有本科及以上学历即可）； 2. 完成专科医师培训（麻醉科可招录具有硕士学位且完成了第一阶段规范化培训的规培医师）
医技（技师、药师）	博士后 / 博士 / 硕士	可直接申请，择优招录
	本科	必须经过规范化培训并获得规培合格证书

三、认清各类专业差异

（一）专业一览表

医学类专业信息详见表 13-7。

表 13-7 医学类专业信息

一句话介绍专业	医学是研究生命的各种疾病或病变的学科，旨在帮助病患恢复健康
基础课程	解剖学、生理学、病理学、微生物学与免疫学、生物化学、药理学、遗传学
专业课程	内科学、外科学、妇产科学、儿科学、神经科学、精神科学、眼科学、耳鼻喉科学、皮肤科学、中医基础理论、急诊医学、康复医学、流行病学、卫生统计学
适合哪些学生	对治病救人充满热情，家庭条件能够支持长周期的培养，对解剖学持有好奇心，具备良好的沟通能力和耐心，喜欢化学和生物，乐于接受需要大量记忆的知识，擅长在学习和实践中不断积累

推荐书目	《癌症传：众病之王》[美]悉达多·穆克吉 著 《我们为什么会生病》[美]伦道夫·M.尼斯 [美]乔治·C.威廉斯 著 《黄帝内经》 姚春鹏 译注
选科建议	物理 + 化学 + 生物
读研建议	内科学、外科学、口腔医学、中医学

（二）专业怎么选

在报考医学类专业时，有几点需要注意的事项：首先，从学科相关度来看，选科可以优先考虑"物理 + 化学 + 生物"的组合。在中医类专业中，根据黑龙江中医药大学、河南中医药大学、云南中医药大学等校于 2025 年发布的招生专业选考科目要求，中医学、针灸推拿学、中医康复学等专业未设定选科要求。其次，需要区分能成为医生和不能成为医生的专业，即是否拥有处方权。

在整个医学大类中，只有临床医学类、口腔医学类、中医学类、中西医结合类的专业毕业生将来具备成为医生的资格，考生在报考时一定要仔细辨别专业，例如，眼视光医学和眼视光学将来的职业发展大相径庭。医学类专业分类详见表 13-8。

表 13-8 医学类专业分类

门类	一级学科	二级学科
医学类	基础医学类	基础医学、生物医学、生物医学科学
	临床医学类	临床医学、麻醉学、医学影像学、眼视光医学、精神医学、放射医学、儿科学
	口腔医学类	口腔医学
	公共卫生与预防医学类	预防医学、食品卫生与营养学、妇幼保健医学、卫生监督、全球健康学、运动与公共健康
	中医学类	中医学、针灸推拿学、中医康复学、中医养生学、中医儿科学、中医骨伤科学、藏医学、维医学、蒙医学、哈医学、壮医学、傣医学、回医学
	中西医结合类	中西医临床医学
	药学类	药学、药物制剂、药事管理、临床药学、药物分析、药物化学、海洋药学、化妆品科学与技术

医学类

门类	一级学科	二级学科
医学类	中药学类	中药学、中药资源与开发、蒙药学、藏药学、中药制药、中草药栽培与鉴定
	法医学类	法医学
	医学技术类	医学检验技术、医学影像技术、医学实验技术、眼视光学、口腔医学技术、康复治疗学、卫生检验与检疫、听力与言语康复学、康复物理治疗、康复作业治疗、智能医学工程、生物医药数据科学、智能影像工程
	护理学类	护理学、助产学

（橙色部分为有资格成为医生的专业）

在志愿选择时，有 4 种方式能够成为医生。

第一种方式：高考志愿填报 8 年本博连读项目，这种直博项目通常授予学生学术型博士学位，不包含规范化培训合格证，因此博士毕业后还要进行规培，但其就业择业优势明显。

第二种方式：高考志愿填报临床类或口腔类的 5+3 本硕连读项目，8 年毕业之后将获得毕业证、学位证、规范化培训合格证、执业医师资格证，四证合一，可以从事医生职业，是成为医生的最优路径。学生可以全身心地投入专业学习中，不需要为考研付出额外的精力与时间。一般而言，硕士毕业生可以进入区一级的医院，考生想进入当地头部三甲医院，通常需要具备博士学位，这样就需要完成 5+3+n（n 表示取得博士学位的年限）的学习年限。

第三种方式：高考志愿填报临床类或口腔类专业，5 年本科毕业后，选择考取专业型硕士（专硕）研究生，专硕 3 年毕业后，顺利毕业的同时拿到执业医师资格证和住院医师规范化培训合格证，再加上原有的毕业证和学位证，"四证合一"，大约需要 8 年时间可以成为一名医生。当然，在考研第一年没成功的情况下，所需时间会更久。

第四种方式：高考志愿报考临床类或口腔类，本科毕业后选择考取学术型硕士（学硕）研究生，3 年毕业后还需进行 33 个月的住院医师规范化培训，大约需要 11 年的时间才能成为医生。

表 13-9 是《普通高等学校本科专业目录（2024 年）》中口腔医学类、临床医学类、中医学类专业目录。

表 13-9《普通高等学校本科专业目录（2024 年）》中的口腔医学类、临床医学类、中医学类专业目录

专业代码	专业名称	专业介绍
100301K	口腔医学	在医疗机构从事口腔常见病治疗、预防工作的口腔医学专门人才
100201K	临床医学	培养具备临床医疗工作的专业技能和研究创新能力的医学专业人才
100202TK	麻醉学	培养能够在手术和急危重病救治等领域中熟练进行麻醉操作的专业医师
100203TK	医学影像学	培养能够运用各种医学影像设备和技术进行疾病诊断与治疗的专家
100204TK	眼视光医学	培养专注于眼睛健康检查、视力矫正和眼科疾病防治的专业人士
100205TK	精神医学	培养理解和治疗心理与精神障碍，促进心理健康的精神科医生
100206TK	放射医学	培养在肿瘤放疗领域，利用辐射治疗癌症和其他疾病的医学专家
100207TK	儿科学	培养专注于儿童生长发育、疾病预防和治疗的儿科医生
100501K	中医学	培养运用中医的四诊（望、闻、问、切）方法进行疾病诊断，并采用中药、针灸、推拿、拔罐、食疗等多种治疗手段进行治疗的医疗人才
100502K	针灸推拿学	培养掌握中医针灸和推拿技术，能够运用传统疗法治疗疾病，增进人体健康的专业人才
100510	中医康复学	运用针灸、推拿等恢复机体功能，调治慢性病与损伤后遗症
100511	中医养生学	以"治未病"为核心，通过饮食、功法等调节体质，预防疾病
100512	中医儿科学	针对儿童体质，用中药、推拿等温和疗法防治常见儿科疾病
100513	中医骨伤科学	手法复位结合中药，治疗骨折、关节损伤，注重筋骨修复与功能重建
100601K	中西医临床医学	培养具备中西医理论基础和临床技能，能够综合运用中、西医方法诊治疾病的高级复合型医学人才

医学类

从招生数量上来看，在所开设的大学专业中，临床医学大类（临床医学、麻醉学、医学影像学、眼视光医学、精神医学、放射医学、儿科学）是招生人数最多的专业，其中，放射医学专业只有苏州大学、南京医科大学、新乡医学院等9所大学开设。

从工作舒适度来看，眼视光医学、医学影像学的工作节奏更加规律，有助于医生维持良好的工作与生活的平衡。此外，口腔医学、中医学、针灸推拿学、中西医临床医学等专业的工作环境较为干净，工作时间规律，且以慢性疾病管理为主。

（三）院校怎么报

在报考医学院时，考生及家长需要考虑多方面因素，如院校所在城市的地理位置、医疗资源状况，以及行业联系的紧密程度等。因为这些因素将直接影响学生将来的实习机会和就业前景。

医学院校的首选通常是原卫生部直属院校。如果位于东部沿海地区，可以考虑北京大学医学部、复旦大学医学院和上海交通大学医学院，这些院校位于经济发达、医疗资源丰富的地区，为学生提供了丰富的实践机会和就业选择。如果在中部地区，华中科技大学同济医学院和中南大学湘雅医学院可能是不错的选择，它们在当地的医学教育和医疗行业中占有重要地位。

重点关注院校的升学特殊班型、附属医院位置。在选择院校时，考生及家长还应该考虑院校的排名、声誉、专业实力、师资力量、附属医院、科研能力、地理位置、就业情况和国际交流与合作等因素。例如，贵州医科大学的"协和班"，是由贵州医科大学和中国医学科学院北京协和医学院联袂开办的临床医学创新班，达到毕业条件的全体毕业生推荐免试攻读硕士研究生。又如，北京中医药大学的9年制"岐黄班"，该班实行全程导师制，第一学年为每一位学生配备临床导师，第三年再配备科研导师，在完成住院医师规范化培训后，学生可以选择医学或医工结合方向继续深造。

若追求稳定就业，且优势突出，可优先报考本省内有较大影响力的医学类院校。在填报本省医学类院校志愿时，考生及家长应首要考虑的是院校附属医院的数量及其地理位置，同时要详细了解院校的硕士和博士授权点情况。通常来说，本省的医学类院校招生名额较为充足，报考的竞争态势相对稳定。在选择研究生导师和参加实习规培阶段，在同等分数条件下，导师往往更倾向于选择本地学生，因为他们的稳定性更强。在临床实践中，使用当地方言与患者沟通时，本地学生能够更准确地理解疾病描述，这对疾病的准确诊断大有裨益。此外，对于今后的就业定居而言，本地学生在住房上也不会面临太大的经济压力。

四、热门问答

Q1 学习医学类专业会很累吗？

医学类专业学生需要学习大量的医学知识，包括解剖学、生理学、病理学、药理学、内科学、外科学等多个学科。此外，他们还需要在医院进行长时间的临床实习，这可能包括长时间的站立、观察手术、参与病例讨论等。

尽管临床医学专业的医学生可能会感到很累，但许多医生和医学生认为这种努力是值得的，因为他们能够帮助他人，并从事一份有意义的工作。

Q2 考取执业医师资格证书非常重要吗？

非常重要。医学类专业学生需要具备 4 个证书：毕业证书、学位证书、执业医师资格证书、以及住院医师规范化培训证书。执业医师资格证书是从事临床工作的必备证书。没有该证书，医生将无法进行独立执业，医院或医疗机构也不会录用此类无证医生。

Q3 学习医学类专业对家庭条件有什么要求？

学习医学类专业确实对家庭条件有一定的要求，特别是在中国，医学教育往往需要较长的学制和较高的费用。家庭需要提供稳定的经济支持以支付学费和生活费用，同时提供良好的学习条件、时间自由度、健康保障、心理支持和生活保障，以帮助学生顺利完成医学学业。

儿科学是一个比较特殊的专业，其他医学类专业通常是在研究生阶段从临床医学中细分出来的，而儿科学则较为少见地在本科阶段就被一些院校单独设立为一个自成体系的专业。

儿科医生实际上扮演着全科医生的角色，对诊疗技能的要求更为全面。对于儿童来说，他们很难表达自己的病因和病状，因此对儿科医生的诊断能力提出了较高要求。再加上家长对儿童都很重视，儿童药物的用量也极其严格，这使得儿科医生的压力较大，他们既要确保疾病得到有效治疗，又要避免药物对身体产生副作用。

从考研的角度来看，医学类专业研究生教育分为学术型硕士和专业型硕士两大类。学术型硕士的培养重点在于科研能力的提升，为未来继续攻读博士学位提供了良好的基础。完成学术型硕士学业后，学生需要经过 3 年的规范化培训，才能正式成为一名医生。相比之下，专业型硕士则侧重于临床实践，学生将在医院的不同科室进行轮转，其中在自己专业领域的时间最为充裕。毕业后，专业型硕士可实现"四证合一"，即无须额外进行规范化培训，便可直接执业。

第十四章

动物医学类

——动物健康的守护者

·导言

　　动物医学是一个综合性、跨学科的领域，也是一个专注于动物健康和福利的专业。

　　对于考生而言，如果对生物学和动物健康有浓厚兴趣，喜欢与动物互动，并且具备良好的科学素养和同情心，愿意投身于动物保健和疾病防治工作，那么选择动物医学类专业将是一条理想的职业道路。

　　动物医学类专业备受欢迎，但仍有不少人认为动物医学类专业的学生毕业后只能从事兽医工作。其实，动物医学类专业的就业方向十分广泛，主要包括宠物医疗、兽药研发、动物科研、兽医防疫、动物保健等。本章的内容将深入探讨动物医学行业的现状、动物医学类专业的选择与职业发展，包括企业、就业、产品、薪资、岗位、技能证书、专业、院校等多个方面，希望可以有效帮助考生及家长进行抉择。

动物医学是一门研究家畜、宠物、野生动物等所有动物的疾病预防与治疗的理论和技术的专业。该专业是一个多元化的领域，涵盖了从大型动物（如牛、马等）到小型动物（如猫、狗等）的健康管理，也包括畜牧场动物的疾病预防和宠物医生的临床治疗。

社会对动物保护意识的增强也促进着宠物行业的蓬勃发展，宠物逐渐走进更多家庭。《2023—2024年中国宠物行业白皮书（消费报告）》显示，2023年中国宠物犬与宠物猫的数量分别达到 5,175 万只和 6,980 万只。艾媒咨询的数据显示，2023 年中国宠物经济产业规模达 5,928 亿元，同比增长 20.1%。预计到 2028 年，宠物经济产业规模有望达到 11,500 亿元。[1] 该行业市场呈飞速上涨趋势，一方面是因为很多老人开始养宠物作伴；另一方面是因为一些经济发达地区的年轻人喜欢养猫养狗。现在走在街头，我们可以经常看到不同品牌的宠物诊所，相比几年前增加了许多，这说明宠物医疗需求随着宠物数量的增加正在不断扩大。

宠物行业经济的增长直接推动了动物医学类专业人才需求的增加，促进了相关教育和培训的发展，也使该领域的就业机会和薪资水平得到了提升。宠物医生、宠物健康护理员等新兴职业逐渐受到人们的关注，为动物医学类专业的毕业生提供了更多的就业选择。

编者将从行业、就业方向、企业、就业区域、产品类型、薪资等多方面深度剖析动物医学类专业。

（一）就业信息一览表

动物医学类专业就业信息详见表 14-1。

表 14-1 动物医学类专业就业信息

一句话介绍就业	就业前景较为广阔，适合将来希望凭借技术谋生的学生，在一线、二线等经济发达地区收入较高
就业方向	宠物医生、动物疫病防控、动物药品研发、动物健康管理等

动物医学类

---

[1] 信息来源于艾媒咨询发布的《2024—2025 年中国宠物行业运行状况及消费市场监测报告》。

热门岗位	兽医、动物检疫员、养殖技术员等				
工作压力	★★☆☆☆	前期收入	★★☆☆☆	政策结合度	★★★☆☆
加班强度	★★☆☆☆	出差频率	★☆☆☆☆	建议就业起点	本科
公考优势	★☆☆☆☆	就业壁垒	★★★★☆	优势就业区域	一／二线城市

（二）就业方向及企业

动物医学类专业每年的本科毕业生人数不少，除了出国深造、继续考研，大部分毕业生会在出入境检验检疫局、农业局、畜牧局、各地动物卫生监督所、各级兽医站、动物实验中心、生物公司、兽药厂、疫苗厂、饲料厂等单位，从事动物育种、动物繁殖、卫生防疫、动物性食品和畜产品的检验、研制兽医生物药品等工作。表 14-2 为动物医学类专业相关就业方向及企业举例。

表 14-2 动物医学类专业相关就业方向及企业举例

行业分类	就业方向	具体介绍	相关企业
宠物医疗保健	宠物医院	在宠物医院或诊所从事宠物的诊疗、手术、护理等工作，随着宠物经济的增长，需求不断增加	瑞鹏宠物医院、上海瑞派爱轩动物医疗公司
	动物营养企业	研究动物饲料的研发、生产和销售，关注动物营养与健康	海大集团、正邦集团
畜牧业	养殖场	在大型养殖企业中负责动物的健康监控、饲养管理、疾病诊断与治疗等工作，工作环境通常较为封闭	正大集团、温氏食品、牧原食品
医药工业	兽药制造企业	从事兽用药品的研发、生产和销售等工作，涉及疫苗和生物制品的开发	默沙东动物保健品、德国拜耳、勃林格殷格翰
生命科学和医学研究行业	动物科研机构	在院校或研究所从事动物疾病研究、新药开发、动物实验等工作，推动动物医学科学进步	中国医学科学院医学实验动物研究所

行业分类	就业方向	具体介绍	相关企业
兽医公共卫生	公共卫生与检疫	在政府部门或检疫机构工作，负责动物源性人畜共患病的监控和食品安全检测	畜牧局、动物卫生监督、国家出入境检验检疫局
实验动物行业	实验动物科学	负责实验动物的管理和使用，支持生物医学研究和药物开发	各大生物科技公司和研究机构

宠物医院、养殖场、兽药制造企业等都是动物医学类专业毕业生的一些主要就业方向。宠物的人性化、精细化喂养趋势，以及数字化、细分化、专业化的产业浪潮，正在推动中国宠物行业的变革与重塑。例如，宠物保险、宠物旅游等新兴领域为动物医学类专业的毕业生提供了多元化的发展机会。

因为整个宠物行业的快速发展，动物医学类专业正步入一个全新的黄金时期。越来越多的宠物医院、动物保健品公司和兽医服务机构急需动物医学类专业的人才。想进入宠物医院工作的学生，可重点关注大型连锁宠物医院。例如，新瑞鹏宠物医院覆盖的城市众多，因此提供了丰富的城市就业选择。并且，作为大集团，其晋升空间相对较大。想进入养殖场工作的学生，可选择体量相对大一些的公司。例如，河南牧原集团创立于1992年，经过多年发展，已经形成了集饲料加工、生猪育种、生猪养殖、屠宰加工为一体的猪肉产业链。该集团的养猪技术比较先进，毕业生在企业中可以接触这个行业中的前沿技术，从而提升个人竞争力。

如果想从事与动物科研相关的工作，毕业生需要具备较高的专业知识和技能。这一行业的待遇相对稳定，但随着经验的积累，专业价值和收入水平也会逐渐提高。科研工作通常伴随着持续的学习和成长，对于追求学术成就和专业深度的毕业生来说是一个具有吸引力的选择。例如，可以参与兽药、疫苗、动物保健品的研发，或是进行动物疾病诊断技术的开发。当然，科研工作需要长时间投入，且在项目申请、资金筹集和研究成果发表等方面都会面临一定的压力和挑战。

（三）相关产品类型

表 14-3 为动物医学类产品举例及介绍，这些产品在动物医疗保健中发挥着重要作用。

表 14-3 动物医学类产品举例及介绍

产品分类	产品举例	介绍
兽药产品	抗生素、疫苗、兽用药品	用于动物疾病的预防和治疗，包括抗生素、疫苗、抗寄生虫药等，是与动物医学类专业直接相关的产品类型
饲料添加剂	浒苔多糖—畜禽无抗饲料添加剂	这是一种新型无抗饲料添加剂产品，由山东畜牧兽医职业学院的学生团队研发，旨在提高畜禽健康和养殖效率
诊断试剂	兽药残留快速检测酶联免疫吸附分析试剂盒和胶体金试纸条	用于检测动物源性食品中的兽药残留，保障食品安全，由沈建忠院士团队研制
兽医器械	手术器械、兽医诊断设备	包括手术工具、影像诊断设备等，用于动物疾病的诊断和手术治疗
宠物用品	宠物食品、宠物保健品	为宠物提供营养和健康支持的产品，包括食品、保健品等
生物制品	疫苗、生物技术药物	利用生物技术研制的疫苗和药物，用于动物疾病的预防和治疗

动物医学产品类型涵盖了从预防、诊断到治疗动物疾病的全方位需求，这些产品都是动物医学类专业毕业生可能参与研发、生产和管理的对象。随着技术的进步和动物医学领域的不断发展，新产品和解决方案持续被开发出来，以应对新出现的动物健康挑战。

（四）相关岗位及薪资

❶ 岗位情况

国家大学生就业服务平台及各大招聘平台数据显示，在动物医学行业中，岗位种类主要集中在农、林、牧、渔业领域，不仅覆盖了宠物医疗、农场动物健康管理、野生动物保护等，还涉及动物药品和营养产品的研发，以及动物行为的研究和矫正等。

在不同岗位种类中，专科、本科及硕士、博士就业比例各不相同。动物医学类专业的专科、本科学历就业前景较好，该专业偏重于技术人才的培养，学历门槛相对较低；而硕士、博士学历则更有助于毕业生进入研发领域。

在兽医岗位中，本科学历占比四成以上，硕士、博士占比两成左右。该岗位主要负责动物疾病的预防、诊断、治疗、动物健康管理和公共卫生安全等工作。

在养殖部门主管的岗位中，专科及以上学历占比三成左右，硕士、博士占比一成左右。该岗位主要负责制订和实施养殖计划、管理养殖日常运作、监督生物安全防控，以及员工培训和绩效评估等工作。

动物营养/饲料研发岗位招聘的学历门槛要求硕士研究生及以上。该岗位主要负责饲料配方设计、营养成分分析、新饲料成分和配方的研发，以及生产实践指导和营养咨询服务等工作。

选择牧场工作还是到宠物医院工作，主要取决于个人的职业规划、工作环境偏好，以及未来的发展目标。动物医学类专业的招聘市场呈现出多样化的趋势，薪资待遇和岗位要求因公司和地区而异。养殖技术员的岗位对学历要求并不高，大专学历即可满足要求。作为养殖技术员或饲养员，日常工作较为繁重，涉及动物饲养、疾病预防、治疗等多个方面，并包含一定的体力劳动。此外，由于工作场所往往较为偏远，需要长期在场，因此从业者需要具备较强的耐心和独立性。远离城市的地区通常生活成本较低，包括房租、物价和日常开销都相对较低。

宠物医生通常是指专门给宠物提供医疗服务的兽医。城市中的宠物医生起薪可能不算丰厚，但随着经验积累和技能提升，薪资水平有望增长。在一些大型连锁宠物医院或高端宠物诊所，资深宠物医生的薪资相当可观。宠物医疗是宠物服务中最大的子领域，具有巨大的市场发展潜力。宠物医生的发展前景在国内呈现出较好的趋势，随着资本的进入，未来将有巨大的可扩张和增长空间。想从事该职业的学生，在校期间需要考取的证书是执业兽医资格证书。

动物医学类

❷ 薪资情况

动物医学类专业的薪资水平受多种因素影响，包括地区、经验、职位等。根据职友集和宠才宝网站的数据，动物医学类专业毕业生的平均起薪大约为5000元/月，而有经验的兽医月薪可达万元以上。在一线城市，宠物医生的月薪普遍在8,000~15,000元；在二线城市，宠物医生的月薪在5,000~10,000元。此外，动物医学类专业毕业生在不同岗位的薪资也有所不同，例如，在院校实验室工作，月收入在10,000元以上；在企业实验室工作，年薪一般在15万~20万元；在养殖场工作，年薪一般在20万元左右。总体来说，动物医学类专业的薪资待遇相对较高，且随着经验的积累和能力的提升，薪资水平有望进一步增长。

在一线城市和经济发达地区，如北京、上海、广州等城市，人们对宠物的拥有量较高，对宠物医疗服务的需求大，因此对动物医学类专业毕业生的需求也相对较大。这些地区的宠物医疗行业较为发达，提供了较多的就业机会，尤其是在宠物医院、宠物美容院等领域。

在二线城市和农村地区，对动物医学类专业毕业生的需求相对较小，但仍有一定的市场。这些地区更注重畜牧业和养殖业的发展，对兽医和动物疾病防控的专业人才有一定的需求。

学习动物医学的初期职业生涯可能会比较艰辛，因为需要积累丰富的实践经验和专业知识。然而，随着时间的积累和经验的增长，一旦获得独立诊断和治疗动物的资格，收入也会随之增加。这是因为从业者将能够独立承担更多责任，处理更复杂的病例，并且可能拥有自己的客户群。此外，随着经验的增长，从业者还可以涉足更专业的领域，如专科医疗、动物行为咨询、动物营养顾问等，这些都可能成为收入增长的额外来源。

（五）就业前景

根据市场研究机构弗若斯特沙利文的数据，中国的宠物医疗行业将成为宠物市场中增长最快的细分行业，预计2023—2028年将以20.6%的速度增长，到2028年，中国宠物医疗行业的市场规模将增至1,974亿元。其中，宠物医院行业的增速将高于宠物医疗行业的整体增速，2023—2028年复合增速为

21.8%，预计到 2028 年，中国宠物医院行业的市场规模将达到 1,169 亿元。[1]

在宠物医疗品类中，宠物诊疗凭借较高的宠物消费渗透率成为占比最高的赛道。根据 Mob 研究院的分析，宠物诊疗在宠物医疗品类中的占比高达75.8%。[2] 从消费者画像来看，宠物主人以"90 后"、高学历、高收入人群为主，给宠物看病的费用不可小觑，少则几百元，多则几千元。这表明宠物医疗在宠物消费中占据了非常重要的地位，是宠物主人非常关注和愿意投资的领域。

近年来，动物医学领域得到了国家层面的宏观政策支持，如《中华人民共和国动物防疫法》的修订和实施；在微观政策层面，如对动物诊疗机构的规范管理、宠物医疗行业的专项整治行动等，旨在提升宠物诊疗规范化水平，推动行业高质量发展。

农业农村部发布的《2022—2025 年全国官方兽医培训计划》（以下简称《计划》），要求对在岗官方兽医进行动物检疫监督、动物卫生法学理论、重大动物疫情应急处置等方面的继续教育培训。该《计划》还提到对新任命的官方兽医进行动物产品质量安全培训，旨在加强动物源性食品的安全检测与监管，确保食品安全。

《"十四五"全国畜牧兽医行业发展规划》提出了推进畜牧兽医行业高质量发展的措施，支持动物医药产业发展，鼓励企业加大研发投入，提供税收优惠、资金补贴等政策激励。

这些政策的支持反映了国家对于动物医学类专业及其相关领域发展的高度重视，旨在促进动物医学行业的全面发展，保障动物健康和公共安全。

深圳市市场监管局发布的《深圳市推动宠物产业高质量发展工作措施》提出，到 2026 年，深圳市将基本形成业态齐全、布局合理、全链条贯通的宠物产业格局，力争全市宠物相关产业营业收入突破 100 亿元的目标。[3]

养宠物的高消费群体主要集中在一线城市、新一线城市和省会城市，根据不同地区的经济发展水平和产业结构差异，动物医学类专业毕业生的就业区域也会有所不同。例如，农村地区和畜牧业发达地区更侧重于基层畜牧兽医服务和动物疾病防控等工作。

畜牧养殖业还是宠物医疗行业分别在不同的省份和城市中展现出各自的优

[1]　信息来源于《2023 年中国宠物医疗行业全景图谱》。
[2]　信息来源于 Mob 研究院发布的《2022 年中国宠物消费洞察报告》。
[3]　信息来源于《晶报》。

动物医学类

势区域。例如，四川、河南、山东、湖南、河北等省份的畜牧养殖业较为发达，生猪、家禽等养殖规模较大，需求旺盛。而一线城市，如北京、上海、广州、深圳等地，宠物医疗服务需求持续增长，相关企业和医疗机构也在不断增加。毕业生可以根据自身的兴趣和专业方向选择合适的就业地点。

从宠物诊疗机构的区域分布来看，截至 2022 年 10 月，全国宠物诊疗机构数量达 19,930 家，其中，广东省数量最多，达 2,080 家；其次是江苏省，有 1,726 家；山东省、浙江省、四川省、辽宁省、河南省的宠物诊疗机构数量超过千家，较 2021 年同期增长 10.7%。根据调查数据，成都、北京、上海、重庆、广州、深圳、郑州、武汉等城市的宠物医院数量超过 400 家。[1]

这些区域的宠物诊疗机构众多，不仅因为经济发展水平较高，也因为对动物医学类专业人才的需求量较大。当然，具体选择还需要考虑个人的职业规划、生活成本等因素。

二、抓取当下典型企业

接下来，编者以新瑞鹏宠物医疗集团有限公司为例，深度探究动物医学类专业在宠物医疗行业的发展情况。

（一）新瑞鹏集团企业介绍

新瑞鹏集团的全称为新瑞鹏宠物医疗集团有限公司，是一家业务多元化发展的大型综合性企业集团。它作为中国宠物医疗行业的领军企业，为动物医学类专业毕业生提供了广阔的就业平台。

新瑞鹏集团以宠物医疗为主营业务，在全国范围内开设有宠物中心医院、国际医院、各类宠物专科医院及社区医院共 1,000 多家，遍布全国 90 多个城市，目前是国内最大的宠物医疗机构。

新瑞鹏集团重点打造包括外科、骨科、眼科、牙科、皮肤科等在内的 15 大宠物医疗专科，为宠物 / 动物疾病提供全面的医疗解决方案。此外，新瑞鹏集团的另外一个主要业务板块是宠物供应链服务。其业务还扩展到第三方诊断、

---

[1] 信息来源于《2023 年中国宠物医疗行业全景图谱》。

兽医继续教育等领域，如宠物健康管理、宠物医疗技术研发与创新等多个方面。

表14-4是新瑞鹏集团的主要业务板块及介绍。

表 14-4 新瑞鹏集团的主要业务板块及介绍

业务板块	介绍
宠物医疗保健服务	全国范围内的宠物中心医院、国际医院、专科医院、社区医院等，提供 15 大宠物专科服务
供应链服务	向第三方宠物医院、诊所及商店销售宠物食品、药品、医疗设备等产品
教育培训	铎悦教育集团，专注于兽医及美容师的继续教育
宠物相关业务	涉及宠物美容造型、宠物商品零售、互联网医疗、远程诊疗、智慧宠物医疗、智能智造、直播电商、本地生活零售、宠物文化传播等业务

对于有意向学习动物医学类专业，并希望将来能进入新瑞鹏集团的学生来说，首先，要扎实学习生物、化学等相关基础知识，因为这些都是未来学习和工作中必不可少的工具；其次，要注重实践经验的积累，这与基础知识同样重要；最后，在校时应积极寻求实习机会，通过在兽医诊所、动物医院的实地工作，或是参与相关志愿活动，亲身体验和深入了解这个行业。

（二）新瑞鹏集团招聘信息

新瑞鹏集团推出了 3 个人才培养项目，即星瑞管培生项目、兽医研究生项目和中国好兽医项目，编者将对前两个项目进行具体介绍，新瑞鹏集团 2024 年动物医学类专业岗位招聘信息详见表 14-5。

动物医学类

表 14-5 新瑞鹏集团 2024 年动物医学类专业岗位招聘信息

项目	招聘种类	岗位	岗位职责	岗位要求
星瑞管培生	校园招聘	储备兽医师	1. 负责宠物的治疗诊断和留院宠物的检查、登记等相关工作; 2. 负责病例回访、答疑,做好客户满意度维护工作; 3. 积极参加公司组织的各类专业培训与病例讨论,主动提高自身的医疗技术水平和服务水平	1. 应届毕业生,硕士研究生及以上学历; 2. 兽医相关专业,持有执业兽医资格证,具有宠物医院实习和工作经验
	全职 / 实习	兽医师助理	1. 负责管理美容洗浴及造型服务,保持美容现场的卫生整洁; 2. 负责医院环境管理及美容耗材的库存管理; 3. 管理美容客户资料,做好美容客户的回访工作	专业不限,宠物相关专业优先
兽医研究生	全职 / 实习	见习兽医师助理	1. 辅助医生对犬、猫病进行诊断和治疗,如配药、打针、输液等; 2. 指导客户饲养、训练宠物,并进行有效的疫病防治; 3. 各种诊断仪器的操作及维护; 4. 通过医生的批准进行药物配给或治疗工具准备; 5. 执行治疗程序,如动物保定、注射、免疫接种、缝合伤口护理、感染管理等; 6. 观察护理患病动物,并向医生报告具体情况; 7. 负责犬舍、猫舍日常清洁和住院动物的日常护理	1. 大专及以上学历; 2. 动物医学、药学、畜牧兽医学、兽医临床学相关专业

　　动物医学类专业对学历的要求呈现出层次性,匹配的岗位从大专到硕士研究生学历都有需求。大专学历主要培养具备基础动物诊疗和保健能力的技术人员,而本科及以上学历则更侧重于培养具备较高水平临床诊疗、科研创新和疾病防控能力的高级专业人才。

三、认清各类专业差异

（一）专业一览表

动物医学类专业信息详见表 14-6。

表 14-6 动物医学类专业信息

一句话介绍专业	动物医学主要研究动物疾病的发生发展规律、动物疾病的诊断与防治等方面的基本知识和技能，并进行畜禽、伴侣动物、医学实验动物及其他观赏动物疾病的防治等
基础课程	大学数学、大学化学、普通动物学、动物解剖学、动物生理学、动物组织与胚胎学、动物生物化学
专业课程	兽医病理学、兽医药理学、兽医微生物学、兽医免疫学、兽医临床诊断学、兽医外科学、兽医外科手术学、兽医传染病学、兽医公共卫生学、动物检疫学
推荐书目	《默克兽医手册》[美]Cynthia M. Kahn、Scott Line 组编《犬猫中药入门：附临床案例》何静荣 编著
适合哪些学生	对生物学和动物健康有浓厚兴趣、具备良好的科学素养和同情心，且愿意投身于动物保健和疾病防治工作
选科建议	物理 + 化学
考研建议	预防兽医学、兽医、临床兽医学、基础兽医学等方向

（二）专业怎么选

在动物医学类专业的学习过程中，学生不仅要掌握基础的生物学和兽医学理论，还要通过实验和临床实习学习如何进行动物疾病的诊断、治疗和预防。

动物医学类专业属于农学门类中的一级学科。虽然其名字里有"医学"，但实际属于农学类专业，而不是医学类专业，本科毕业生将被授予农学学士学位。相较于许多热门专业，动物医学类专业被认为是冷门专业，很多院校的专业录取分数线相对较低。只要考生对这个领域感兴趣且高考分数达到要求，基本上都能被录取。需要注意的是，动物医学类专业对实践能力的要求很高，通常本科需要学习 5 年，也有极少数学校是学制 4 年。

动物医学类专业的选科要求为"物理 + 化学"，个别本科院校在选科上要

动物医学类

求物理不限组或者"物理 + 化学 + 生物"。例如，广西农业职业技术大学的要求为物理不限组，集美大学则要求"物理 + 化学 + 生物"[1]。

表14-7是《普通高等学校本科专业目录(2024年)》中动物医学类专业目录。

表 14-7 《普通高等学校本科专业目录（2024 年）》中动物医学类专业目录

专业代码	专业名称	专业介绍
090401	动物医学	专注于动物疾病的预防、诊断、治疗和动物健康管理
090402	动物药学	研究和开发用于预防、治疗和控制动物疾病的药物，注重药物的使用和安全性
090403T	动植物检疫	涉及对进出口动植物及其产品进行检验检疫，以防止病虫害和疫病的传播
090404T	实验动物学	利用实验动物进行科学研究，以了解生物学、疾病机理和药物效果
090405T	中兽医学	应用中医理论和技术，结合现代兽医学知识，对动物进行疾病预防和治疗
090406TK	兽医公共卫生	专注于动物源性疾病的防控、动物福利和公共卫生安全的维护

在动物医学类的所有专业中，动物医学专业的毕业生就业情况较好。学生在本科阶段的专业课内容大致相同，且研究生阶段也可以向兽医方向深造。

（三）院校怎么报

编者深入分析了动物医学类专业院校的情况，供考虑报考动物医学类专业的学生重点参考。

原农业部直属的 13 所院校包括中国农业大学、西北农林科技大学、南京农业大学、华中农业大学、东北农业大学等农业类大学，它们在动物医学类专业方面实力较强。其他动物医学类专业较强的院校包括扬州大学、广西大学、西南大学、东北林业大学等。

最后，如果未来想要成为宠物医生，建议学生前往大城市学习。无论是宠物数量还是宠物医院的数量，大城市都远超小城市。同时，大城市有更多的实践、

---

[1] 信息来源于集美大学。

实习机会，且更有利于以后的就业。如果想去农场、牧场从事兽医工作，那么最好的选择是到农业大省的院校就读。这些省份有较多的相关企业，院校通常也有自己的合作基地，学生能够去这些合作企业实习，有利于以后的发展。

四、热门问答

Q1 动物医学类专业的学习难度大吗？

与其他热门工科相比，动物医学类专业的总体难度不大。该专业的技术含量在农学门类中相对较高，涉及大量的化学、生物学、动物免疫学、动物生理学、兽医内科学、兽医外科学等知识，其主要难点在于背诵和理解这些知识。

Q2 动物医学类专业的壁垒高吗？

相对较高，主要体现在以下几个方面。

专业要求严格。动物医学类专业要求学生具备生物学、医学及一定的化学知识，学习内容涉及动物疾病的预防、诊断和治疗等，对学生的知识储备和学习能力有较高要求。

职业资格认证。从事动物医学相关工作需要获得相应的职业资格认证，如兽医资格证。这一认证的获取通常要求学生完成特定的课程学习和临床实践，具有较高的专业性和实践性。

就业方向专一。动物医学类专业的毕业生主要的就业方向是动物医疗机构，如宠物医院、畜牧场等。这些领域对专业知识和技能有特定的需求，因此专业人才相对集中，行业内部竞争较为激烈。

Q3 学习动物医学类专业的学生需要读研读博吗？

如果学生想进入一家宠物医院担任宠物医生，或者进入养殖场担任兽医，通常本科学历就足够了。但如果学生想进入一些兽医研究院、兽药研究院，或者成为养殖集团的管培生，则需要具备硕士研究生及以上学历。

动物医学类

Q4 喜欢小猫小狗的学生建议学动物医学类专业吗?

可以，但不是**必要**条件。兽医的工作并不是每天都可以和可爱的小猫小狗为伴。动物医学类专业涉及解剖、粪便采集、抽血、化验、注射等实验操作，如果对这些内容感到不适或抵触，不建议盲目选择该专业。当然，如果学生对小动物有浓厚的兴趣，且希望将来从事与动物相关的职业，如宠物医生或动物保健工作，那么学习动物医学类专业将是一个不错的选择。

Q5 动物医学行业的工作环境怎么样?

宠物医院的工作环境通常是温馨、专业且相对清洁的，旨在为宠物和客户提供一个舒适和安全的诊疗空间，这类医院的门店多集中在一线和新一线城市。

养殖场兽医的工作地点一般在养殖场内的某个较为封闭和偏远区域的平房里面。这里的工作环境通常比较艰苦，工作内容繁杂且责任重大。工作人员需要面对的挑战包括动物疫病的防控、动物健康检查，以及与养殖户的沟通协调等。然而，兽医研究院和兽药研究院的工作人员，一般在办公楼和实验室内工作。

第十五章

法学类

——挥法律之利剑，持正义之天平

·导言

　　学习法学类专业，你一定会认识"法外狂徒"张三！

　　法学类专业作为培养法律人才的摇篮，为法律服务行业不断输送着新鲜血液。法学类就业需要经历严格的职业资格考试及艰苦的实习期，并在取得执业资格后，仍需要不间断地提升自身的业务能力。要想在这个专业领域获得高薪，个人能力、工作经验、人脉资源在职业生涯中缺一不可。

一、了解未来就业形势

法学类专业具有较高的专业壁垒，尤其是对于历史组选科的学生而言。法学类专业要求学生掌握大量的法律法规、法学理论及复杂的法律逻辑思维，这一培养过程相当严谨。如果学生未来从事律师工作，还必须取得法律职业资格证书及律师执业证书。

根据《2024年全国毕业生起点薪酬报告》，法学类专业毕业生的本科学历月薪为6,863元起，硕士研究生学历月薪为9,102元起，博士研究生及以上学历月薪为12,226元起。律师这一职业非常看重经验和资源，随着行业经验的积累和业务能力的提升，资深律师和律所合伙人的年薪可达百万元以上。

法学类专业的考公岗位也相当丰富。以2024年国考为例，国家公务员局发布的《中央机关及其直属机构2024年度考试录用公务员招考简章》数据统计显示，法学类专业可以报考的相关岗位有4,631个，招收人数为10,081人。这一年总计划招录3.96万余人，而法学类专业相关岗位的数量就占了总计划招录人数的四分之一，涉及法院、检察院、司法行政机关等多个部门。

（一）就业信息一览表

法学类专业就业信息详见表15-1。

表 15-1 法学类专业就业信息

一句话介绍就业	就业方向较广，基本上可以为所有行业赋能，但对专业素养和资格证书要求较高				
就业方向	律师事务所、各类企事业单位法务部门、司法机关、教育培训				
热门岗位	律师、企业法务				
工作压力	★★★★☆	前期收入	★☆☆☆☆	政策结合度	★★★☆☆
加班强度	★★★☆☆	出差频率	★★★☆☆	建议就业起点	硕士
公考优势	★★★★☆	就业壁垒	★★★★☆	优势就业区域	一/二线城市

（二）就业方向及企业

法学类专业具备为各行各业赋能的显著优势，维系着大小企业的健康发展，也为社会整体的有序运行注入了强大的动力。

除了可以独立承办各类诉讼业务，律师还可以处理很多非诉讼业务[1]。

法学类专业相关就业方向及企业举例详见表15-2。

表15-2 法学类专业相关就业方向及企业举例

行业分类	就业方向	具体介绍	相关企业
司法实践类	律师	负责代理客户的法律事务，包括案件调查、法律咨询、起草合同和法律文件等，可担任诉讼律师或非诉讼律师	金杜律师事务所、君合律师事务所、方达律师事务所等
	司法机关工作人员（法官、检察官、警务人员等）	参与审理案件、起草法律文书、执行判决等工作，在法院、检察院、公安机关等司法机关任职	各级法院、检察院、公安机关
	公证员	依据自然人、法人或者其他组织的申请，依照法定程序对民事法律行为、有法律意义的事实和文书的真实性、合法性予以证明	公证处
企业及商业服务类	企业法务人员	处理与企业相关的法律事务，如合同起草、法律风险评估、法律咨询等，服务于企业的法律事务部、法律咨询部及知识产权部等	科大讯飞、工商银行等
	知识产权专员	处理与知识产权相关的事务，包括专利申请、商标注册、版权保护等	上海专利商标事务所等
	合规专员	帮助企业确保其运营和业务活动符合法律法规和内部规定，监督企业的合规情况并提供合规建议	金融机构、大型企业的合规部门

---

[1] 非诉讼业务是指律师接受公民、法人或者其他组织的委托，在其职权范围内为当事人处理与法院、仲裁委员会发生关联的法律事务。

行业分类	就业方向	具体介绍	相关企业
媒体与信息传播类	法律编辑	负责法律类书籍、文章、报告等的编辑和撰写工作，确保内容的准确性和专业性	法律出版社、各类法律媒体或网站
	法律翻译	进行法律文件、合同、法规等的翻译工作，要求准确传达法律术语和条文的含义	有涉外业务的企业、律师事务所、翻译公司
	法律新媒体运营	通过新媒体平台传播法律知识、案例分析等内容，提供法律咨询服务	法律类新媒体公司
学术研究类	法学研究和教育人员	在院校、研究院所或其他教育机构从事法学研究和教学工作，培养法学类专业人才或进行相关学术研究	院校法学院、法学研究机构

以知识产权方向为例。2019 年，中国首次超越美国，成为全球最大专利申请来源国。据总部位于瑞士日内瓦的世界知识产权组织（WIPO）2021 年 3 月发布的报告：2020 年，中国继续领跑全球专利申请量，同比增长 16.1%，以 68,720 件稳居世界第 1 位。其中还提到 2020 年全球专利申请量增长 4%，申请量达到 27.59 万件，创造了有史以来最高数量纪录。[1]

近年来，知识产权行业发展迅速，对知识产权专业人才的需求不断增加。根据职友集的数据统计，2024 年对知识产权专业人才的市场需求较 2023 年同期增长了 276%，而 2023 年较 2022 年则增长了 136%。国家加大对知识产权行业的扶持力度，不断完善相关法律体系，在加强对知识产权保护的同时，也为知识产权专业人才提供了良好的就业环境。

（三）相关专业服务类型

法学类专业毕业生更多的是为个人及企事业单位提供法律服务。

对于个人而言，这类服务如同日常生活中的坚实护盾。在面对诸如婚姻纠纷、财产继承争议、消费欺诈、人身伤害等复杂事务时，法学专业人士能够依

---

[1] 信息来源于国家知识产权局网站。

据相关法律条款清晰地梳理各方权益，引导当事人通过合法合理的途径解决问题，避免纠纷进一步恶化为激烈冲突，也保障了此类事务在法律框架内可以得到妥善处理。

对于企业来说，法学类专业服务更是关乎其生存与发展的关键要素。例如，在日常经营过程中，合同审查是重中之重。法学专业人士能够敏锐地察觉合同条款中可能存在的法律漏洞及风险。无论是采购合同、销售合同，还是合作协议等，都需要保障合同内容符合法律规定，并最大程度地维护企业利益，预防因合同纠纷导致的经济损失和声誉损害。接下来，编者来详细介绍法学类专业学生在毕业后可能从事的相关服务内容。法学类专业毕业生服务内容介绍详见表15-3。

表15-3 法学类专业毕业生服务内容介绍

服务分类	服务案例	介绍
法律咨询服务	律师事务所日常咨询、法律咨询热线	为个人、企业或其他组织提供关于法律问题的专业建议，包括对具体行为合法性的判断、潜在法律风险的分析等
诉讼代理服务	民事、刑事、行政诉讼代理	律师接受当事人委托，代表当事人参与诉讼活动。在各类诉讼中，为当事人争取民事权益，为犯罪嫌疑人或被告人辩护，维护其合法权益，并依据法律和事实在法庭上进行辩论、举证等一系列活动
非诉讼法律事务	公司合规审查、合同起草与审核、法律尽职调查	公司合规审查确保企业经营符合法律法规要求，避免违规风险；合同起草与审核保障合同条款的合法有效、明确双方权利义务，预防合同纠纷；法律尽职调查则是在企业并购、投资等重大经济活动中，对目标对象的法律状况进行全面审查，为决策提供依据
法律培训服务	企业法律培训、社区普法讲座	针对特定群体开展法律知识培训
法律援助服务	为经济困难或特殊案件当事人提供法律援助	由政府设立的法律援助机构或民间组织安排律师，为符合条件的当事人提供免费法律服务

法学类专业学生在毕业后主要从事的工作服务内容可大致分为诉讼代理服务和非诉讼法律事务。

其中，诉讼代理服务是保障司法公平公正的关键环节。律师作为诉讼代理人，利用其专业知识和技能，确保当事人在复杂的司法程序中能够充分表达诉求、有效举证、合理辩论。而非诉讼法律事务关系着企业日常运营的合规与否，避免企业因违法违规行为受到处罚。例如，合同起草与审核服务保障了企业自身在商业交易中的合法权益，确保合同条款得以有效履行，极大地降低了交易风险。

（四）相关岗位及薪资

❶ 岗位情况

根据各大招聘平台发布的招聘信息，法学相关岗位的招聘要求呈现出多维度的特点。在学历方面，虽然本科是较为基础的门槛，但知名律所、大型企业法务岗及司法机关中的部分重要岗位往往更倾向于招聘硕士研究生及以上学历。然而，在一些基层法务岗位或一般性法律事务岗位，本科学历也有一定的机会。

相较于学历，通过司法考试取得法律职业资格证书则显得更为关键。这是进入大多数法学专业岗位的必备通行证。同时，具备良好的法律文书撰写能力、诉讼与非诉讼实务经验及对各类法律法规的深入理解与应用能力等专业素养，才是核心竞争力所在。

国家大学生就业服务平台及各大招聘平台数据显示，在法学行业中，岗位种类大致分为律师、法官检察官、企业法务、行政执法人员等。不同岗位种类中，本科、硕士及博士就业比例各有差异。

在律师岗位中，本科生占比约五成，硕士研究生及以上学历者占比约四成。律师主要负责接受当事人委托，为其提供法律咨询、代理各类诉讼与非诉讼业务，在法律框架内维护当事人的合法权益。

在法官检察官岗位中，本科生占比约四成，硕士研究生学历者占比约五成，博士研究生学历者占比约一成。这些岗位需要通过公务员考试招录。法官主要负责审理各类民事、刑事、行政案件，依据法律规定和证据作出公正裁决。检察官则承担着代表国家提起公诉、监督法律实施等重要职责，要对各类犯罪行为进行审查起诉，确保法律的正确实施。

在企业法务岗位中，本科生占比约六成，硕士研究生学历者占比约三成。法务人员主要参与企业重大项目的法律策划与风险防控，如企业并购重组、大型项目投资等法律事务。企业法务主要负责保障企业经营活动合法合规，防范法律风险，参与企业内部规章制度的制定与完善，处理企业与外部的各类法律纠纷。

在行政执法人员岗位中，本科生占比约七成，硕士研究生及以上学历者占比约两成。行政执法人员是指行政机关中直接履行监管、处罚、稽查等现场执法职责的职位，具有纯粹的执行性和现场强制性等特点，主要集中在公安、海关、税务、工商、质检、药监、环保等政府部门的基层单位。

编者必须提醒大家的一点是，作为法学类专业毕业生，通过司法考试和没通过司法考试的职业境遇完全不同。努力通过司法考试是实现职业理想的重中之重。

对于通过司法考试的毕业生而言，就业面是足够宽的。首先，在律师行业内，司法考试是"敲门砖"，只有通过司法考试，毕业生才能成为实习律师并逐步进阶为执业律师。其次，在司法机关领域，如法院、检察院等，通过司法考试是报考法官助理、检察官助理等岗位的基本条件。此外，企业的法务岗位往往也更倾向于招聘通过司法考试的法学类专业人才。

未通过司法考试的法学类专业毕业生在就业时会面临诸多限制。例如，在司法机关的招聘中，他们基本仅能报考部分公安机关和城管部门的执法岗位；在企业招聘中，虽然也有部分企业会考虑接收，但通常只能从事基础法务工作，职业上升空间会极大受限。

对于法学类专业人员而言，拥有法律职业资格证书、知识产权、证券从业资格证书等，在薪资谈判中就有了一定优势。另外，如果自身的外语能力较强，特别是在外企或涉及大量海外业务的公司中工作，薪资可能会提升10%~30%。

在取得法律职业资格证书后，毕业生还要在律师事务所实习满一定年限（通常是1年，各地规定可能存在差异），才能拿到律师执业证书。在实习期间，毕业生需要参加当地律师协会组织的实习培训等相关活动。实习期满后，经律师协会考核合格，向所在地的司法行政机关提交相关材料（如执业申请书、法律职业资格证书、律所出具的同意接收申请人的证明和申请人实习考核合格的材料等），申请获得律师执业证书。

另外报考注册会计师证书（CPA）对于从事非诉讼律师具有很大的优势，比如可以协助企业首次公开募股（IPO）或者并购重组中的业务，毕竟懂得财务知识更有利于发现企业合规相关的风险。

如果想往专利方向或者知识产权方向发展，那么专利代理师执业资格证书也是必不可少的。全国专利代理师资格考试由国家知识产权局举办，只有取得该证书，才能合法地从事专利代理工作。无论是在专利代理机构为委托人提供专利申请、专利诉讼等服务，还是在企业内部从事专利管理工作，该证书都是必备的资格证明。

需要注意的是，根据《专利代理管理办法》及国家知识产权局相关规定，专利代理师执业资格考试的报考条件明确限定为理工类学科背景。为实现"法律＋专利"双证能力体系的构建，法学专业人才可通过以下系统性培养路径实现职业资质拓展。

第一种路径，本科报考理工类专业，大学期间着重强化工程技术领域的实践能力培养。建议优先选择例如江苏大学、南京理工大学、中国计量大学等设有知识产权辅修模块的院校，提前接触《专利法》《专利审查指南》等专业法规。本科毕业后通过全国硕士研究生考试报考法律硕士（非法学）专业学位。

第二种路径，本科报考法学类专业，大学期间通过高校跨学科选修机制，系统修读高等数学、大学物理、计算机基础等理工类通识课程，为后续专业转型储备知识基础。在取得法学学士学位后，通过高等教育自学考试完成理工类学科的系统学习并获得理工类学科的自考本科毕业证，当然也可以选择跨专业考研考取理工类硕士学位，但是跨考难度较大。

在知识产权法律服务体系专业化发展的背景下，兼具法律职业资格与专利代理师资质的复合型人才，已成为产业创新与成果转化领域的重要支撑，所以在报考理工科类专业时建议优先选择与重点产业相关的专业，如机械工程、电子信息、生物医药等。

❷ 薪资情况

很多学生可能一开始并不了解，律师的实习期是很难熬的。中华全国律师协会常务理事会的《申请律师执业人员实习管理规则》中标明，实习人员的实习期为1年，自《申请律师执业人员实习证》签发之日起计算，而在这期间，实习律师的基本工资是很低的。

当从实习律师进阶为执业律师后，其薪资组成通常包括基本工资、案件提成和绩效奖金。其中，基本工资水平会受到学历层次、职位级别、地区经济水平、律所规模和声誉等因素的影响。

从法学类专业的起薪来看，《2024 年中国本科生就业报告》数据显示，

2023届本科生法学类专业毕业半年后的平均起薪为5,384元/月，在所有专业中处于中游水平。2020届法学类专业本科生毕业3年后的平均月收入约为8,079元，相较于毕业半年时的平均月收入4,895元，涨幅约65%。而2018届法学类专业本科生毕业5年后的平均月收入可达10,066元，相较于毕业半年后的平均月收入4,574元，涨幅达120%左右。

从法学细分领域来看，不同细分领域特点各不相同，根据《2024年中国本科生就业报告》及教育部公开数据显示，其中海商法处理案件标的较高（如船舶价值上亿，货损往往可达百万级），且涉外性强，英语水平要求高，往往工作地点位于港口城市；民商法行业竞争激烈，一般就职于大型企业法务或红圈所的律师薪资较高；知识产权方向人才对于科技、医药企业需求大，从事涉外合规领域薪资更高；刑事法薪资稳定但增长缓慢，且晋升周期较长。

从法学高相关的行业角度来看，2023届法学类专业学生毕业半年后的月收入较高的行业主要包括律师事务所、企业法务部门、司法机关等。在律师事务所及企业的法务部门中，大型知名律所及企业起薪较高，但工作强度和竞争压力较大；司法机关的起薪相对稳定，福利待遇较为优厚，且职业发展前景明确。

从法学就业城市来看，如果法学类专业毕业生在一线城市就业，那么执业律师的月薪会根据学历水平而有所不同。本科学历的执业律师月薪为6,863元起，硕士研究生学历的执业律师月薪为9,102元起，博士研究生及以上学历的执业律师月薪为12,226元起。[1]

（五）就业前景

依法治国是我国的基本方略，国家政策一直在大力推进法治建设，法学类专业人才的需求量也在逐年上升。法学人才在立法、执法、司法等各个环节发挥着重要作用，能够为法治社会的建设和完善贡献专业力量，保障国家法律体系的有效运行，维护社会公平正义。

《知识产权强国建设纲要（2021—2035年）》明确要求健全知识产权信用监管体系，到2025年，知识产权强国建设取得明显成效，知识产权保护更

---

[1] 信息来源于《2024年全国毕业生起点薪酬报告》。

加严格，社会满意度达到并保持较高水平，知识产权市场价值进一步凸显，品牌竞争力大幅提升，专利密集型产业增加值占国内生产总值比重达到13%，版权产业增加值占国内生产总值比重达到7.5%，知识产权使用费年进出口总额达到3,500亿元，每万人口高价值发明专利拥有量达到12件（上述指标均为预期性指标）。

《关于加强新时代法学教育和法学理论研究的意见》指出，到2035年，与法治国家、法治政府、法治社会基本建成相适应，建成一批中国特色、世界一流法学院校，造就一批具有国际影响力的法学专家学者，持续培养大批德才兼备的高素质法治人才，构建起具有鲜明中国特色的法学学科体系、学术体系、话语体系，形成内容科学、结构合理、系统完备、协同高效的法学教育体系和法学理论研究体系。

另外，经济发达地区通常对法律人才的需求较大，相关政策也更为积极，在能够吸引大量企业和金融机构设立的同时，也创造了更多的律所律师及企业法务岗位。

法学类专业毕业生的就业去向以一线城市及各省会城市为主，如天府中央法务区、重庆中央法务区、海丝中央法务区、虹桥国际中央法务区、湖南（长沙）中央法务区、郑州"1+7"法务区等。这些地区经济发达，各类企业众多，尤其是大型企业、跨国公司、金融机构等高度集中。这些企业在日常运营中经常面临着复杂的法律问题，如合同纠纷、知识产权保护、合规审查等，对于法学类专业人才有着强烈需求，因此法学类专业毕业生通常能够在其中获得理想的职业发展机会和薪资待遇。

以郑州"1+7"法务区为例，"1"是指郑东新区龙子湖中央法务区，它立足于"国内一流、国际知名"的定位，打造面向河南省、辐射全国的法律服务高端平台；"7"是金水法务区、郑东法务区、中原法务区、管城法务区、二七法务区、惠济法务区、航空港法务区这7个法律服务集聚区。总体上来看，该法务区结合本区域产业特色，完善多元化服务链条，促进法律服务集聚与区域产业深度融合、协同发展。

法学类

二、抓取当下典型企业

虽然法学类专业毕业生可以进入很多行业发展，但不可忽视的是，律师事务所依旧是其主要的就业方向之一。律师事务所作为提供法律专业服务的重要机构，为法学类专业毕业生提供了广阔的发展平台。

在律师事务所中，法学类专业毕业生能够接触各类复杂的法律案件和业务，不断锤炼自己的专业技能。无论是民事纠纷、刑事辩护，还是商业诉讼，他们都有机会在实践中积累丰富的经验。通过与不同的客户合作，法学类专业毕业生可以深入了解各种行业的法律需求，拓宽自己的视野和知识面。

对于那些渴望在法律领域有所成就的法学类专业毕业生来说，律师事务所是实现这一梦想的重要起点。提到律师事务所就绕不过一个名词——"红圈所" [1]，又称"中国八大律师事务所"，它们是中国顶级的一批律师事务所。

（一）君合企业介绍

君合律师事务所（以下简称君合），是国际公认的、卓越的中国大型综合律师事务所之一，于 1989 年创立于北京市，是中国最早的合伙制律师事务所之一。20 世纪 80 年代末至 90 年代初，外资开始进入中国，君合从以开创涉外业务为重的经营模式，逐渐发展为具有市场敏感度的综合化律师事务所。1994 年，君合在上海市成立分所，此后陆续在深圳、大连等城市设立分所。截至 2023年 11 月，君合已在海内外拥有 12 个办公室和逾千人的专业团队。其业务范围非常广，君合业务板块及详细介绍详见表 15-4。

表 15-4 君合业务板块及详细介绍

业务板块	详细介绍
房地产和建筑工程	涉及房地产开发、建筑施工等方面的法律事务
公司与并购	包括兼并、收购与重组，企业改制和重组的结构和流程设计，尽职调查，资产转让，合并和分立，解散和清算，协议起草与谈判等
国际贸易	处理国际贸易相关的法律问题

---

[1] "红圈所"包括金杜律师事务所、君合律师事务所、方达律师事务所、环球律师事务所、竞天公诚律师事务所、通商律师事务所、中伦律师事务所、海问律师事务所。

业务板块	详细介绍
合规	进行合规调查，反商业贿赂、反不正当竞争、反垄断政策制定和培训，设立公司合规专员和热线等
环境、社会与治理	关注企业在环境、社会和治理方面的法律责任
基础设施与项目融资	涉及基础设施项目的融资法律事务
家族财富与传承	处理家族财富的管理和传承法律问题
竞争法	涉及反垄断、反不正当竞争等法律领域
劳动法	专注于劳动关系、劳动权益保障等方面
破产重整与清算	处理企业破产重整和清算相关法律事务
日本业务	涉及与日本相关的法律业务
税法	处理税收相关的法律问题
特殊机会投资	关于特殊机会投资的法律事务
银行金融	涉及银行和金融机构的法律事务
争议解决	解决各类法律争议
政府监管与调查	应对政府监管和调查的法律事务
知识产权	处理知识产权相关法律问题
资本市场	包括股权、结构性融资和证券化、债券等方面的法律事务
传媒、娱乐与体育	涵盖传媒、娱乐和体育行业的法律事务
电信、信息技术与高科技	涉及电信、信息技术和高科技领域的法律事务
工业与制造业	针对工业和制造业的法律问题
教育	处理教育领域的法律事务
金融服务业	专注于金融服务行业的法律事务
矿产、资源与环境保护	涉及矿产、资源开发和环境保护的法律事务
能源与基础设施	关于能源和基础设施领域的法律事务
生命科学与健康	处理生命科学和健康领域的法律事务

法学类

君合在多个领域获得了大量奖项和荣誉，例如，多次被《亚洲法律杂志》评为年度中国律师事务所、年度北京律师事务所；荣获国际法律联盟峰会大奖年度最佳中国律师事务所（金奖）；被《金融时报》评为中国最具创新性律师事务所等。

（二）君合招聘信息

君合的企业招聘分为**法律实习生岗位和法律专业岗位**两种，其中，法律实习生岗位主要从名牌大学法学院的在校硕士、本科生中选拔相应人才，君合会按照自己的方式加以培养。学生需要自行填写《君合律师事务所实习申请表》，并通过电子邮件的形式递交到君合的办公室邮箱内。

君合的实习生评核小组负责申请实习学生的评核工作。评核小组通过对申请材料的审阅，从中选择优秀者参加君合的考试。考试分为**外语笔试、面试**等，评核小组根据学生的考试情况，从中择优录取优秀学生来君合实习，实习时间一般为2~3个月。在实习期间，君合会安排适当的合伙人或资深律师作为实习生的导师，负责实习生在君合实习期间的工作安排与指导。

实习结束后，君合会征求与实习生有业务往来的合伙人或资深律师的意见，对实习生做出评价。对确认有培养前途的实习生，君合会通知其毕业后可来君合进行律师试用。在选拔过程中，君合会着重考虑以下几方面：律师意识、敬业精神、外语水准、时间观念、工作效率、合作精神。另外，在实习期间，君合会向实习生提供一定的生活补助。

而法律专业岗位则通过**社会招聘**的形式进行，应聘者可以通过君合官方网站的招聘页面申请相关职位。表15-5是君合2024年法学类专业岗位招聘信息。

表15-5 君合2024年法学类专业岗位招聘信息

岗位	工作地点	岗位要求
中级专利律师	北京市	1. 具有理工科本科及以上学历，专业技术领域为生物医药、化工、材料、计算机、通信、半导体； 2. 具有国内外法学院系统学习经验者优先考虑，已通过司法考试和专利代理师考试，具有4年以上专利工作从业经验或研发经验

岗位	工作地点	岗位要求
破产重组业务方向律师助理	北京市	1. 国内优秀法学院本科及以上学历，或知名院校会计学本科及以上学历； 2. 已通过国家统一法律职业资格考试者，有破产重组领域的实习经历或工作经验者优先考虑
授薪律师（行政法领域）	成都市	1. 具有硕士研究生及以上学历，宪法学与行政法学专业优先； 2. 已取得或即将取得律师执业证，需将能代表应聘者水平的文章或其他文字作品随简历一并附上，有政府部门法律顾问工作经验者优先，愿意到顾问单位驻点工作
公司金融业务方向初级律师、专职知识管理律师	北京市	1. 公司金融业务方向初级律师要求国内外知名法学院本科及以上学历，已取得律师执业证书，具有 5 年以上破产业务经验，具有上市公司重整案件办理经验者优先考虑； 2. 专职知识管理律师要求国内外知名法学院本科及以上学历，有境外学习或工作经历者优先考虑；具有 3~5 年的律师执业经验，有涉外业务经验者优先考虑

根据表 15-5 可以发现，不管是招聘实习生还是正式律师，君合这一类知名的大型律师事务所都对应聘者是否通过司法考试有硬性要求，同时对其毕业的院校层次也有一定的要求。

值得注意的是，拥有理工科背景的律师在从事对应行业的专利或知识产权方向的工作时更为有利。因为在专利的申请、审查和诉讼过程中，涉及大量的技术细节和专业知识，而此类律师能够更好地理解和分析复杂的技术方案，准确把握产品的核心要点。

三、认清各类专业差异

（一）专业一览表

法学类专业信息详见表 15-6。

法学类

表 15-6 法学类专业信息

一句话介绍专业	法学类专业是一门研究法律现象及其规律的学科，旨在培养具备扎实法律知识、良好法律思维和实践能力的专业人才，并使其能够从事法律实务、法学教育和研究等工作
基础课程	法理学、中国法制史、宪法学
专业课程	刑法学、民法学、刑事诉讼法学、民事诉讼法学、行政法与行政诉讼法学、经济法学、知识产权法学、环境与资源保护法学、国际法学、国际经济法学、法律文书写作
推荐书目	《法学野渡：写给法学院新生》郑永流 著 《西窗法雨》刘星 著 《杀死一只知更鸟》[美]哈珀·李 著
适合哪些学生	逻辑思维能力强、记忆力好、语言表达能力好、抗压能力强、具有公正审视事物的能力、有耐心和毅力
选科建议	不限选科要求
考研建议	法学、知识产权学、民商法学、经济法学等方向

（二）专业怎么选

目前，<u>绝大多数法学类专业招生院校是不限选科的</u>，但仍有部分院校对选科有一定要求，如南京航空航天大学、华中科技大学、北京邮电大学、华北电力大学等院校规定报考其法学类专业时，要求学生必选历史；云南大学、西南交通大学、合肥工业大学、成都大学等院校规定报考其法学类专业时，要求学生必选政治；报考重庆理工大学的知识产权专业和武警工程大学的法学类专业时，学生必选物理；而西藏大学、山西农业大学、淮北师范大学等院校则规定，报考其法学类专业时，要求学生必选历史及政治。

在本科专业目录中，法学大类目前涵盖了 12 个二级学科，编者将对此进行系统展示，并从<u>专业选择及填报逻辑</u>的角度进行详细讲解。《普通高等学校本科专业目录（2024 年）》中法学类专业目录详见表 15-7。

表 15-7 《普通高等学校本科专业目录（2024 年）》中法学类专业目录

专业代码	专业名称	专业介绍
030101K	法学	系统学习法律知识和理论，培养法律专业人才，涵盖各个法律领域

专业代码	专业名称	专业介绍
030102T	知识产权	专注于对知识产权的创造、保护、运用及管理等方面，进行研究和实践
030103T	监狱学	主要研究监狱管理、罪犯改造及监狱法律制度等，为监狱系统培养专业人才
030104T	信用风险管理与法律防控	致力于防范和处理信用风险，结合法律手段进行风险管控
030105T	国际经贸规则	研究国际经济贸易中的规则和法律，为国际贸易提供法律保障
030106TK	司法警察学	培养掌握司法警务知识和技能，为司法活动提供安全保障的专业人才
030107TK	社区矫正	针对被判处管制、宣告缓刑、裁定假释、暂予监外执行的罪犯进行非监禁性矫正的专业领域
030108TK	纪检监察	聚焦党风廉政建设和反腐败工作，培养从事纪检监察工作的专业人员
030109TK	国际法	研究调整国家之间及国家与国际组织等国际法主体之间关系的法律规范
030110TK	司法鉴定学	对诉讼活动中涉及的专门性问题进行鉴定和判断的学科领域
030111TK	国家安全学	研究国家安全战略、安全管理、安全技术等，维护国家的安全与稳定
030112TK	海外利益安全	致力于保护国家在海外的政治、经济、文化等利益的安全

法学类

在法学类专业中，最常见的是法学专业和知识产权专业，其他专业开设的院校相对较少。学生可以选择法学大类内的任何专业，因为就读这一大类内的任何专业，最终颁发的都是法学学位证书，这意味着毕业生都有资格直接参加司法考试。此外，不同的法学类专业在就业市场上各具独特的优势和潜力。无论选择哪一个法学类专业，都有着广阔的发展前景，能够以法学为核心，延伸到各个专业领域，进而满足社会对于法律专业人才的多样化需求。

（三）院校怎么报

在法学领域的职业发展路径中，律师事务所的人才筛选机制逐渐形成了鲜明的特点。知名的全国性律师事务所往往极为看重学生毕业的法学院院校档次；地区性的律师事务所，除了看重法学院的院校档次，也青睐当地法学认可度高的院校。因此，法学类专业在本科阶段的院校报考逻辑应**优先考虑法学类专业强势的院校**，可以通过以下几个维度进行选择。

"五院四系"[1]，这里集中了国内**顶尖的法学教育资源**，拥有优秀的师资队伍、丰富的教学经验和先进的教学设施，毫无疑问是报考法学类专业的首选。

优秀的财经类院校，如中央财经大学、上海财经大学、广东外语外贸大学等。这些院校除了在经济学、金融学、会计学等财经学科方面具备深厚的学术积淀和丰富的教学资源，还拥有极强的法学类专业实力。在当今社会环境下，企业对于**既懂法律又懂财经的复合型人才**极为渴求，而财经类院校的法学类专业人才恰好能够满足这些需求。

省内拥有法学博士点的院校，一般是综合性院校和政法类院校，如四川大学、南昌大学、上海政法学院、河南财经政法大学等。这些院校在法学类专业方面**具有一定的特色和省内行业认可度**，且因长期为省内培养法律人才，其毕业生广泛分布于省内的司法机关、律师事务所、大型企业等多个领域，形成了良好的校友网络。因此，其在省内的影响力不容小觑。

拥有法学类专业特色与优势领域的院校，如对外经济贸易大学（国际法）、中国海洋大学（海洋法）、大连海事大学（海商法）、上海海事大学（海商法）等。这些院校**在特定专业领域有着突出表现**，显现出极具竞争力的专业价值。

---

[1] 指的是我国最早建立的5所政法院校及4所大学的法律系。"五院"包括华东政法大学、西南政法大学、西北政法大学、中南财经政法大学、中国政法大学；"四系"包括北京大学、吉林大学、武汉大学、中国人民大学。

四、热门问答

Q1 法学类专业为什么常年"亮红牌"？

近几年的《中国本科生就业蓝皮书》显示，在全国高失业风险专业（即红牌专业）名单中，法学类专业常年位居榜首，这主要是因为很多院校都开设了该专业，甚至一些专科院校也设有法学类专业，导致每年的法学类专业毕业生数量极其庞大。加之该专业的就业门槛相对较高，司法考试的难度高、通过率低，进一步加剧了就业竞争，因此，就法学类专业本身而言，如果考生的分数连省内的法学类专业特色院校都无法报考，那么其未来的就业局面确实不容乐观。

Q2 法学类专业就业一定要通过司法考试吗？

不一定通过司法考试才能就业，但通过司法考试能够带来非常多的好处。如果想从事法官、检察官、律师等主要法律职业岗位，司法考试则是必备门槛。即使选择在企业担任法务人员，通过司法考试往往也能拓宽职业发展空间。当然，也存在一些非法律核心业务岗位，如行政执法岗位、法律文书编辑等，没有通过司法考试也有机会从事这类岗位的工作。

Q3 法学类专业毕业生有必要出国留学吗？

法学类专业毕业生出国留学后可能存在一定的就业优势。如果选择去国外（如英国、美国等）学习普通法体系，可以拓宽国际视野，了解不同法律体系的运作逻辑，对于未来从事涉外法律业务有很大帮助。此外，国外留学经历和国外院校学位在一些跨国企业、涉外律所等招聘时往往会成为加分项。

法学类

第十六章

财会类

——经济秩序守护者

·导言

任何企事业单位都离不开财会。

财会是商业运作的基石，为企业和组织的财务健康提供了专业保障。通过精确的会计记录、合理的财务规划、严格的成本控制和细致的税务筹划，财会从业者不仅保障了企业资金的高效运作，还为企业决策提供了关键的数据支持。同时，财会从业者在确保企业遵循相关法律法规、防范财务风险、提升企业透明度和信誉度方面发挥着不可替代的作用，是现代企业可持续发展的重要支撑。

需要强调的是，本章提到的财会类专业仅包含会计学、财务管理、审计学和内部审计专业。

一、了解未来就业形势

现如今，财会领域的就业市场仍在不断扩大，但随着金融科技和数字化技术的不断发展，财会从业者也面临着新的机遇和挑战。例如，当前突出的"金字塔形"人才结构失衡问题，即普通会计人才过剩，而高级会计人才严重短缺。换句话说，传统的核算型会计人才已经相对饱和，但复合型、管理型财会人才仍然供不应求。

财会行业不仅服务于企业，也能够为个人提供重要支持。全球市场研究和咨询服务提供商 QY Research 的调研报告显示，2023 年全球财务会计咨询服务市场规模大约为 7,040 亿元，预计到 2030 年，这一市场规模将达到 10,439 亿元。[1]因此，在全球财务会计咨询服务市场规模稳定增长的背景下，对于财会类专业人才的需求势必持续扩大。

根据正保会计网校的《2023 年度会计人薪资调查报告》可知，薪酬占比最多的是 5,000~8,000 元 / 月，月薪 8,000 元以上的从业者比重占 51.70%；按岗位来看，普通会计的薪资一般为 5,000~8,000 元 / 月，而财务经理的薪资则为 15,000~20,000 元 / 月。这表明该行业的薪资待遇相对较高，且未来有足够的晋升空间。

对于那些寻求长远职业发展前景的学生来说，财会行业仍不失为明智之选，其优势包括可观的经济回报、广泛认可的专业资格、较强的地区流动性等。此外，潜在的跨行业发展机会也成为众多职场人士选择财会作为终身职业发展道路的重要原因。

（一）就业信息一览表

财会类专业就业信息详见表 16-1。

表 16-1 财会类专业就业信息

一句话介绍就业	就业情况整体良好，行业需求持续增长，财会从业人员始终是企事业单位不可或缺的一部分
就业方向	财会行业、金融行业、咨询行业

---

[1] 信息来源于《2024—2030 全球及中国财务会计咨询服务行业研究及十五五规划分析报告》。

热门岗位	会计、出纳、财务分析师、金融交易员、证券分析师、投资顾问等				
工作压力	★★☆☆☆	前期收入	★★☆☆☆	政策结合度	★★★★★
加班强度	★★☆☆☆	出差频率	★★☆☆☆	建议就业起点	本科／硕士
公考优势	★★★★☆	就业壁垒	★★★☆☆	优势就业区域	一／二线城市

（二）就业方向及企业

　　财会类专业通过提供会计、审计、税务、财务管理等核心服务，帮助各行业优化资源配置、控制风险、增强决策力，从而推动各行业的持续健康发展。从制造业到科技行业，从服务业到金融业，从政府部门到非营利组织，财会类专业毕业生因自身专业技能的通用性，几乎在任何行业中都能找到适合自己的职位。

　　财会类专业的毕业生可以在内外资企业、政府部门及事务所从事会计工作和经济管理工作。由于各种经济实体不断涌现，对会计类人才的需求预计会增加，尤其是那些熟知专业业务和国际事务的会计师将成为热门人才。

　　财会类专业属于技能型专业，强调理论与实践相结合，有着实践性强、就业面广的特点。在财会技能广泛赋能各行各业的背景下，财会类专业毕业生的就业方向和适合的企业也呈现出更广泛的多样性。财会类专业毕业生可以从事会计与审计、财务管理、税务咨询、投资与融资等工作。财会类专业相关就业方向及企业举例详见表 16-2。

表 16-2 财会类专业相关就业方向及企业举例

行业分类	就业方向	具体介绍	相关企业
财务与会计	会计	负责企业的日常会计核算、财务报表编制和税务申报	德勤、安永、毕马威、阿里巴巴、腾讯、百度、京东等
	财务分析	通过分析财务数据，为企业提供决策支持，优化资源配置	华为、海尔、美的、万科、可口可乐、宝洁等
审计与税务	审计	对企业财务报表进行独立审查，确保信息的准确性和合规性	德勤、安永、毕马威、瑞华、立信等
	税务筹划	为企业提供税务咨询和筹划服务，合理避税，降低税务风险	国家税务总局、德勤税务等

行业分类	就业方向	具体介绍	相关企业
财务管理	企业财务管理	负责企业财务战略的制定和执行，管理企业资金	通用电气、福特汽车、联想、IBM、海尔等
内部控制与合规	内部控制	建立和维护企业内部控制体系，防范风险	阿里巴巴、腾讯、万科、海尔、美的等
内部控制与合规	合规管理	确保企业运营符合相关法律法规和行业标准	中国证监会、各大银行、保险公司
咨询服务	财务咨询	为企业提供财务咨询服务，帮助企业改善财务管理	麦肯锡、波士顿咨询、贝恩咨询、德勤咨询等
咨询服务	管理咨询	提供企业管理方面的咨询服务，包括组织架构、流程优化等	埃森哲、IBM 全球商业服务、凯捷咨询等
金融服务	银行柜员/客户经理	在银行提供柜面服务或管理客户关系，推广金融产品	中国银行、工商银行、建设银行、农业银行、招商银行等
金融服务	证券分析	分析证券市场动态，为投资者提供投资建议	中信证券、国泰君安、华泰证券、高盛、摩根士丹利等
公共事业与政府	政府审计	对政府机构和国有企业的财务进行审计	国家审计署、地方审计机关
公共事业与政府	财政管理	在政府部门负责财政预算、资金分配和监管	财政部、国家税务总局、地方财政局

财会类

　　财会类专业毕业生最常见的就业方向主要包括会计师事务所、企业、体制内等。

　　会计师事务所是提供审计、会计、税务和财务咨询等专业服务的机构，对于确保市场经济秩序的稳定和透明至关重要。它们通过提供专业服务，帮助客户遵守法律法规，提高财务透明度，也为投资者和其他利益相关方提供决策依据。根据中国注册会计师协会的数据，截至 2024 年 5 月 31 日，全国共有会计师事务所 10,794 家，从业人员超过 40 万人。会计师事务所对于财会类专业毕业生来说是非常好的就业方向之一。

　　企业内部的财务相关岗位是财会类专业毕业生的一个很重要的就业去向。财会类专业毕业生在选择就业的企业类型时，可以重点考虑跨国公司、上市公司、大型民营企业、互联网企业、金融机构和高新技术企业，因为这些企业通常能为财会类专业人才提供较好的发展机会和职业路径。

体制内也是财会类专业毕业生一个较好的就业去向，主要包括财会类专业的公务员、事业编和各种大型央国企。

财会类专业具有广泛的发展前景和良好的职业发展机会，是符合国家经济发展和市场需求的重要专业领域。财会类专业毕业生根据就业方向不同，能进入的行业、企业及能从事的岗位有所不同，学生可以根据自己的职业规划选择不同的就业方向。在当前的就业市场需求趋势下，编者建议考生及家长可以关注金融、互联网、大型制造业、咨询服务业等领域，这些领域对财会类专业人才的需求较高。

财会类专业人员在为各行业赋能的过程中，除了需要具备扎实的专业知识和技能，还需要了解所在行业的特定需求和潜在挑战，这样才能更有效地发挥财会职能。例如在目前大数据、云计算、人工智能等技术高速发展的背景下，财会类专业人员应当掌握相关技术，从而进行更高效、更智能的财务管理。

（三）相关专业服务类型

财会行业通常根据服务内容、目标客户、专业要求和提供的解决方案来区分不同的服务类型，表 16-3 是财会类专业相关服务类型及介绍。

表 16-3 财会类专业相关服务类型及介绍

服务类型	介绍
审计服务	提供财务报表审计、内部控制审计、合规审计等服务
税务服务	包括税务筹划、税务合规、税务申报、税务咨询等
咨询服务	涵盖财务咨询、业务流程优化、企业战略规划、风险管理等
会计服务	提供账务处理、财务报表编制、成本管理、资金管理等服务
财务软件	包括会计软件、财务管理软件、税务软件、审计软件等，如金蝶云会计
财务分析	提供财务数据分析、预算编制、财务模型构建等服务
资金管理	涉及现金流管理、投资管理、融资咨询等
企业估值	为企业并购、重组、融资等提供估值服务

服务类型	介绍
外包服务	包括代理记账、工资外包、财务外包等
培训与教育	提供会计、审计、税务等方面的培训和教育服务
财务共享服务	帮助企业建立财务共享中心，提高财务运营效率
司库与资金管理	涉及企业资金的集中管理、风险控制、资金调度等

　　根据服务对象和服务目的不同，财会类专业毕业生所从事的工作可以分为三大类：第一类是营利性企业对外经营性质的财会工作；第二类是营利性企业内部核算管理性质的财会工作；第三类是行政事业单位（非营利性单位）内部核算管理性质的财会工作。

（四）相关岗位及薪资

　　绝大多数财会类岗位对工作经验是有要求的。财会类专业毕业生大多会从基础的财会岗位做起，主要包括出纳、会计、财务。很多非财会从业者可能认为这三个岗位没有什么区别，但事实上，不同的岗位会有不同的发展路径。

　　出纳：负责对现金和银行存款进行管理，例如，记录每一笔开支，做好现金日记账和银行日记账；负责保管相关印章、空白收据和空白支票；为报销的人员、领取备用金的人员、领取工资的人员发放现金等。

　　会计：如果说出纳是管钱的，那么会计就是管账的。会计负责对过去的交易或事项进行确认和记录，主要包括结账和核算。其具体工作为账务处理，即每个月进行原始凭证、记账凭证、分类账与总账、资产负债表、利润表、现金流量表等一系列的账务处理。

　　财务：如果说会计是信息的记录者，那么财务就是信息的利用者。财务的工作内容为分析和预算，要基于会计数据进行分析，在对历史会计分录和现实信息进行分析后，对企业运营的财务数据进行预测、判断和决策，决定采取或不采取某些行动。

　　出纳、会计、财务，三者并不是割裂的关系。很少有人可以跨过前面两个岗位直接成为财务，因为能力是需要一点点累积的。很多会计都是从出纳做起的，这样才能更熟悉业务流程。财务工作也要基于会计数据进行分析，只有会

财会类

计数据准确，财务的工作才有意义。对于财会人员来说，财务方向的职业晋级路径一般是：出纳—会计—会计主管—财务/税务经理—财务总监。

智联招聘发布的《中国企业招聘薪酬报告》显示，专业服务/咨询（包括财会、法律、人力资源等）行业的平均招聘薪资位列前茅。财会行业的平均薪资从2022年第一季度的11,604元/月提升至目前的12,064元/月，涨幅达3.96%。

财会行业内部的岗位众多，不同岗位的薪资水平存在显著差异，与工作经验、专业技能、证书等级、城市区域等都存在很大的关联性。一般来说，基础岗位的薪资相对较低，但随着职位的晋升、经验的积累及技能的加持，薪资水平通常会逐步提升。在行业差异上，大型金融行业、互联网及半导体行业的薪资相对较高，而这些企业一般存在于大城市。因此，编者将重点分析一线城市财务行业部分岗位的薪资情况，详见表16-4。[1]

表16-4 一线城市财务行业部分岗位的薪资情况

职位	工作时间（年）	基本固定年薪（万元）	奖金（万元）
首席财务官	15+	100~250	50~200
财务总监	12~14	60~150	20~100
税务总监	12~14	50~120	20~40
审计总监	12~14	50~120	20~40
融资总监	12~14	50~120	20~40
财务副总监	9~11	40~80	20~50
高级财务经理	6~8	30~60	10~30
高级税务经理	9~11	30~80	10~30
高级审计经理	9~11	30~80	10~30
财务经理	3~5	25~40	5~20
税务经理	6~8	25~50	5~20
审计经理	6~8	25~50	5~20
融资经理	6~8	25~80	5~20
财务分析专员	0~2	10~15	1~5

[1] 信息来源于领禾管理咨询发布的《2024年度薪酬指南》。

职位	工作时间（年）	基本固定年薪（万元）	奖金（万元）
会计	0~2	10~15	1~5

从表 16-4 可以看出，在一线城市中，财会行业的整体薪资水平较高，但刚进入职场的毕业生从事的基础会计岗位薪资相对较低，财务、税务、审计经理等中级及以上岗位的薪资有明显提升，但需要人才拥有更强的专业技能和更丰富的工作经验。

（五）就业前景

由财政部印发的《会计行业人才发展规划（2021—2025 年）》旨在指导和推动会计行业人才的培养和发展，提出了加强高端会计人才培训培养的措施，以及推动会计人才使用机制的完善等。

财政部制定的《会计改革与发展"十四五"规划纲要》明确了"十四五"时期会计改革与发展的总体目标和任务，包括加快完善会计法治体系、推动会计审计数字化转型等。重点是进一步放宽限制，增强公平性，以促进商业发展。

当前的财会行业低层次人才过剩而高层次人才紧缺。

市场对具备高级会计职称、注册会计师（CPA）、特许公认会计师（ACCA）等国际认证，且拥有扎实专业知识、丰富实践经验和卓越综合素质的高层次会计人才需求迫切。新兴技术的发展也提升了行业对人才创新能力的要求，未来，高层次财会人才将更加稀缺。因此，提升专业素养、获取认证资格成为财会人员职业发展的关键。

随着大数据、云计算、人工智能等新兴技术的不断发展，新技术为财会工作带来了更多的便利，也对财会人员的素质和能力提出了更高的要求，高层次财会人才将毫无疑问地成为就业市场的抢手资源。

财会类专业毕业生可以在任何企业找到相应的岗位，但在经济发达地区或企业相对较多的地区，对于财会人员的需求会更大。财会类专业毕业生选择就业区域时，如果从薪资待遇角度出发，可以优先考虑经济发达地区。

财会类

二、抓取当下典型企业

（一）立信企业介绍

立信会计师事务所（以下简称立信），是中国较早建立且极具影响力的会计师事务所。立信由中国会计界泰斗潘序伦先生于 1927 年在上海市创立，其总部也设在上海市，并在北京市、深圳市设立了 27 家分支机构。

立信旨在为不同行业的客户提供专业的财务、会计、审计、税务、咨询及培训服务。

立信现有的客户遍布全国各地，其中包括上市公司近 300 家、首次公开募股公司 300 余家，以及外商投资企业 2,000 余家。此外，立信还为中石油等众多大型央企、国有集团、银行、证券公司、期货经纪公司、保险公司、信托公司、基金公司等提供审计及相关业务。自 2001 年起，立信在全国会计师事务所签发的国内上市公司审计报告数量排行榜上一直保持第一。立信业务板块及产品或服务详见表 16-5。

表 16-5 立信业务板块及产品或服务

业务板块	对应产品或服务	详细介绍	实际应用举例
审计服务	财务报表审计、内部控制审计、专项审计等	提供各类审计服务，确保企业财务报告的真实性和合规性	对企业年度财务报表进行审计，评估内部控制的有效性
税务服务	税务咨询、税务筹划、转让定价等	为企业提供税务合规、优化税务负担的服务	帮助企业合理规划税务，降低税负
咨询服务	管理咨询、财务咨询、并购咨询等	针对企业运营中的问题提供专业解决方案	为企业提供并购重组的咨询服务，优化管理流程
工程造价	工程预算、结算、造价鉴定等	为建筑项目提供全过程的造价管理服务	对建筑工程项目进行预算编制和结算审核
资产评估	企业价值评估、资产评估、无形资产评估等	为各类资产提供价值评估服务	对企业整体价值或特定资产进行评估，用于交易定价或财务报告

业务板块	对应产品或服务	详细介绍	实际应用举例
财务顾问	上市辅导、融资顾问、投资顾问等	为企业提供资本市场相关的财务顾问服务	协助企业进行首次公开募股上市辅导，规划融资方案
会计服务	代理记账、会计外包、财务报表编制等	为企业提供日常会计记账和报表编制服务	为中小企业提供代理记账服务，确保财务记录的准确性
信息技术服务	财务信息系统咨询、企业资源规划系统实施、信息安全等	帮助企业提升信息化水平，保障信息安全	为企业设计和实施财务信息系统，提高财务管理效率
其他服务	包括企业培训和法务服务等	提供多样化的专业服务，满足企业的不同需求	为企业提供财务人员培训，确保财务团队的专业能力

通过多元化的服务内容，立信能够根据不同客户的特定需求提供定制化解决方案。审计业务作为其核心传统业务，占据了企业收入的较大比重。

随着市场经济的发展及企业对财务管理、税务筹划等方面需求的增加，会计咨询和税务咨询等非审计业务也逐渐成为该事务所的重要收入来源。

（二）立信招聘信息

立信的企业招聘分为校园招聘和社会招聘，立信2024年财会类专业岗位招聘信息详见表16-6。该事务所的校园招聘岗位大多集中在一线城市，要求应聘者具备本科及以上学历，且专业不限，同时能够适应出差工作。该事务所的社会招聘岗位则大多对应聘者的工作经验和相关证书有所要求。

财会类

表 16-6 立信 2024 年财会类专业岗位招聘信息

招聘类别	岗位	工作地点	岗位要求
校园招聘	审计员	上海市、北京市、广州市等	1. 应届毕业生，本科及以上学历； 2. 专业不限，会计、审计等相关专业优先； 3. 成绩优良，具有相关实习经验者优先； 4. 能适应出差
	IT 审计员	上海市、北京市、广州市等	1. 应届毕业生，本科及以上学历； 2. 专业不限，信息系统审计、计算机等相关专业优先； 3. 成绩优良，具有相关实习经验者优先； 4. 能适应出差
	咨询顾问	上海市、北京市、广州市等	1. 应届毕业生，本科及以上学历； 2. 专业不限，审计、咨询等相关专业优先； 3. 成绩优良，具有相关实习经验者优先； 4. 能适应出差
	税审员	上海市、北京市、广州市等	1. 应届毕业生，本科及以上学历； 2. 专业不限，审计、税务等相关专业优先； 3. 成绩优良，具有相关实习经验者优先； 4. 能适应出差
	评估员	上海市、北京市、广州市等	1. 应届毕业生，本科及以上学历； 2. 专业不限，资产评估等相关专业优先； 3. 成绩优良，具有相关实习经验者优先； 4. 能适应出差
社会招聘	审计员	全国多个城市	1. 本科及以上学历，会计、审计、财务管理相关专业； 2. 1年以上大型会计师事务所或 2~3 年中、小型会计师事务所工作经验
	IT 审计项目经理	上海市	1. 本科及以上学历，计算机相关专业； 2. 无须经验，但需具备 SQL、数据分析、IT 审计、国际信息注册系统审计 (CISA)、控制测试等技能； 3. 熟悉编程语言、数据库、办公软件等
	税务师	全国多个城市	1. 本科及以上学历，税务、财经类相关专业； 2. 3 年以上相关工作经验，理解纳税鉴证类项目的基本操作流程； 3. 具有注册税务师证书或注册会计师证书者优先
	咨询顾问	上海市、杭州市	1. 全日制大学本科及以上学历，经管类专业优先； 2. 持有注册会计师、国际注册内部审计师、财务人员资格证书者优先

从表 16-6 中可以看出，立信在校园招聘中对应聘者的要求并不高，对院校层次没有硬性要求，更注重的是个人技能证书及经验。立信在专业方面的要求比较宽泛，应聘的专业壁垒并不高，只是财会类专业背景的应聘者更占优势。

绝大多数会计师事务所在招聘员工时都只要求本科及以上学历，不过，大型会计师事务所对院校层次的要求会相对较高，也更倾向于招聘拥有一定同类事务所工作经验的人才。此外，经理及以上岗位大多有对应持证要求，如中国注册会计师证书、注册税务师证书等。

一般情况下，拥有初级会计师证书就可以从事财会相关岗位，但要想获得高薪，中级会计师证书和高级会计师证书都是需要考取的。如果想走上高薪管理岗位，那么注册会计师证书是必考的。例如，在会计师事务所的审计岗位上，如果想要晋升为审计经理，注册会计师证书通常是必需的，因为其意味着拥有签字权，只有持证人可以签署审计报告。

三、认清各类专业差异

（一）专业一览表

财会类专业信息详见表 16-7。

表 16-7 财会类专业信息

一句话介绍专业	财会类专业涉及财务管理、会计核算、审计监督等领域，旨在培养具备经济、管理、法律和会计学等方面知识和能力的复合型人才
基础课程	微观经济学、宏观经济学、管理学原理、统计学、经济法基础、税法基础、计算机基础、财务管理基础、会计学基础
专业课程	中级财务会计、成本会计、管理会计、审计学、税务会计与税务筹划、国际会计、会计信息系统、财务报表分析、企业财务管理、风险管理与内部控制、高级财务会计
推荐书目	《搞通财务出利润：总经理财务课堂》史永翔 著《从总账到总监：CFO 的私房财务笔记》钱自严 著
适合哪些学生	喜欢处理数字、耐心且细致，善于分析和解决问题，对商业和经济感兴趣，喜欢持续学习，对法规和合规性感兴趣

财会类

选科建议	无具体要求
考研建议	智能会计、内部审计、工商管理等方向

（二）专业怎么选

本章论述的财会类专业只包括会计学、财务管理、审计学和内部审计，这4个专业都属于工商管理大类。财会类专业的选科要求通常设定为"不限选科要求"。

如果从将来从事财会行业这一角度出发，只要考取了财会相关证书，即使是其他专业的学生，也可以从事财会行业。然而，如果想要考公考编，那么能够报考相应财会岗位的专业通常仅限于表 16-8 中的 4 个专业。

表 16-8 《普通高等学校本科专业目录（2024 年）》中财会类专业目录

专业代码	专业名称	专业介绍
120203	会计学	培养在企事业单位及政府部门从事会计实务，以及教学、科研方面工作的工商管理学科高级专门人才
120204	财务管理	培养在企事业单位从事融资、投资及资本运营工作，制定财务分析报告和财务决策方案，具有预测、防范和化解财务危机能力的创新型、应用型高级专门人才
120207	审计学	培养在国家审计机关、部门及各单位内部的审计机构和社会审计组织从事审计工作，以及在学校、研究单位从事教学和研究工作的德才兼备的高级专门人才
120218T	内部审计	培养能够运用内部审计理论知识和业务技能，具有专业胜任能力、逻辑思维能力、数据分析能力，以及良好沟通能力的适应内部审计工作的经济监督人才

需要注意的是新增的内部审计专业。截至 2024 年 10 月，开设内部审计专业的院校仅有南京审计大学。

表中列出的几个专业虽然都属于财经领域，且在实际就业方向上会有较大的重合，但它们的学习内容、技能培养和未来就业方向存在一定差异。

会计学专业主要学习会计基础理论、会计准则、会计方法和会计实务。课程包括财务会计、管理会计、成本会计、税务会计、会计信息系统等。该专业重点培养学生会计记录、财务报表编制、会计分析、税务处理等方面的技能。

对口就业方向主要是各类企业中的会计、出纳、成本控制岗位。

财务管理专业学习企业财务管理、资本运作、财务分析、投资决策等方面的知识。课程包括财务管理、企业财务分析、金融市场、投资学、金融机构管理等。该专业重点培养学生财务规划、资金管理、财务分析、投资评估等技能。对口就业方向主要是企业财务部门中的财务分析师、财务经理、预算经理等岗位，或在咨询公司提供财务规划、企业并购、风险管理等咨询服务。

审计学和内部审计专业主要学习审计理论、审计方法、内部控制、风险管理等方面的知识。课程包括审计学原理、财务审计、内部审计、信息系统审计等。该专业重点培养学生审计、风险评估、内部控制设计及评价等技能。对口就业方向主要是在会计师事务所或政府审计部门从事外部审计工作，或在企业内部的审计部门担任内部审计师，负责风险管理和内部控制评价工作。

总的来说，会计学专业更侧重于会计实务和规则，财务管理专业更侧重于财务规划和决策，而审计学专业和内部审计专业则更侧重于审计理论和实务。这些专业虽然有一定的交叉，但各自的职业发展路径和就业方向有所不同。

（三）院校怎么报

从学科评估排名出发，高分段的学生优先关注学科排名靠前的院校，如"五财一贸"[1]这类顶尖财经院校。

从院校历史渊源出发，优先选择原相关部委直属院校，如原财政部直属院校、原商业部直属院校。

从行业优势出发，选择如上海对外经贸大学、广东外语外贸大学这种外贸属性明显的院校。

从就业区域出发，可以考虑经济发达地区的院校，也可以考虑具有地方特色的财经院校。

从院校行业属性出发，具有较强行业属性的理工类院校的财会类专业在相关行业就业是更有优势的，例如，长沙理工大学的财会类专业毕业生大多在电力相关行业工作。

---

[1] "五财一贸"包括中央财经大学、上海财经大学、西南财经大学、中南财经政法大学、东北财经大学、对外经济贸易大学。

四、热门问答

Q1 财会类专业的竞争会不会很激烈？

会。财会行业中的基础岗位趋向饱和，而高薪岗位人才需求依然旺盛。由于高薪岗位需要特定的专业资格，如注册会计师或特许公认会计师等，这提高了竞争的门槛，因此学生可以借助技能证书来提升自己的核心竞争力。

Q2 数学不好能学财会类专业吗？

可以。数字不等于数学，会计的财务报告是由数字组成的。财会类专业所需的数学知识通常只限于基本的算术运算、百分比计算、比率分析和简单的统计方法，而不涉及高等数学或抽象数学概念。

Q3 财会行业将来会不会被人工智能替代？

不会。财会行业重要的不仅是技能，更是责任。每一次报表的编制、每一笔账目的审核、每一项财务决策的制定，都关乎着企业的经济命脉，直接影响着投资者的利益。

Q4 选择财会类专业需要注意什么？

提前做好职业规划至关重要。毕业生竞争激烈，基础岗位供大于求，而高端人才相对紧缺，因此学生需要提前规划自己的职业。

同时，法规变化频繁，需要持续关注政策动态，保持专业知识的更新。

此外，持续教育成本高，需要投入一定的时间和金钱参加持续教育和培训，以获取专业资格认证。

Q5 考研对财会类专业的帮助大吗？

众所周知，财会类专业的考研竞争十分激烈。对于财会类专业的学生来说，考研的帮助程度取决于多个因素，包括个人职业规划、行业需求、对专业知识深度的追求等。考研对财会类专业可能带来的帮助包括深化专业知识、提升职业资格优势、增强就业竞争力、拓宽职业发展空间，以及提高薪资起始水平等。

附录一：2022—2024 年本科红绿牌专业

年份	本科红牌专业	本科绿牌专业
2024	音乐表演、绘画、美术学、应用心理学、法学	微电子科学与工程、电气工程及其自动化、新能源科学与工程、能源与动力工程、机械电子工程、机器人工程
2023	汉语国际教育、法学、教育技术学、绘画、应用心理学	信息工程、微电子科学与工程、电气工程及其自动化、能源与动力工程、道路桥梁与渡河工程、机械电子工程
2022	汉语国际教育、绘画、应用心理学、音乐表演、法学	信息安全、网络工程、信息工程、微电子科学与工程、数字媒体技术、能源与动力工程

备注："红牌"是指失业量较大，就业率持续走低，且薪资较低的专业，属于高失业风险型专业。"绿牌"是指薪资、就业率持续走高，且失业量较低的专业，为需求增长型专业。

附录二：大学生部分专业竞赛名单

适报范围	竞赛名称
综合类	中国国际大学生创新大赛
	"挑战杯"全国大学生课外学术科技作品竞赛
	"挑战杯"中国大学生创业计划大赛
	全国大学生电子商务"创新、创意及创业"挑战赛
	中美青年创客大赛
	"学创杯"全国大学生创业综合模拟大赛
	全国大学生节能减排社会实践与科技竞赛
	iCAN 大学生创新创业大赛
电子信息、计算机、自动化、机械、仪器等专业	全国大学生集成电路创新创业大赛
	中国大学生计算机设计大赛
	ACM-ICPC 国际大学生程序设计竞赛
	全国大学生数学建模竞赛
	全国大学生电子设计竞赛
	全国大学生机械创新设计大赛
	全国大学生智能汽车竞赛
	两岸新锐设计竞赛·华灿奖
	全国大学生机器人大赛 -RoboTac
	全国大学生先进成图技术与产品信息建模创新大赛
	全国三维数字化创新设计大赛
	"西门子杯"中国智能制造挑战赛
	中国大学生工程实践与创新能力大赛
	中国高校计算机大赛
	蓝桥杯全国软件和信息技术专业人才大赛
	全国大学生光电设计竞赛
	全国周培源大学生力学竞赛

适报范围	竞赛名称
电子信息、计算机、自动化、机械、仪器等专业	全国大学生信息安全竞赛
	中国大学生机械工程创新创意大赛
	中国机器人大赛暨 RoboCup 机器人世界杯中国赛
	"中国软件杯"大学生软件设计大赛
	睿抗机器人开发者大赛（RAICOM）
	"大唐杯"全国大学生新一代信息通信技术大赛
	华为 ICT 大赛
	全国大学生嵌入式芯片与系统设计竞赛
	中国高校智能机器人创意大赛
	中国机器人及人工智能大赛
	百度之星·程序设计大赛
	全国大学生工业设计大赛
	全球校园人工智能算法精英大赛
	全国大学生计算机系统能力大赛
	全国大学生物联网设计竞赛
	全国大学生信息安全与对抗技术竞赛
	中国国际飞行器设计挑战赛
能源动力类	全国大学生能源经济学术创意大赛
	中国大学生动力电池创新竞赛
数学类、统计学类	全国大学生市场调查与分析大赛
	全国大学生统计建模大赛
会计类	全国高校商业精英挑战赛
	全国本科院校税收风险管控案例大赛
	"科云杯"全国大学生财会职业能力大赛
医学类	全国大学生基础医学创新研究暨实验设计论坛（大赛）
	中国大学生医学技术技能大赛

附录三：2024 年《财富》最受赞赏的中国公司

行业	企业名称
互联网、互联网服务	字节跳动 小米集团 腾讯控股有限公司 京东集团股份有限公司 阿里巴巴集团控股有限公司 贝壳控股有限公司 滴滴全球有限公司 美团公司 携程集团有限公司
交通、运输及物流	顺丰控股股份有限公司
休闲服务、连锁酒店、连锁餐饮	海底捞国际控股有限公司
保险	泰康保险集团股份有限公司
信息技术服务	浙江大华技术股份有限公司
医药、医疗器械、医疗服务	深圳迈瑞生物医疗电子股份有限公司 爱康健康科技集团有限公司
多元化	中国华润有限公司
广告及市场营销	分众传媒信息技术股份有限公司
批发、零售、分销	许昌市胖东来商贸集团有限公司 周大福珠宝集团有限公司 长江和记实业有限公司 神州数码集团股份有限公司
电信、通讯和计算机软硬件	华为投资控股有限公司
电子、电器、电气设备	立讯精密工业股份有限公司 美的集团股份有限公司 海尔智家股份有限公司 珠海格力电器股份有限公司
石油、化工、煤炭	万华化学集团股份有限公司 中国石油天然气集团有限公司 国家能源投资集团有限责任公司 中国石油化工集团有限公司

行业	企业名称
纺织服装	安踏体育用品集团有限公司
能源、公共事业	国家电网有限公司 中国核工业集团有限公司 中国南方电网有限责任公司
航天、船舶、机械设备制造	三一重工股份有限公司
贸易、进出口	中粮集团有限公司
车辆及零部件	宁德时代新能源科技股份有限公司 比亚迪股份有限公司 浙江吉利控股集团有限公司 福耀玻璃工业集团股份有限公司
金属	中国宝武钢铁集团有限公司
银行、证券	招商银行股份有限公司 中国工商银行股份有限公司 深圳前海微众银行股份有限公司
食品、饮料	农夫山泉股份有限公司 内蒙古伊利实业集团股份有限公司 中国蒙牛乳业有限公司 新希望控股集团有限公司 贵州茅台酒股份有限公司 四川省宜宾五粮液集团有限公司

附录四：2024 年《财富》中国科技 50 强

行业	企业名称
人工智能	百度 北京月之暗面科技有限公司 科大讯飞股份有限公司 小马智行 北京海天瑞声科技股份有限公司
半导体	京东方科技集团股份有限公司 深圳市江波龙电子股份有限公司
数字经济	恒生电子股份有限公司 浪潮集团有限公司 神州数码信息服务集团股份有限公司 深圳云天畅想信息科技有限公司
新能源及新材料	宁德时代新能源科技股份有限公司 晶科能源股份有限公司 隆基绿能科技股份有限公司 阳光电源股份有限公司 万华化学集团股份有限公司 金风科技股份有限公司 欣旺达动力科技股份有限公司 永荣控股集团有限公司 云南恩捷新材料股份有限公司 上海重塑能源集团股份有限公司
生命健康	江苏恒瑞医药股份有限公司 上海联影医疗科技股份有限公司 药明合联生物技术有限公司 深圳市朗坤环境集团股份有限公司
电信、通讯和计算机软硬件	华为投资控股有限公司 腾讯科技（深圳）有限公司 联想集团 中兴通讯股份有限公司 武汉光迅科技股份有限公司

行业	企业名称
电子商务及生活服务	阿里巴巴集团控股有限公司 北京字节跳动科技有限公司 京东集团股份有限公司 赤子城科技有限公司
高端制造	比亚迪股份有限公司 小米集团 工业富联 苏州迈为科技股份有限公司 蓝思科技股份有限公司 小鹏汽车科技有限公司 海尔智家股份有限公司 海克斯康制造智能技术（青岛）有限公司 TCL 科技集团股份有限公司 浙江时空道宇科技有限公司 无锡先导智能装备股份有限公司 华勤技术股份有限公司 重庆摩方精密科技股份有限公司 深圳市优必选科技股份有限公司 东方空间（山东）科技有限公司 国仪量子技术（合肥）股份有限公司

附录五：2024年《财富》中国最具社会影响力的创业公司

行业	企业名称
软件及信息技术服务	北京潞晨科技有限公司 上海云砺信息科技有限公司 杭州拓数派科技发展有限公司 卡奥斯物联科技股份有限公司 深圳市洞见智慧科技有限公司 北京微步在线科技有限公司 中原大易科技股份有限公司 南京深度智控科技有限公司 SequoiaDB 巨杉数据库 空中云汇（上海）网络科技有限公司 北京车晓科技有限公司 上海驭麟科技有限公司
药物和医疗器械研发及商业化服务	图湃（北京）医疗科技有限公司 杭州德睿智药科技有限公司 北京阿叟阿巴科技有限公司 西湖制药（杭州）有限公司 武汉本初子午信息科技有限公司 上海卓道医疗科技有限公司 北京术锐机器人股份有限公司 劲方医药科技（上海）有限公司 上海壹树健康科技有限公司
航空航天	地卫二空间技术（杭州）有限公司
自动驾驶	上海伯镭智能科技有限公司 大卓智能科技有限公司 北京木牛领航科技有限公司 上海拿森汽车电子有限公司 上海利氪科技有限公司
绿色科技	杭州纤纳光电科技股份有限公司 南京周子未来食品科技有限公司 爱德曼氢能源装备有限公司 碳阻迹（北京）科技有限公司 南通乐创新能源有限公司

行业	企业名称
消费及其他	北京美餐巧达科技有限公司 湖南博深供应链有限公司 元保集团
智能制造及服务	北京瓦特曼智能科技有限公司 北京云圣智能科技有限责任公司 湖南视比特机器人有限公司 广东弓叶科技有限公司 陕西欧卡电子智能科技有限公司 思谋集团 上海傲鲨智能科技有限公司 广州赛特智能科技有限公司 上海擎朗智能科技有限公司 云创智行科技（苏州）有限公司 湖北星纪魅族集团有限公司 北京安声科技有限公司 杭州灵伴科技有限公司 炬星科技（深圳）有限公司 苏州派迅智能科技有限公司 杭州程天科技发展有限公司 深圳优艾智合机器人科技有限公司 奕行智能科技（广州）有限公司 东声（苏州）智能科技有限公司 南京蔚蓝智能科技有限公司
医疗、诊断及检测	彩科（苏州）生物科技有限公司 深智透医疗科技发展（上海）有限责任公司 苏州帕母医疗技术有限公司 北京左医科技有限公司
农业现代化	北京中科原动力科技有限公司

附录六：近 3 年国电电网一批录用人数较多的高校汇总

学校	2023 年录用人数	2022 年录用人数	2021 年录用人数	总计录用人数
上海电力大学	553	512	454	1519
华北电力大学（北京）	541	465	485	1491
东北电力大学	455	400	401	1256
华北电力大学（保定）	456	366	412	1234
南京工程学院	404	375	301	1080
三峡大学	408	348	295	1051
西安交通大学	428	282	297	1007
沈阳工程学院	293	241	249	783
福州大学	252	230	230	712
四川电力职业技术学院	231	234	196	661
山东大学	210	215	231	656
长沙理工大学	176	193	208	577
重庆大学	195	198	183	576
华中科技大学	158	212	205	575
东南大学	172	158	177	507
天津大学	183	162	155	500
武汉大学	171	150	147	468
湖南大学	164	144	147	455
中国矿业大学（徐州）	126	139	168	433
浙江大学	151	134	145	430
北京交通大学	118	157	143	418
河北工业大学	155	128	118	401

学校	2023 年录用人数	2022 年录用人数	2021 年录用人数	总计录用人数
辽宁工程技术大学	132	136	131	399
四川大学	133	125	138	396
合肥工业大学	143	120	130	393
西南交通大学	134	145	111	390
河海大学	94	159	132	385
山东理工大学	102	106	146	354
新疆大学	122	105	115	342
青海大学	103	122	107	332
山东电力高等专科学校	63	125	128	316
山东科技大学	85	112	117	314
哈尔滨理工大学	94	100	109	303
沈阳工业大学	115	90	95	300
南昌大学	90	88	107	285
沈阳农业大学	91	104	63	258
广西大学	121	81	53	255
兰州理工大学	100	72	73	245
西安理工大学	111	—	66	177

（数据来源：编者对国网人力资源招聘平台公示名单进行了统计分析，仅供读者参考）

附录七：2023 届本科生毕业半年后月收入排前 50 位专业

序号	专业	平均月收入（元）	序号	专业	平均月收入（元）
1	信息安全	7439	26	统计学	6063
2	软件工程	7205	27	生物医学工程	6062
3	信息工程	6871	28	测绘工程	6039
4	计算机科学与技术	6828	29	过程装备与控制工程	6006
5	网络工程	6796	30	建筑电气与智能化	5989
6	物联网工程	6697	31	数字媒体艺术	5970
7	电子科学与技术	6561	32	机械电子工程	5966
8	微电子科学与工程	6420	33	安全工程	5964
9	信息管理与信息系统	6420	34	税收学	5963
10	自动化	6375	35	材料成型及控制工程	5958
11	电子信息工程	6365	36	产品设计	5953
12	数字媒体技术	6358	37	机械设计制造及其自动化	5940
13	测控技术与仪器	6323	38	土木工程	5932
14	电子信息科学与技术	6316	39	国际商务	5925
15	电气工程及其自动化	6289	40	电子商务	5915
16	建筑学	6274	41	金融工程	5908
17	通信工程	6222	42	工业设计	5896
18	房地产开发与管理	6183	43	交通工程	5885
19	信息与计算科学	6180	44	水利水电工程	5880
20	机械工程	6163	45	市场营销	5877
21	金融学	6137	46	材料科学与工程	5869

序号	专业	平均月收入（元）	序号	专业	平均月收入（元）
22	光电信息科学与工程	6126	47	物流管理	5865
23	工业工程	6114	48	应用物理学	5859
24	能源与动力工程	6112	49	经济统计学	5849
25	交通运输	6091	50	表演	5844

（数据来源：麦可思研究院发布的《2024 年本科生就业报告》）